Eva Gruberová/Helmut Zeller

Geboren im KZ

Sieben Mütter, sieben Kinder
und das Wunder von Kaufering I

Mit einem Nachwort
von Max Mannheimer

Verlag C. H. Beck

Mit 28 Abbildungen

Originalausgabe

Umschlaggestaltung: malsyteufel, Willich
Umschlagabbildung: Frauen mit Neugeborenen im befreiten KZ Dachau
© USHMM, Courtesy of William and Dorothy McLaughlin
Satz, Druck und Bindung: Druckerei C.H.Beck, Nördlingen
Gedruckt auf säurefreiem, alterungsbeständigem Papier
(hergestellt aus chlorfrei gebleichtem Zellstoff)
Printed in Germany

ISBN 978 3 406 62107 9

www.beck.de

Inhalt

Vorwort

»Ich kann nicht«, sagte Eva Fleischmannová während des ersten Treffens in der Wohnung ihrer Tochter Marika im slowakischen Dunajská Streda. Damals, im Oktober 2007, war Eva 83 Jahre alt. Noch nie hatte sie über die Vergangenheit gesprochen, sogar ihre Tochter wusste nur, dass sie in einem deutschen Konzentrationslager geboren worden war. Fast wäre Eva nicht zu dem vereinbarten Gespräch gekommen, noch dazu mit jemandem, der ausgerechnet in Dachau lebt. Aber sie kam dann doch, weil sie nicht unhöflich erscheinen wollte, bereitete Kaffee und Kuchen, zog sich hübsch an – und schwieg. Erst als sie das Foto mit fünf Frauen und ihren Babys, eine Kopie des Fotos aus der KZ-Gedenkstätte Dachau, sah, brach sie ihr Schweigen. «Ja, das bin ich, die Frau in der Mitte.» Dann beantwortete sie zurückhaltend einige Fragen, sprach von der Selektion an der Rampe von Auschwitz-Birkenau, der ständigen Angst vor der Entdeckung ihrer Schwangerschaft durch die SS und versank wieder in Schweigen. Auf die Frage nach der Geburt Marikas reagierte sie mit einem Achselzucken. «Normal, wie bei jeder Frau.» Sie war offenbar überrascht, dass jemand aus Deutschland anreist, um eine solche Frage zu stellen. Aber so ist Eva Fleischmannová eben. Eine bescheidene Frau, die um ihre außergewöhnliche Geschichte nie Aufhebens gemacht hat. Gerade mal eine halbe Stunde dauerte das erste Gespräch. Dann sagte sie wieder: «Ich kann einfach nicht.» Sie gab uns aber eine Telefonnummer, von Miriam Rosenthal in Toronto, die wie sie und fünf weitere jüdische Frauen im Winter 1944/45 im Dachauer KZ-Außenlager Kaufering I ein Kind zur Welt brachten und überlebten. Miriam und Eva sind heute die letzten, die noch am Leben sind.

Nur durch einen Zufall ist das einzige Foto aller sieben Frauen und ihrer Babys gerettet worden. Es ist das Foto auf dem Umschlag dieses Buches. Eigentlich wollte die Besitzerin, eine Unbekannte, den Karton mit dieser Fotografie und ungefähr 25 anderen eines Tages, es war Anfang der 1980er Jahre, wegwerfen. Aber dann gab sie sie dem Sanitärfachmann McLaughlin, der gerade in Oster Bay in New York auf dem Gehsteig vor ihrem Haus arbeitete. Der Mann behielt aus einer Laune heraus die Fotos und vergaß sie. Zwanzig Jahre später zeigten er und seine Frau an ihrem Alterssitz in Florida das Foto einem jüdischen Nachbarn. Auf sein Drängen hin schenkte Dorothy McLaughlin im Juni 2005 das Foto dem United States Holocaust Museum in Washington. Dann, an einem Tag im Januar 2008, starrte eine Internetbesucherin, Lilian Rosenthal, wie gebannt auf die Website des Museums, fassungslos, dort ein Foto ihrer Mutter zu entdecken, die einzige erhaltene oder bekannte Aufnahme von Miriam Rosenthal, die wenige Wochen nach der Befreiung des Konzentrationslagers Dachau am 29. April 1945 aufgenommen worden war. Nur wenige Tage später, wir konnten nicht wissen, dass die Aufregung der Familie über den sensationellen Fund sich gerade gelegt hatte, riefen wir zum ersten Mal Miriam an. Schon nach den ersten Minuten unseres Gesprächs waren wir von ihr begeistert. Miriam ist charmant, herzenswarm und scharfsinnig – und trotz allem, was sie erlitten hat, tritt sie dem Leben und den Menschen aufgeschlossen und tolerant gegenüber. Dispute über den Glauben nach dem Holocaust beendet die strenggläubige Miriam allerdings ziemlich rasch: «Ich habe einen Sohn aus der Hölle zurückgebracht. Wie sollte ich da nicht glauben!» Noch heute, inzwischen braucht sie eine Gehhilfe, kümmert sie sich um die Bewohner eines Altenheimes. Ihrer großen Tanzleidenschaft, Swing und Foxtrott, kann sie heute nicht mehr huldigen – aber sie geht noch schwimmen, zwei-, dreimal die Woche. Und bei jedem Besuch empfängt sie uns in ihrem Haus in Toronto mit dem bezauberndsten Lächeln, das man sich überhaupt vorstellen kann.

Dabei können Miriam und Eva wie alle Holocaust-Überlebenden nicht vergessen. Schrecken, Demütigung und Hunger verfolgen sie in ihren Träumen bis heute. Miriam und Eva sind sich in zwei Punkten sehr ähnlich: Sie haben eine starke Persönlichkeit und sind der Mittelpunkt ihrer Großfamilien mit vielen Enkeln und Urenkeln. Evas Leben nach 1945 war alles andere als leicht. Bis auf ihre Schwester wurde die ganze Familie, auch der Vater ihres Kindes, ermordet. Sie blieb im fremden Land allein, mit einer unehelichen Tochter, von der keiner glauben wollte, dass sie in einem KZ geboren wurde. Sie fand dennoch die Kraft weiterzuleben, vielleicht auch deshalb, weil sie vom Leben nicht mehr viel erwartete. Sie heiratete wieder, bekam ein zweites Kind, aber ihr Mann starb früh, und sie musste hart arbeiten und ihre Kinder allein aufziehen. Schließlich erkrankte sie und wurde frühpensioniert. An all diesen Schicksalsschlägen ist sie nicht zerbrochen, auch von dem Antisemitismus in der kommunistischen Tschechoslowakei ließ sie sich nicht unterkriegen. Sie war und blieb eine stolze, warmherzige und humorvolle Frau, die nie ihr Judentum verleugnete.

Welche Folgen die Begegnung mit den beiden Frauen für sie, ihre Familien und uns hatte, ahnte damals keiner der Beteiligten. Nach der Ausstrahlung der WDR-Dokumentation «Geboren im KZ» (Eva Gruberová und Martina Gawaz) in der ARD am 28. April 2010 und der daraus folgenden Ausstellung «Sie gaben uns wieder Hoffnung» (Dr. Sabine Schalm und Eva Gruberová) an der KZ-Gedenkstätte Dachau folgt nun dieses Buch, das in beiden Familien mit Freude erwartet wird. Aufgeregt berichtete Eva bei unserem letzten Besuch, dass jetzt sogar ihre 16-jährige Urenkelin immer öfter Fragen stelle. Weder Miriam noch Eva gehören zu den Zeitzeugen, die in Schulen gehen und über ihr Schicksal erzählen. Nach dem Krieg wollten beide vergessen, waren wie die meisten Überlebenden von Schuld- und Schamgefühlen geplagt, weil sie, aber Millionen andere nicht, überlebt hatten. Sie wollten ihre Kinder vor dem Schmerz schützen und fürchteten sich vor der abweisenden Reaktion der Umwelt. Heute gehen sie mit dem Trauma unterschiedlich um. «Ich muss erzählen», sagt Miriam. Eva fällt es noch immer schwer, über die Vergangenheit zu sprechen. Häufig brach sie während unserer Gespräche den Satz plötzlich ab, ein oder zweimal berichtete uns ihre Tochter, dass ihre Mutter nach unseren Treffen den ganzen Abend geweint habe. Dieses Schweigen wollten wir respektieren. Es war ihre Art, Zeugnis abzulegen. Dass sie sich dann im Verlauf der Gespräche doch dazu entschied, mehr und mehr preiszugeben, hat uns sehr berührt, aber auch in einen Konflikt gebracht. Durften wir sie bedrängen und damit ihrem Leid noch einmal aussetzen? Wir haben keine Antwort darauf. Aber wir wissen, Eva und Miriam wollen und hoffen, dass die Leser aus ihrer Geschichte vielleicht lernen – Toleranz und Achtung für die Menschen und das Leben. Deshalb wollte Eva wohl weiter erzählen. Wenn sie dann von ihrem Elternhaus, der Liebe zu Géza und der Kraft, die ihr die Geburt ihrer Tochter im Lager gab, sprach, strahlten ihre Augen wie bei einem jungen Mädchen, und Kinder und Enkelkinder lauschten gebannt ihrer Erzählung.

Immer wieder wird die Frage nach dem Grund für das Überleben der Frauen und ihrer Babys gestellt. Man ist versucht, von einem Wunder zu sprechen. Die Nationalsozialisten betrieben den Massenmord an den europäischen Juden als staatliche Politik. Der industriellen Vernichtung in Todesfabriken fielen auch eineinhalb Millionen Kinder zum Opfer. Schwangere und Mütter mit Babys und Kleinkindern wurden nach ihrer Ankunft in Auschwitz-Birkenau sofort vergast. Eva Schwartz, wie sie damals noch hieß, Miriam Rosenthal, Dora Löwy, Ibolya Kovács, Elisabeta Legmann, Magda Schwartz und Sara Grün brachten Kinder im Konzentrationslager zur Welt und retteten sie in die Freiheit. Diese Frauen gehörten zu den etwa 437 000 ungarischen Juden, die Mitte 1944 nach Birkenau deportiert und zum größten Teil getötet wurden. Das Überleben der Frauen hing wie bei allen Verfolgten vor allem von Glück und Zufall ab. Der Überstellungsbefehl von Kaufering I nach Bergen-Belsen und damit in den sicheren Tod war bereits ausgestellt, konnte aber in den Wirren der letzten Kriegswochen nicht mehr ausgeführt werden. Gewiss, da gab es den letzten Lagerführer von Kaufering I, der in der Nacht einige Lebensmittel brachte. Er tat dies, nach allem was wir wissen, um angesichts der militärischen Niederlage Deutschlands seine Haut zu retten. Aber die Geschichte von Eva und Miriam erzählt vor allem von der Solidarität und dem Widerstand jüdischer Häftlinge. Der polnische Kapo Heinrich Reichsfeld, der ungarische Gynäkologe Ernö Vadász und viele andere halfen unter Einsatz ihres eigenen Lebens. Wenig nur wissen wir über den Küchenkapo in Kaufering I, David Witz aus Litauen. Sein Widerstand gegen den Rassenwahn der Nazis darf aber nicht vergessen werden. «Es sind schon so viele jüdische Kinder gestorben. Eure müssen am Leben bleiben», erklärte er den Müttern seine Hilfe inmitten des Todes im Lager. Jüdische Neugeborene und Kinder hatten so gut wie keine Überlebenschancen. Vermutlich deshalb sind Überlebende wie Uri Chanoch von dieser Geschichte so berührt. Der Vorsitzende der israelischen Vereinigung der ehemaligen Kaufering-Häftlinge spricht heute von «meinen Kindern». Damals wie heute geht es um die Zukunft des jüdischen Volkes. Auch nach 2000 Jahren der Diskriminierung, Ausgrenzung und Verfolgung und nach dem unvergleichbaren Verbrechen der Shoa sind Antisemitismus und Judenfeindlichkeit nicht überwunden. Sie wirken in der Gegenwart weiter, in Übergriffen auf Mitglieder und Einrichtungen jüdischer Gemeinden in Deutschland und in ganz Europa. Ganz krank mache sie, sagt Miriam Rosenthal, der wieder erstarkende Antisemitismus in Ungarn.

Auch deshalb wünschten Miriam und Eva ein Buch, das ihre Erfahrungen komplexer und tiefergehend darstellen kann, als das ein Film oder eine Ausstellung vermögen. Ihre Geschichte gibt dem Schicksal der Juden im gewalttätigen 20. Jahrhundert ein weiteres Gesicht. Fast wie eine Formel, über die wir nicht mehr nachdenken, benützen wir heute den Begriff Holocaust, sprechen von der abstrakten Zahl von sechs Millionen Opfern. Die Fassungslosigkeit angesichts der Verbrechen darf nicht weggeredet und -geschrieben werden. Es traf Menschen wie Eva und Miriam, die am Anfang ihres Lebens standen, verliebt waren und eine Zukunft vor Augen hatten. Wir haben ihre Geschichte so aufgeschrieben, wie sie sie erlebt und uns erzählt haben, zusätzlich haben wir die historischen Zusammenhänge in Archiven, anhand von Dokumenten und in Zeitzeugengesprächen vier Jahre lang recherchiert sowie auf viele Forschungsergebnisse von Historikern zurückgegriffen, die im Anhang des Buches ausgewiesen sind. Besonders möchten wir Dr. Edith Raim vom Institut für Zeitgeschichte in München, einer Expertin für die Geschichte des Dachauer Außenlagerkomplexes Landsberg/Kaufering danken, die das Manuskript fachkundig geprüft hat. Herzlich danken wir auch Dr. h.c. Max Mannheimer. Max Mannheimer hat uns stets ermutigt, hat das Manuskript kritisch geprüft, durch sein unglaubliches Wissen bereichert, und er hat das Nachwort zu diesem Buch geschrieben.

Nicht weniger wichtig war uns eine andere Frage: Wie kann und muss eine Geschichte von Holocaust-Überlebenden erzählt werden? Wir haben uns für eine Form der literarischen Reportage entschieden und in der dritten Person erzählt, ergänzt durch Zitate der Überlebenden. Nach so vielen Jahren war die Erinnerung an manchen Stellen nur fragmentarisch, auch kam es manchmal bei der Vielzahl von Lagern zu Verwechslungen. Durch unsere Recherche haben wir so weit als möglich die Erinnerungslücken geschlossen. Von Menschen, die den Holocaust überlebten, sprechen wir heute gewöhnlich als Zeitzeugen. Aber dieser funktionalistisch anmutende Begriff sagt nichts aus über ihre Individualität, über ihr Leben davor und den beschwerlichen Weg in ein Leben danach. Auch Miriams und Evas Biografie erschöpft sich nicht in den Jahren der nationalsozialistischen Verfolgung. Deshalb berichten wir auch über die Zeit vor der Deportation und nach der Befreiung. Das war ihnen und uns wichtig. Die Geschichte der beiden Frauen hat nur vordergründig ein glückliches Ende gefunden. In Blicken und Worten Miriams und Evas wird der Satz von der Vergangenheit, die nicht vergehen will, bedrückend lebendig – aus der Sicht der beiden Frauen und ihrer Nachkommen. Auch darum ging es uns in diesem Buch.

Eva, Dunajská Streda 1942

Der Altweibersommer 1942 zeigt sich in Dunajská Streda von seiner schönsten Seite. Seit Tagen ist es warm und trocken. In den Gärten biegen sich die Zweige der Apfel- und Pflaumenbäume unter der Last ihrer reifen Früchte. Die Luft ist von ihrem süßen Duft erfüllt. Tagsüber arbeitet Géza Steckler, ein 23-jähriger Handwerker aus einer alteingesessenen jüdischen Familie, in seiner Werkstatt. Abends, wenn die Sonne hinter den weitgestreckten Maisfeldern am Stadtrand verschwindet und die Blätter der Bäume im warmen Wind rascheln, eilt er durch eine Allee in Richtung Synagoge. Im Stadtpark neben dem kalkweißen hohen Gebäude warten schon seine Freunde. Den Platz haben sich junge Männer und Frauen der jüdischen Gemeinde in der Kleinstadt im Süden der heutigen Slowakei, die seit 1938 zu Ungarn gehört und jetzt Dunaszerdahely heißt, als Treffpunkt ausgesucht. Géza und seine Freunde besprechen die Neuigkeiten aus Budapest, rauchen und schauen vorbeigehenden jungen Frauen nach. In der Synagoge selbst ist Géza Steckler nicht sehr oft, eigentlich besucht er sie nur am Sabbat und natürlich an den hohen Feiertagen. Im Gegensatz zu den Anhängern des ultraorthodoxen Rabbiners Ansel Katz, die die meiste Zeit mit dem Tora-Studium verbringen, ereifert Géza sich viel lieber über Politik und Frauen. Und natürlich über den Krieg, der in diesen Jahren die Gedanken und Gespräche der Menschen beherrscht.

Es ist ein Abend wie jeder andere, als Géza unter den Mädchen, die auf der anderen Seite des kleinen Parks stehen und den Jungen verstohlene Blicke zuwerfen, ein unbekanntes Gesicht entdeckt. Obwohl die jüdische Gemeinde von Dunajská Streda Anfang der 1940er-Jahre nach Schätzungen des in Israel lebenden Stadthistorikers Alfréd Engel etwa 3500 Mitglieder zählt, ist sie für jemanden wie Géza, der hier geboren und aufgewachsen ist, leicht überschaubar. Mit Ausnahme von einigen Mädchen aus streng religiösen Familien, die auch im Sommer in langen Ärmeln und Strümpfen auf die Straße gehen und mit Männern nie sprechen, kennt er alle jungen Frauen in der Stadt. Zwar ist Gézas Familie auch orthodox, sie gehört aber zu den Anhängern des religiös weniger strengen Rabbiners Hillel Weinberger. Die jüdische Gemeinde von Dunajská Streda bewahrte sich ihre traditionelle orthodoxe Ausrichtung trotz starker Reformströmungen, die nach dem Budapester Kongress 1868 zur Spaltung des ungarischen Judentums in einen reformierten, orthodoxen und sogenannten Status-quo-Flügel geführt hatte. Der schloss sich weder der reformierten noch der konservativen Fraktion an. Géza und seine Freunde wollen nicht nur am religiösen, sondern auch am gesellschaftlichen Leben der Stadt teilnehmen. Sie betrachten es als selbstverständlich, dass man sich abends mit den Mädchen aus der eigenen Gemeinde trifft und unterhält, zumal sich die meisten noch aus der jüdischen Schule kennen. Die Männer zeigen schon durch ihr Aussehen, welche Gruppe sie vertreten. Im Gegensatz zu den Katz-Anhängern, die lange Bärte, Peies und Hüte tragen, rasieren Géza und seine Freunde ihre Gesichter und lassen nur einen kleinen modischen Schnurbart stehen. Die verheirateten Frauen unterscheiden sich äußerlich kaum voneinander: Orthodoxe wie ultraorthodoxe verstecken, wenn sie aus dem Haus gehen, ihre Haare unter Perücken oder Kopftüchern. Nähere Beziehungen pflegen die Erwachsenen der beiden Gemeinden nur dann, wenn es Geschäftsangelegenheiten oder Probleme verlangen. Auch Kinder und Jugendliche treffen sich meistens nur mit solchen Gleichaltrigen, deren

Eltern in dieselbe Synagoge gehen. Aber es ist ein gutes Leben für Mitglieder der beiden jüdischen Gemeinden. Sie fühlen sich in Dunajská Streda zu Hause. Die Juden stellen im Stadtrat so viele Mitglieder, dass zuweilen allzu lange Sitzungen des Gremiums unterbrochen werden müssen, damit sie ihre Gebete verrichten können.

Géza sieht das zierliche Mädchen mit den langen Haaren und dunkelbraunen Augen heute zum ersten Mal. Die Fremde gefällt ihm, und er merkt, dass auch sie zu ihm herüberschaut. Das Mädchen, höchstens 17 oder 18 Jahre alt, kommt ihm anders vor als die jungen Frauen, die er bis jetzt kannte. Sie trägt zwar wie alle Mädchen aus strenggläubigen Familien ein Kleid mit langen Ärmeln, und auf ihrem Kopf sitzt ein eleganter Hut. Doch ihre Begleiterinnen gehören der Weinberger-Gemeinde an. Sie läuft auch nicht weg, als Géza und seine Freunde die Straßenseite wechseln, um die jungen Frauen zu grüßen. Ihr ungewöhnliches Verhalten macht Géza neugierig. Er versucht, mit der hübschen Unbekannten ins Gespräch zu kommen. Wie viele in Dunajská Streda spricht er Ungarisch, aber auch fließend Deutsch. Das Mädchen schweigt und lächelt verlegen. Enttäuscht merkt er, dass sie kein Wort versteht. Nervös zupft sie an ihrem kleinen Hut und greift mit ihrer Hand immer wieder nach ihrem Haar. Doch sie schaut ihm unbefangen in die Augen. Wie kann er ihr nur verständlich machen, dass er sie bald wieder treffen möchte? Als sie geht, wirft er ihr einen langen Blick zu und hofft, dass sie versteht. Eva Schwartz wird ihn ihr ganzes Leben lang nicht vergessen. Gézas Blick wird sie heraufbeschwören, als sie zweieinhalb Jahre später bei eisiger Kälte in einer verlausten, schmutzigen Baracke im Lager liegt. «Viele Männer standen damals auf der Straße. Ich sah aber nur Géza.»

Erst vor ein paar Tagen ist Eva aus dem karpatho-ukrainischen Brody am Irschau, einem kleinen Dorf nahe Mukatschewo, gekommen. Endlich ist sie achtzehn und für ihren Vater, einen gläubigen chassidischen Juden, alt genug, um alleine reisen zu können. In Dunajská Streda, etwa 500 Kilometer südwestlich von Brody, besucht sie alte Freunde ihrer Familie. Evas erste Reise führt sie weit weg von ihrem Alltag auf dem Bauernhof der Familie, weg von der harten Arbeit, an die sie von klein auf gewöhnt ist. Sie war erst zehn Jahre alt, als ihre Mutter Zseni nach der Geburt des vierten Kindes starb. Der Vater Herman, der seine Peies gerne hinter den Ohren trug, heiratete später die jüngere Schwester seiner Frau, Sara, die dann Zwillinge gebar. Und die Familie wuchs weiter: Da Saras Vater und seine zweite Frau in relativ jungem Alter starben, nahm Herman Schwartz auch deren vier minderjährige Kinder auf. Eva, die zweitälteste nach Frida, die mit Mann und Kind schon seit längerer Zeit in Budapest lebte, musste sich von jetzt an auch um ihre jüngeren Geschwister kümmern. Jeder Tag glich dem anderen. Tagsüber half sie dem Vater im Stall und auf dem Feld, abends der Stiefmutter mit den Kindern und im Haushalt. «Wir hatten Gänse und eine Kuh, die ich hüten musste, außerdem viele Hühner. Es war immer sehr viel zu tun.» Mitte der 1930er-Jahre, während der Weltwirtschaftskrise, waren Verwandte ihres Vaters nach Palästina ausgewandert und hatten ihm einen Bauernhof mit Sonnenblumen- und Maisfeldern überlassen. Dem gelernten Schuster fehlte in der Landwirtschaft jedoch jede Erfahrung. Jahr für Jahr musste er während der Saisonarbeiten erfahrene Knechte einstellen, die er statt mit Barem mit handgefertigten Schuhen bezahlte. Es war nie genug Geld da für die elfköpfige Familie, zumal die antijüdischen Gesetze der Budapester Regierung in der seit 1939 zu Ungarn gehörenden Karpatho-Ukraine noch mehr Arbeitslosigkeit und Armut hervorbrachten. Doch für Herman Schwartz und seine zweite Frau Sara war es am wichtigsten, dass ihre Kinder keinen Hunger litten und die Familie zusammenhielt. In den wenigen freien Minuten, die Eva für sich hatte, versteckte sie sich im Stall. Nur dort konnte sie

Eva Schwartz mit 19 Jahren, Brody am Irschau, 1943

allein sein, ohne ihre kleinen Geschwister, die ständig an ihr hingen. Schnell cremte sie dann ihr Gesicht mit einem Stück Butter ein und massierte Sonnenblumenöl ins Haar. Niemand durfte von ihrem Geheimnis erfahren, zu groß war ihre Angst vor der Reaktion ihres Vaters auf diese leichtsinnige Verschwendung. Wenn dann aber Gäste der Familie oder Nachbarn ihre glänzenden Haare und ihren gesunden Teint lobten, freute sie sich und lächelte still vor sich hin: «Ich wollte immer hübsch aussehen.»

Als Eva von Dunajská Streda Anfang Oktober 1942 zurück nach Brody fährt, ist sie fest entschlossen, bald wiederzukommen. Sie ist verliebt. In der Hoffnung, ihre Tochter würde in der fremden Stadt eher Arbeit finden als zu Hause, stimmen Herman und Sara Schwartz ihrer Abreise zu. Evas drei Jahre jüngere Schwester Ida folgt nach einigen Wochen nach. Bald schon finden die beiden eine Stelle. Eva wohnt und hilft im Haushalt der Witwe Blau und ihren zwei Töchtern. Auch Ida schlägt sich als Dienstmädchen durch. Die Arbeit ist anstrengend und der Lohn nicht gerade üppig. Aber Eva gefällt ihr neues Leben in der Stadt, die ihr viel weltoffener und interessanter als Brody erscheint. In den ersten Monaten fühlt sie sich

Links: **Evas Mutter Zseni Schwartz, Brody am Irschau, 1930er-Jahre**
Rechts: **Evas Vater Herman Schwartz, Brody am Irschau, 1930er-Jahre**

jedoch manchmal fremd, da sie kein Wort Ungarisch versteht. Zu Hause sprach sie mit ihren Eltern und Geschwistern nur Jiddisch, in der Schule, da gehörte die Karpatho-Ukraine noch zur Tschechoslowakei, lernte sie Tschechisch. «Gézas älterer Bruder Rezsö lachte mich aus, als er mich zum ersten Mal sprechen hörte. Ich schämte mich und schwieg lieber.» Jiddisch gilt in Dunajská Streda als Sprache der armen galizischen Einwanderer. Für einen Mann wie Rezsö, der häufig nach Budapest reist, in eleganten Restaurants speist, Hochdeutsch spricht und überhaupt viel auf Großstadtmanieren gibt, ist Eva nur ein einfaches Mädchen aus der rückständigen Provinz. Sein Bruder aber sieht das anders. «Géza und ich unterhielten uns am Anfang nur mit Händen und Füßen. Aber das war für uns kein Problem.» Fast täglich trifft sich Eva nach der Arbeit mit Géza. Wenn das Wetter schön ist, spazieren sie im Park, wenn es regnet oder kalt ist, gehen sie in ein Tanzlokal oder sitzen beim «Schwantzer» und essen ihren Lieblingskuchen, eine köstliche Mischung aus karamellisiertem Zuckerguss und leckerer Creme. Aus Evas mädchenhafter Schwärmerei für den jungen Mann, der stets Anzug und Krawatte trägt, leidenschaftlich über seine sozialistischen Ideale spricht und ihr mit viel Geduld die ungarische Sprache beibringt, wird tiefe Zuneigung. Géza stellt Eva seinen Eltern vor, und sie schließen sie gleich in ihr Herz. Vor allem Gézas Vater ist von dem bescheidenen und fröhlichen Mädchen sehr angetan. Eva schreibt ihren Eltern, dass sie einen jungen Mann kennengelernt habe und ihn bald heiraten möchte. Herman Schwartz kann seinen künftigen Schwiegersohn und dessen Eltern vor der Hochzeit leider nicht besuchen, dafür fehlt das Reisegeld. So schickt er aus Brody ein Paket. In dem großen Karton liegen eine Flasche Sonnenblumenöl, Zucker und Gemüse, darunter, sorgfältig in Papier eingewickelt, handgefertigte Schuhe aus glänzendem schwarzen Leder für Gézas Vater. Eva ist glücklich. Der Krieg scheint weit weg zu sein, die gemeinsame Zukunft mit Géza greifbar nahe.

Seit Juni 1941 kämpfte die ungarische Honvéd-Armee Seite an Seite mit der deutschen Wehrmacht im Vernichtungskrieg gegen die Sowjetunion. Die Ungarn wollten ihren Verbündeten in nichts nachstehen. Im Juli 1941 ließ die Budapester Regierung 16 000 für staatenlos erklärte Juden in die Nähe der ukrainischen Stadt Kamenec-Podolskij deportieren. Deutsche Polizei und SS-Einheiten warteten auf die Menschen und erschossen sie sofort nach ihrer Ankunft. Auch Gézas vier Jahre älterer Bruder Rezsö bekam die Folgen der ersten Verfolgungswelle zu spüren. Zusammen mit einigen Dutzend anderer Juden und sogenannten politisch Unzuverlässigen wurde Rezsö, der wie Géza Mitglied der linksgerichteten zionistischen Hashomer-Hatzair-Bewegung war und mit den Kommunisten sympathisierte, für einige Wochen in das Internierungslager Kistarcsa bei Budapest eingesperrt. Dann, im Frühjahr 1942, folgte neues Unheil. Der Einberufungsbefehl des Budapester Verteidigungsministeriums riss die jüdischen Familien in Dunajská Streda auseinander. Wie Tausende jüdische Männer aus dem ganzen Land und Hunderte Angehörige verschiedener nationaler Minderheiten mussten auch die männlichen Juden aus Dunajská Streda den waffenlosen Arbeitsdienst beim Militär antreten. Am schlimmsten war es an der Front. Verteidigungsminister Károly Bartha ordnete an, dass die jüdischen Zwangsarbeiter am Arm ihrer Zivilkleidung eine gelbe Binde und auf dem Kopf eine Soldatenmütze ohne Abzeichen tragen mussten. Sie wurden von den Soldaten verachtet und schlecht verpflegt. Offiziere trieben die entkräfteten Menschen in den Kugelhagel feindlicher Schüsse. In vorderster Kampflinie hoben die Juden Schützengräben aus, errichteten Panzersperren, bauten Bunker, bargen Leichen, entschärften Minen oder legten selbst welche. Gefahr drohte ihnen aber auch vom Wachpersonal und den Kommandanten der Arbeitskompanien. Der Antisemitismus war auch in der ungarischen Armee verbreitet. Wie aus Nachkriegsprotokollen und Berichten von Überlebenden hervorgeht, behandelten viele Offiziere und Soldaten die Juden grausam, schlugen sie brutal zusammen, ließen sie verhungern oder töteten sie sogar. Erst die Anordnungen des neuen Verteidigungsministers Vilmos Nagy, der im Herbst 1942 Bartha ablöste, brachten, wenn auch nicht überall, eine vorübergehende Besserung der Lage der Juden an der Ostfront und im Land. Der Minister ordnete eine bessere Behandlung der Zwangsarbeiter an und schickte jüdische Männer, die älter als 42 Jahre waren, nach Hause.

Géza Steckler hatte Glück. Vor dem gefürchteten Arbeitsdienst retteten ihn seine geschickten Hände. Längst hatte es sich in der Stadt herumgesprochen, dass er jede Maschine, jedes kaputte Gerät zum Laufen bringen konnte. Auch die Offiziere des ungarischen Regiments, das seit Anfang November 1938 Dunajská Streda kontrollierte, ließen sich von Géza ihre Uhren reparieren. Und er konnte noch mehr. Nachdem er seine Aufträge erledigt hatte, widmete sich der junge Mann, der nie einen Beruf gelernt hatte, seiner großen Leidenschaft. In der Werkstatt im Haus seiner Eltern baute er winzige Dampfmaschinen, die er verkaufte oder an Freunde verschenkte. Obwohl sie so klein waren, dass sie in eine Streichholzschachtel passten, waren sie funktionsfähig und ließen sich mit Wasserdampf betreiben. Einige Modelle durfte Géza im Schaufenster des kleinen Gemischtwarenladens neben dem Bahnhof ausstellen. Dort fielen sie eines Tages dem ungarischen Stadtkommandanten auf. Der Offizier war ganz versessen auf diese fein gearbeiteten Stücke. Er sorgte dafür, dass Géza in der Stadt blieb, damit er weitere kleine Dampfmaschinen herstellen konnte. Zu seinem Schutz bekam er vom Stadtkommandanten eine gefälschte ärztliche Bescheinigung, die ihm eine Lungenkrankheit attestierte.

Nach der Angst in den ersten Kriegsjahren fassten die jüdischen Bewohner der Stadt in der zweiten Hälfte des Jahres 1943 wieder Hoffnung. Viele glaubten, das Schlimmste sei überstanden. Die Auslandssendungen des britischen Senders BBC, die viele heimlich hörten, ließen auf ein baldiges Kriegsende hoffen. Im Januar 1943 schlug die Rote Armee in der Schlacht von Woronesch am Don die Honvéd-Armee. Ungarn verlor die Hälfte seines Russlandregiments. Auch die Leichen Tausender jüdischer Zwangsarbeiter blieben am Don in Eis und Schnee zurück. Im Juli stürzte das Mussolini-Regime in Italien, einige Wochen später unterschrieb Rom mit den Alliierten den Waffenstillstand. Durch den Wandel der internationalen Lage fühlte sich Budapest zu einem Seitenwechsel getrieben und strebte heimlich einen separaten Frieden mit den Westalliierten an.

Bis zur Besetzung Ungarns durch die deutsche Wehrmacht lebten Eva und Géza wie die meisten der etwa 762 000 ungarischen Juden in einem trügerischen Gefühl von Sicherheit. Zwar hörten sie immer wieder beängstigende Nachrichten aus den von Deutschland besetzten Ländern über Juden, die «nach dem Osten» weggebracht worden sein sollten. Auch wuchsen die antisemitische Stimmung und Diskriminierung der Juden in Ungarn, das schon 1920 als erstes Land in Europa ein antijüdisches Gesetz im Hochschulwesen eingeführt hatte. Die nationalen jüdischen Repräsentanten verließen sich dennoch gutgläubig auf ihre enge Bindung an die herrschende konservativ-aristokratische Führungsschicht. Sie waren überzeugt, dass das, was sich in Polen, in der benachbarten Slowakei und in vielen anderen Ländern Europas ereignet hatte, in Ungarn niemals geschehen könnte. Der Zwangsarbeitsdienst, Einschränkungen im Alltag und Beruf wurden daher als vorübergehende Übel interpretiert, die man in Kauf nehmen müsse, um die deutschen Nationalsozialisten und die Faschisten im eigenen Land zu besänftigen. Das Wichtigste war, dass Deutschland auf die Juden im Land keinen Zugriff hatte, denn die Regierung von Ministerpräsident Miklós Kállay verweigerte mehrmals ihre Auslieferung. Ein Szenario, in dem Deutschland das Land seines wichtigen Alliierten besetzt und die Regierung beseitigt, hielt niemand von den führenden Vertretern des ungarischen Judentums für möglich.

Die Nachricht vom Einmarsch der deutschen Wehrmacht in Budapest am 19. März 1944 versetzt daher nicht nur die jüdische Bevölkerung von Dunajská Streda in einen Schock. Überall ist davon die Rede, im Rundfunk, Zeitungen und auf der Straße. Was wird geschehen? Niemand weiß das, aber jeder spürt, dass man die künftigen Ereignisse nicht mehr selbst unter Kontrolle hat. Eva und Géza schmieden jetzt keine Zukunftspläne mehr. «Wir sprachen nur darüber, was noch kommen wird.» Das junge Paar ist verzweifelt, klammert sich aber an die Hoffnung, dass der Krieg bald vorüber sein könnte.

Doch die Gefahr rückt immer näher. In Budapest installieren die deutschen Besatzer eine kooperationswillige Regierung unter dem faschistischen Ministerpräsidenten Döme Sztójay. Acht Einsatzkommandos von Sicherheitspolizei und Sicherheitsdienst kommen mit der Wehrmacht ins Land. Das achte, etwa 100 Mann starke, leitet der Deportationsspezialist und Chef des Berliner Referats für Judenangelegenheiten, SS-Obersturmbannführer Adolf Eichmann. Obwohl viele nicht mehr an einen Sieg Deutschlands glauben, bereiten Eichmanns Männer energisch die Deportation der ungarischen Juden vor. «Jeder wollte mal in Budapest gewesen sein», sagte Eichmann während der Vernehmung vor seinem Prozess 1961 in Israel aus. Seine Männer hätten sich um den Einsatz in Ungarn «gerissen».

Die Maßnahmen zur Vorbereitung des Massenmordes an ungarischen Juden werden sofort in Gang gebracht. Am 30. März 1944 meldet der Stadtrundfunk in Dunajská Streda, dass ab dem 5. April alle Juden einen gelben Stern tragen müssen. Unter der Führung von Eichmanns Männern beginnen ungarische Polizei, Gendarmerie und Verwaltungsbehörden mit den Vorbereitungen zur Deportation. Die entscheidende Initiative geht dabei von den Deutschen aus. Aber ohne die Kollaboration der ungarischen Eliten und der aktiven Teilnahme der Polizei und Gendarmerie hätte das Eichmann-Sondereinsatzkommando die mehr als 430 000 ungarischen Juden innerhalb von nur acht Wochen nie verschleppen können. Die Entschlossenheit und Härte, mit der die ungarischen Behörden gegen ihre jüdischen Bürger vorgehen, beeindrucken sogar die Nationalsozialisten. Am 7. April 1944 schreibt der deutsche Gesandte in Budapest, Edmund Veesenmayer, an das Auswärtige Amt in Berlin. Er findet nur lobende Worte für die neue ungarische Regierung, die «mit einer für hiesige Verhältnisse ungewöhnlichen Schnelligkeit ... die Lösung der Judenfrage in Angriff genommen hat».

Am 21. April 1944 muss Géza die Schlüssel zu seiner Werkstatt abgeben. Alle jüdischen Geschäfte in Dunajská Streda werden an diesem Tag geschlossen. Obwohl er selbst sehr besorgt ist, versucht Géza, Eva zu beruhigen. Doch sie ist voller Angst. «Wie sich die nichtjüdische Bevölkerung uns gegenüber benahm, kann man kaum beschreiben. Von einem Tag auf den anderen kannten sie uns nicht mehr, viele beschimpften uns.» Am 26. April treiben ungarische Gendarmen alle Juden der Stadt ins Getto, das in drei nebeneinanderliegenden Straßen entsteht. Die 20-jährige Eva und ihre um drei Jahre jüngere Schwester Ida müssen sich zusammen mit Géza, Rezsö, deren Eltern und zwei Schwestern, Bözsi und Lily, eine kleine Wohnung teilen. Aber wenigstens können sie zusammenbleiben, trösten sie sich gegenseitig. Anfang Mai erhält Gézas Bruder Rezsö zum zweiten Mal einen Einberufungsbefehl zum Arbeitsdienst. Diesmal muss er im Budapester Hafen Zwangsarbeit leisten. Géza darf bei Eva bleiben. Wie schon 1942 rettet ihn vor dem Arbeitsdienst die gefälschte ärztliche Diagnose, die er seinen Dampfmaschinenmodellen verdankte. Frei bewegen kann er sich aber nicht, denn in Dunajská Streda gilt wie für alle Gettos in Ungarn seit Ende April eine verbindliche Verordnung: Kein Jude darf sich nach 18 Uhr außerhalb des Gettos aufhalten. Ein Gefühl von Bedrohung und Ohnmacht macht sich breit. Was wird noch kommen? Niemand ahnt, dass über das Schicksal der ungarischen Juden bereits entschieden wurde. Am 4. und am 5. Mai 1944 fand bei der Wehrmachtstransportleitung in Wien eine Fahrplankonferenz statt, bei der beschlossen wurde, dass täglich vier Transporte mit jeweils 45 Waggons und 3000 Menschen nach Auschwitz fahren sollten. Auch eine genaue Route steht schon fest, sie soll über Košice und die mit Hitlerdeutschland verbündete Slowakei führen. Eine deutsch-ungarisch-slowakische Kommission hat die Aufgabe, die Transporte zu organisieren.

Familie Steckler. Obere Reihe von l. n. r.: Jenö, József, Rezsö, Géza, Bözsi. Unten: Großmutter, Eltern, Lily, Kubi. Dunajská Streda, um 1940

Am frühen Donnerstagmorgen, dem 8. Juni, müssen die Juden aus Dunajská Streda ihre provisorischen Wohnungen verlassen. Die Gendarmen treiben sie und Hunderte weitere Neuankömmlinge aus dem Umland in den Vorhof der bereits geplünderten Synagoge. In dem wilden Durcheinander, jeder versucht im Gebäude einen Platz zu finden, kann Eva nicht mehr klar denken. Was passiert mit uns? Wir stehen das durch, flüstert Géza seiner verschreckten Freundin immer wieder zu. Aber seine Stimme zittert. Dicht gedrängt sitzen die Men-

Géza Steckler, 1943, Dunajská Streda

schen nebeneinander, bewacht von ungarischen Gendarmen in grünen Uniformen. Das Erdgeschoss ist bereits voll, auch der Frauenraum quillt über mit Menschen, Gepäck und Kinderwagen. Eva, Ida, Géza und seine Familie klammern sich aneinander und zwängen sich durch die Menschenmasse über eine Treppe in das Dachgeschoss der Synagoge. Alle sind furchtbar müde, können aber kaum schlafen. Es fehlt frische Luft zum Atmen, Kinder schreien, Kranke und Alte stöhnen, die Hitze ist unerträglich. Eine ganze Woche bleiben sie in der Synagoge eingesperrt. Zum Glück gibt es in der Stadt noch einige, die versuchen zu helfen. Ein Bäcker zum Beispiel bringt den eingesperrten Menschen Brotlaibe. Mit jedem Tag werden die Essensrationen knapper. Am Sonntag, dem 11. Juni, besteht die einzige Tagesmahlzeit aus Milch. 70 Liter für 3000 Menschen, für jeden zwei, drei hastige Schlucke, nicht mehr. Eva hat nur noch einen einzigen Gedanken: Sie will weg von hier, raus aus diesem Gebäude, egal, wohin man sie bringt. Die Eingesperrten müssen nicht nur Hunger und Enge ertragen, sondern auch täglich Demütigungen. «Immer wieder kamen Gendarmen zu uns, die nach Geld und Wertgegenständen suchten.» Viele Juden müssen sich ausziehen, denn sie könnten ja etwas am Körper versteckt haben. Auch Frauen aus der Stadt durchsuchen die Gefangenen. Die christlichen Nachbarn, denen Eva seit Herbst 1942 auf der Straße begegnet war, verwandeln sich zu raffgierigen Mittätern. «Eine Frau, die ich gut kannte, war besonders schlimm zu uns. Mit den Fingern fasste sie bei mir sogar in die Intimbereiche rein, weil sie glaubte, ich würde dort Gold verstecken.»

Aber die 20-jährige Eva hat noch viel größere Sorgen. Sie ist schwanger. Erst kurz bevor sie ins Getto musste, hatte sie von ihrer Schwangerschaft erfahren. Niemand außer Géza und seiner älteren Schwester Bözsi weiß davon. Eva ist verzweifelt. «Bözsi arbeitete früher bei einem Arzt. Sie wollte uns helfen und riet mir, das Kind abzutreiben. Doch dafür war es schon zu spät, und Géza wollte es nicht zulassen.»

«Mein Bruder hat sie sehr geliebt»

«Mein Bruder hat sie sehr geliebt», sagt der großgewachsene alte Mann mit ergrautem dünnem Schnurrbart. Er seufzt. «Das hat ihn das Leben gekostet.» Seit zweieinhalb Stunden erzählt der 91-jährige Rezsö Steckler, der auf dem Sofa im Wohnzimmer seines Hauses in Dunajská Streda sitzt. Auf dem Tisch liegt ein schwarzweißes Foto, das einzige, das ihm von seinem jüngeren Bruder Géza geblieben ist. Ein eleganter junger Mann im Anzug und mit einer Fliege am weißen Hemdkragen schaut nachdenklich aus dem Bild. «Géza war sehr geschickt, er konnte alles machen. Ein Mann, der mit ihm in Auschwitz war, erzählte mir nach dem Krieg, dass sich sogar SS-Männer im Lager die Uhren von ihm reparieren ließen.» Rezsö Steckler redet gern, am meisten über sich selbst, wie manche in der Stadt spotten. Aber das ist ihm egal. Schließlich kennt er viele interessante Geschichten, und vor allem ist er einer der Letzten, der noch berichten kann, wie das jüdische Leben in Dunajská Streda früher war. «Wir waren eine alteingesessene Familie, jeder kannte mich und meine Brüder», sagt er, und obwohl es nicht gerade bescheiden klingt, gibt es keinen Grund, daran zu zweifeln. Auch in Israel trifft man Überlebende aus Dunajská Streda, die sich an die Brüder Steckler gut erinnern. Am bekanntesten ist wohl Jenö gewesen, der in den 1940er-Jahren als Boxer Karriere machte. Wie sein Bruder überlebte Jenö den Krieg in einem Arbeitslager. Rezsö Steckler, den inoffiziellen Chronisten der Stadt, kennt man in Dunajská Streda auch heute. Kaum ein Empfang im Rathaus findet ohne den 1,90 Meter großen selbstbewussten Mann statt. Obwohl er zum Gehen heute Krücken braucht, wirkt er sehr vital. Während er erzählt, bereitet seine Tochter Zsuzsi das Mittagessen zu. Seit dem Tod seiner Frau vor drei Jahren kommt sie jeden Tag, um nach ihm zu sehen. Überall im Haus hängen Familienbilder. Rezsö Steckler steht auf und bringt eine Fotografie im Holzrahmen. Auf dem Bild sind er, im Alter von etwa 50 Jahren, und seine Frau Ružena. Beide sind festlich gekleidet und lächeln. Rezsö hält in seiner linken Hand eine Zigarette, aus der Brusttasche seines Sakkos schaut ein weißes Einstecktuch hervor. Seine Frau, sagt Rezsö Steckler stolz, war die Schönste in der Stadt. Viele hätten ihn beneidet, als er sie im April 1944 heiratete. Als der Krieg vorbei war, kehrten Rezsö und Ružena Steckler aus Budapest nach Dunajská Streda zurück und fanden ihre Elternhäuser leer vor. Ihre Eltern waren in Auschwitz ermordet worden. Rezsö Steckler blieb in Dunajská Streda, das wieder zur Tschechoslowakei gehörte, und machte Karriere in der kommunistischen Stadtverwaltung. In einer Zeit, in der die Juden aus Angst vor Diskriminierung ihre Identität meistens verheimlichten, war das keine Selbstverständlichkeit. Aber er wusste sich immer zu helfen.

Wenn Rezsö Steckler über die Vergangenheit spricht, vergisst er alles, das Wasserglas auf dem Tisch, das Mittagessen, seine Zuhörer und auch den kleinen Kater, der seit einer halben Stunde miauend versucht, mit seiner Pfote das Fliegengitter am Eingangstor beiseitezuschieben und hereinzukommen. Es ist Hochsommer, aber in dem flachen Haus ist es angenehm kühl. Seit über 60 Jahren wohnt Rezsö Steckler hier. «Durch diese Straße sind sie damals gegangen, begleitet von Gendarmen.» Er konnte die Menschen, die zum Bahnhof getrieben wurden, nicht mehr sehen. Zu dieser Zeit saß er mit seiner Frau schon in einem Zug nach Budapest. Die Nachbarn erzählten ihm später, was sich nach seiner Abfahrt an jenem 15. Juni 1944 ereignet hatte. Unter den deportierten Juden waren viele seiner Freunde, seine frühere Freundin, Schwiegereltern, Eltern und drei Geschwister. Die Erinnerung an sie treibt dem alten Mann Tränen in die Augen. Rezsö Steckler stellt sich bis heute immer wieder dieselbe Frage. Hätte er damals nicht noch einen Menschen mehr retten können?

Seit Stunden regnet es schon an diesem Mittwochabend, den 14. Juni 1944, als sich dem Tor des gelben Stadtpalais in der Telekystraße ein junger Mann nähert. Auch in der Dunkelheit lässt sich erkennen, dass er eine Uniform anhat. Am Arm trägt der 26-jährige Rezsö Steckler eine weiße Armbinde mit rotem Kreuz. Die Gendarmen salutieren, als er in geschliffenem Ungarisch nach dem Kommandanten fragt. «Ich war vermutlich der erste Jude, vor dem die Gendarmen salutiert haben.» Von einer nichtjüdischen Frau aus Dunajská Streda, die in Budapest lebte, hatte sich Rezsö die Uniform ihres an der Ostfront gefallenen Mannes besorgt. Auch dessen persönliche Dokumente überließ ihm die Witwe. Rezsö Steckler heißt jetzt Lajos Tóth. Mit zwei gefälschten Entlassungsscheinen, deren Vordrucke er für 500 Pengö von einem betrunkenen ungarischen Unteroffizier in Budapest kaufte, war Rezsö nach Dunajská Streda gefahren, um seine Frau vor der Deportation zu retten. Als aktiver Zionist ist er gut informiert und weiß, dass die Juden am nächsten Morgen weggebracht werden. «Aus dem Fenster des Zuges konnte ich sehen, wie in größeren Städten Menschen zusammengetrieben und in die Waggons gepfercht wurden.» Erst seit vier Wochen ist Rezsö verheiratet. «In dieser Zeit heirateten nur Verrückte. Wir Männer mussten doch in den Arbeitsdienst einrücken.» Er und seine Frau Ružena waren die Letzten in Dunajská Streda, die noch eine rituelle Hochzeit feierten. Der Kommandant lässt sich von den gefälschten Papieren überzeugen und gewährt Rezsö Zutritt in die Synagoge. Auf dem Dachboden findet er seine Frau. «Ich erzählte ihr, was ich vom Zugfenster aus gesehen hatte und was die Ungarn mit den Juden machten.» Doch sie zögert und will ihre Eltern nicht verlassen. Wertvolle Minuten, die sie zur Flucht brauchen, vergehen, sein Schwiegervater redet auf seine Tochter ein. Sie solle mit ihrem Mann gehen, fleht er sie an. Schweren Herzens willigt sie schließlich ein. Es ist 22 Uhr, als Rezsö seine Frau aus der Synagoge führt. Während sie auf ihn draußen wartet, kehrt er noch einmal zurück. Er will sich von seinen Eltern und Geschwistern verabschieden, außerdem hat er noch einen Entlassungsschein, auf dem kein Name steht. Lily, seine 17-jährige Schwester, möchte er noch herausholen, doch sie ist fest entschlossen, bei Mutter und Vater zu bleiben. Rezsö hat nicht viel Zeit. Wenn er mit seiner Frau nicht schnell verschwindet, kann jemand merken, dass er kein ungarischer Soldat, sondern ein Jude ist. Dann riskiert er nicht nur sein Leben, sondern auch das Leben seiner Liebsten. Kurz entschlossen nimmt er seinen jüngeren Bruder zur Seite. «Ich sagte zu Géza, dass ich ihn retten kann, er soll mitkommen. Aber er wollte bei Eva bleiben.» In einem leeren Haus warten Rezsö und seine Frau die Nacht ab. Um sechs Uhr früh nehmen sie den ersten Zug nach Komárno. Von hier aus fahren sie nach Budapest. Erst nach dem Krieg erfährt Rezsö, dass seine kleine Schwester Lily in Bergen-Belsen starb.

Der Regen lässt nach. Die letzte Nacht in der Synagoge kann Eva überhaupt nicht schlafen. Am Abend erfuhren die Menschen, dass ein Zug sie alle, auch Alte, Kinder und Kranke, am Morgen zur Arbeit «nach Osten» bringen würde. Am Donnerstagmorgen, dem 15. Juni, klart der Himmel auf. Die ersten Sonnenstrahlen, die durch die Wolken dringen, versprechen einen herrlichen Tag. Im Innenhof ertönt wütendes Gebell. «Juden, raus! Bewegt euch!» In wenigen Minuten strömt eine Masse von Menschen in den Vorhof der Synagoge. Endlich raus aus diesem Gebäude, raus aus dieser unerträglichen, stickigen Enge. Auf den Rücken der Erwachsenen und der älteren Kinder hängen Rucksäcke, viele packen ihre Sachen in einfache weiße Bettlaken. Trotz des bevorstehenden Sommers hat Eva wie die meisten Menschen einen warmen Mantel an, denn wer weiß, der Osten soll sehr kalt sein, und zu viel Gepäck darf man ohnehin nicht mitnehmen. Gespenstische Stille hängt über den menschenleeren Straßen einer Stadt, die man einst wegen ihrer vielen jüdischen Bürger «das kleine Palästina» nannte, als die bewaffneten Gendarmen 3000 Juden zum Bahnhof treiben. Ein letzter Blick auf die niedrigen Häuser von Dunajská Streda, das Eva in zwei Jahren zur Heimat geworden ist, schon sind sie da. Ein langer Güterzug steht bereit. 70 Menschen pro Waggon sind vorgesehen, aber die Gendarmen pferchen immer neue in die überfüllten Waggons hinein. In dem Chaos versucht jeder, bei seiner Familie zu bleiben. Mütter drücken ihre Säuglinge fest an ihre Brust, Geschwister halten sich an den Händen, Jüngere helfen den Älteren beim Einsteigen. Die metallenen Riegel und Schlösser an den Türen schnappen klirrend ineinander. So hört sich also das Unheil an. Drinnen ist es ganz finster. Gott sei Dank findet Géza einen Platz an der Wand für Eva, Ida, für sich, seine Eltern und Schwestern. Mit angezogenen Knien sitzt Eva in der Menge und kann vor Angst nicht reden. Dann fährt der Zug ruckelnd an. «Keiner von uns ahnte, wohin wir fahren. Wir wussten nur,

Deportation der Juden aus
Dunajská Streda nach
Auschwitz-Birkenau, Juni 1944

dass wir in ein Arbeitslager kommen.» Schon nach einigen Stunden Fahrt wird es furchtbar heiß. Luft kommt nur durch das einzige kleine, vergitterte Fenster herein, aus dem man nicht einmal hinausschauen kann. Im Güterwaggon gibt es nur einen Eimer, der als Toilette dient. Der Gestank ist unerträglich. Einige versuchen, das Gitter vor dem kleinen Fenster abzureißen, doch es ist viel zu hoch angebracht. Die Menschen werden vor Durst fast wahnsinnig. Immer wieder fleht jemand laut um Wasser, verzweifelt versuchen die Mütter, ihre weinenden Kinder zu beruhigen. Je länger die Fahrt dauert, desto leiser werden die Klagen. Nur ab und zu hört man das Stöhnen der Kranken und Alten. Einige werden ohnmächtig. Jemand in Evas Nähe flüstert, dass sein Nachbar im Sterben liege.

Irgendwo auf dem Weg zwischen Dunajská Streda und Auschwitz-Birkenau erzählt Géza seinen Eltern, dass Eva ein Kind von ihm erwartet, und bittet sie um Erlaubnis, sie nach der Rückkehr heiraten zu dürfen. Seine Mutter erschrickt. Schwanger, jetzt, in diesen Zeiten? Was sollen sie bloß machen?

Wie kann Eva die harte Arbeit durchstehen, wo soll sie das Kind zur Welt bringen? Gézas Vater schweigt. Nur sein unendlich trauriger Blick lässt erahnen, welche Gedanken ihm in diesem Moment durch den Kopf gehen. Dann seufzt er tief, beugt sich zu Eva hinüber und umarmt sie fest. Diese Geste ist für sie viel wichtiger als alle Worte. Für einen Augenblick vergisst sie sogar ihren quälenden Durst, den Hunger und die Angst. Eine große Last fällt ihr vom Herz. «Ich hatte mich die ganze Zeit so sehr geschämt. Es war damals ja eine Sünde, da wir doch noch nicht verheiratet waren.» Nach zwei Tagen bleibt der Zug in Košice stehen, einer Stadt an der Grenze zur damaligen Slowakei. Der Bahnhof dient als Umschlagplatz für die meisten Deportationstransporte aus Ungarn. Die Türen der verriegelten Waggons öffnen sich plötzlich, durch den engen Spalt strömt frische Luft herein. Endlich bekommen sie etwas Wasser. Jetzt übernehmen deutsche SS-Wachen den Zug, der erst nach einigen Stunden weiterfährt. Das Arbeitslager, in das sie geschickt werden sollen, könne nicht mehr weit sein, versucht Géza sich selbst und die anderen zu beruhigen. Völlig erschöpft schläft Eva an seiner Schulter ein.

In den frühen Morgenstunden wecken sie ungewöhnliche Geräusche. Der Lärm kommt immer näher. Jetzt erst merkt sie, dass es Schreie sind, in die sich Hundegebell mischt. Der Zug steht offenbar schon länger. Sind wir endlich da? Sie freut sich. Nichts kann schlimmer sein als diese Fahrt. Draußen rasseln Ketten, mit einem Ruck werden alle Waggontüren aufgerissen. Männer in gestreiften Uniformen und mit wildem Gesichtsausdruck laufen hin und her. «Alle raus! Schnell, beeilt euch! Lasst eure Sachen im Waggon liegen!», schreien sie auf Deutsch, Jiddisch und Polnisch. Zum Nachdenken oder Fragen bleibt keine Zeit. Die Ersten, die an der Tür sitzen, springen in die Dunkelheit hinaus. Innerhalb weniger Minuten leert sich der ganze Zug, davor reihen sich Hunderte von Menschen in eine Schlange ein. Die Gestreiften holen Koffer, Säcke und

Taschen, Kinderwagen und Leichen aus den Waggons. Wie ein Haufen Müll werden sie auf die Rampe geworfen. Männer in SS-Uniform beobachten regungslos das Spektakel und übernehmen jetzt das Kommando. Es ist Sonntag, der 18. Juni 1944. Eva ist plötzlich sehr kalt. Mit klammen Fingern zieht sie den Kragen ihres Mantels hoch.

Miriam, Komárno 1944

Laura Schwarcz zündet gerade die Kerzen für den Sabbat an, als plötzlich die Tür aufgerissen wird. Ihr jüngster Sohn Jacob stürmt herein, im Gesicht ganz bleich. Etwas Furchtbares ist passiert, schreit er, die Deutschen sind hier, in der Synagoge. Schnell, wir müssen weg! So aufgebracht hat die 21-jährige Miriam ihren kleinen Bruder noch nie gesehen. Atemlos erzählt er, wie Männer in Uniform den Rabbiner an seinem Bart gepackt und aus der Synagoge herausgezogen haben. Beeilt euch, fleht er seine Mutter und Schwester an, immer noch erschüttert von dem, was er beobachtet hat. Die dampfenden Schüsseln mit Essen stehen schon auf dem Tisch, aber daran denkt jetzt niemand mehr. Laura Schwarcz bläst die Kerzen aus. Sie müssen fliehen. Es vergeht keine Viertelstunde, schon stehen Miriam und Jacob mit einigen gepackten Sachen im Flur. Ihre Mutter öffnet den Tresor, nimmt Geldscheine und Familienschmuck heraus und stopft alles in ihre Manteltaschen. Dann sperrt sie das Haus zu, blickt rasch die menschenleere Straße hinunter und rennt mit den Kindern los.

Es ist Freitagabend, der 24. März 1944. In den Fenstern der jüdischen Nachbarhäuser leuchtet das warme Licht der Sabbatkerzen. Laura, Miriam und Jacob laufen durch die fast leeren Straßen, die Furcht, aufgehalten zu werden, treibt sie an. Nach etwa fünfzehn Minuten tauchen sie in den Lärm am Bahnhof ein. Viele Menschen warten auf die Abfahrt des Zuges nach Nové Zámky, der schon auf dem Gleis bereitsteht. Plötzlich hört Miriam den Namen ihrer Familie rufen und meint, ihr Herz bleibt stehen. «Die Schwarcz sind da, schaut, Juden sind da!», schreit jemand. Zum Glück hören die Gendarmen, die am Bahnhof patrouillieren, die Rufe in dem Tumult nicht. Laura stößt ihre Kinder in den Zug und klettert hinterher. Schwer atmend fallen die drei auf eine Holzbank in einem freien Abteil. Die Minuten dehnen sich endlos. Aber dann fährt der Zug doch los. Miriam blickt noch einmal aus dem Fenster. Die Silhouette der mächtigen Festung, die der Habsburger Kaiser Ferdinand nach der verheerenden Niederlage der Ungarn gegen die Türken bei Mohács 1526 bauen ließ, kann Miriam im dunklen Abendhimmel mehr erahnen als sehen. Damals brachte das gewaltige Bauwerk den Menschen in der Stadt Sicherheit. Drei Jahrhunderte dauerte es, bis die sechs Kilometer lange Festung als Ring um die Stadt endlich fertig war. Doch inzwischen hatte Komárno seine militärische Bedeutung verloren, und die Anlage diente der österreichisch-ungarischen Armee nur noch als Kaserne. Die Stadt geriet in eine Wirtschaftskrise, von der sie sich erst nach dem Bau der Eisenbahn erholte. Der Anblick des nunmehr leeren Bahnhofs prägt sich tief in Miriams Gedächtnis ein. Der Zug fährt ratternd aus der Stadt hinaus, Häuser und Straßen verschwinden in der Dunkelheit.

Am 2. November 1938 besetzten ungarische Truppen den bis dahin tschechoslowakischen Teil Komárnos am Nordufer der Donau, in dem Miriam mit ihren Eltern lebte. Wie schon bis 1918 gehörte jetzt die ganze Stadt zu Ungarn. So hatten es der deutsche Außenminister Joachim von Ribbentrop und sein italienischer Kollege Galeazzo Ciano in den Nachverhandlungen zum Münchner Abkommen vom September 1938 im Wiener Schloss Belvedere entschieden. Als Verbündeter des Deutschen Reichs erhielt Ungarn 1938 große Gebiete der Süd- und Ostslowakei und der Karpatho-Ukraine, 1940 das rumänische Nordtranssylvanien und im April 1941 die jugoslawischen Gebiete Bacska und Südbaranya. 40 000 Juden aus den annektierten Gebieten, darunter auch Miriams Familie, wurden damit zu ungarischen Staatsbürgern. Für Miriams Vater Jenö, einen überzeugten Anhänger des tschechoslowakischen Präsidenten Masaryk, bedeutete die Annexion einen herben Schlag. Bis zu seinem Tod im Herbst 1943 konnte er sich nicht mit dem Gedanken abfinden, dass die neuen Gesetzgeber nicht mehr in Prag, sondern in Budapest saßen, das er für rückständig hielt. Christliche Bewohner fühlten sich gleich in der ersten Nacht, als die ungarischen Soldaten in Komárno einmarschierten, ermuntert. Unbekannte warfen Steine in die Fenster des Hauses der Familie Schwarcz in Dunarakpart 52. In der Straße am Donauufer wohnten viele jüdische Familien. Die goldenen Jahre, wie viele tschechoslowakische Juden die Ära der Ersten Tschechoslowakischen Republik nannten, waren vorbei. Seit ihrer Entstehung 1918 war die Tschechoslowakei für die meisten jüdischen Bürger eine Insel der Demokratie in einem von Gewalt erschütterten und antisemitisch geprägten Europa. Gleich drei zionistische Weltkongresse fanden in Prag und Karlsbad statt, bis sich das politische Klima Mitte der 1930er-Jahren verschärfte. Nicht, dass es in der Heimat von Bedřich Smetana und Antonín Dvořák keine Judenfeindschaft gegeben hätte. Aber sie war in diesem liberalen und weltoffenen Land, in dem Juden als Nation und ihre Religion staatlich anerkannt waren, nicht salonfähig wie etwa in Wien oder Budapest. Sogar noch 1938, als in BBC-Radiosendungen immer öfter von Hitlers Eroberungsplänen die Rede war und die ersten Berichte über die katastrophale Lage der österreichischen Juden nach dem sogenannten Anschluss des Landes durchsickerten, blieb Jenö Schwarcz, zumindest äußerlich, gelassen. So etwas wird in der Tschechoslowakei nie passieren, niemals, erklärte er seinen Kindern. Fast empört reagierte er, als ihm ein Verwandter vorschlug, gemeinsam mit ihren Familien nach Honduras auszuwandern. «Warum sollten wir gehen», sagte er, «mein ganzes Leben habe ich gearbeitet, um meiner Familie ein komfortables Leben zu bieten. Wir bleiben hier.» 1939 verließ seine älteste Tochter Ella mit ihrem Mann und zwei Söhnen das Land. Sie schafften es, mit dem letzten Schiff nach Kanada zu kommen. «Wir warten nicht, bis Hitler auch zu uns kommt», sagte Ellas Mann beim Abschied zu seinem Schwiegervater. «Siehst du nicht, dass die Deutschen bereits nach Österreich einmarschiert sind?» Das Schicksal wollte es, dass Jenö Schwarcz nicht mehr erleben musste, wie sechs seiner neun Söhne – zwei waren schon vor dem Krieg nach Palästina ausgewandert, der Dritte nach Kanada – 1944 zum militärischen Arbeitsdienst zwangsverpflichtet wurden. Er starb, bevor die deutsche Wehrmacht 1944 Ungarn besetzte und der Mord an den ungarischen Juden begann.

Miriam kann nicht wissen, dass sie erst nach einer Ewigkeit in deutschen Lagern zurückkehren, aber ihr geliebtes Komárno nicht mehr wiederfinden wird. Noch am Morgen vor ihrer Flucht fühlte sie sich sicher in ihrer Stadt. Sogar vor den ungarischen Gendarmen hatte sie kaum Angst. Häufig genug bemerkte sie zwar die feindseligen Blicke christlicher Slowaken und Ungarn auf den Straßen. Ihre Familie kannte aber doch jeder, und Miriam konnte sich nicht vorstellen, dass ihnen jemand wirklich etwas Böses antun wollte. Als der Vater noch lebte, verbrachte die Familie jeden Sommer zwei Monate auf ihrem Gutshof auf der Großen Schüttinsel in der Donautiefebene, nur eine Stunde Fahrt von Komárno entfernt. Miriam liebte die unbeschwerten Tage auf dem Gutshof. Fast jeden Tag ging sie mit ihren Schwestern und Cousinen schwimmen. Ein Seitenarm der Donau verlief, keine fünf Minuten Fußweg entfernt, direkt unterhalb des Gutshofes. Stundenlang konnte Miriam den Fischern zuschauen, wie sie ihre Netze auswarfen. Abends bereitete die Köchin Marischka die köstlichen Forellen und Barsche auf dem Grill. Seit einigen Jahren lebten auf dem Familiengutshof Miriams Schwester Lilly mit ihrem Mann und zwei Kindern. Sie bewirtschafteten den Betrieb zusammen

Miriam (hält ihren Neffen im Arm) mit ihren Verwandten während der Sommerferien auf dem Familiengut. Links von ihr sitzt ihre Schwester Lilly, Vel'ký Lel, 1940

mit Miriams Bruder Alex und dessen Frau, die zwei Jungen im Alter von drei und vier Jahren hatten. Jeden Abend rief Alex den Vater an, um ihm über die Arbeit auf dem Hof zu berichten. In Komárno bewohnte die Familie Schwarcz ein Haus mit sechs Schlafzimmern, zwei Bädern und einer großen Küche. Sowohl bei den nichtjüdischen Geschäftspartnern als auch unter den 2170 Juden Komárnos genoss der Gutsbesitzer und Vorsitzende der jüdisch-orthodoxen Gemeinde Jenö Schwarcz großen Respekt. Und das lag nicht nur an seinem wirtschaftlichen Erfolg. Die Gemeindemitglieder schätzten auch die Wohltätigkeit des Ehepaars. Miriams Mutter Laura, die als

Kind selbst viel Not gelitten hatte, half Bedürftigen, wann immer sie konnte. «Sie hat häufig arme Leute zum Abendessen eingeladen. Wenn mein Vater am Sabbat von der Synagoge ohne Gast zurückkam, war sie enttäuscht. Mein Bruder Jacob wurde dann gleich losgeschickt, und wir mussten warten, bis er jemanden an unseren Tisch gebracht hatte.» Laura Schwarcz schärfte ihren Kindern ein, die Lebensmittel vor den Türen abzulegen und sofort zu gehen. Sie wollte den Armen jedes Gefühl von Demütigung ersparen.

Vierzehn Kinder zog das tiefgläubige Ehepaar Schwarcz in der jüdischen Tradition auf. Miriam war die Jüngste der fünf Mädchen und neun Jungen. Neben der schulischen und beruflichen Ausbildung hielt Jenö Schwarcz seine Söhne zum religiösen Studium an. Alle neun Söhne, die wie ihr Vater Landwirte wurden, besuchten eine Jeshiva-Schule, in der sie sich dem Thorastudium widmeten und über die jüdischen Gebote diskutierten. Die Jeshivas in der Südslowakei erfreuten sich eines so guten Rufs, dass sogar Studenten aus den weit entfernten ungarischen Städten den Unterricht besuchten. Die Familie war orthodox, aber auch modern eingestellt. Miriams Mutter trug natürlich eine Perücke, wenn sie das Haus verließ, sie ließ sich ihre Haare aber nicht abschneiden. Ihre Töchter sollten einen Beruf erlernen, denn obwohl sie sich wie ihre Mutter später der Kindererziehung und dem Haushalt widmen sollten, wusste man ja nie, ob sie nicht doch einmal eine gute Ausbildung brauchen konnten. «Unsere Mutter wollte aus uns keine Prinzessinnen machen.» Die Eltern planten, Miriam zum Studieren nach Budapest zu schicken. Aber die antijüdischen Gesetze verhinderten das. Auf gute Sprachkenntnisse legte das Ehepaar Schwarcz besonderen Wert. Neben Ungarisch, ihrer Muttersprache, sollten die Kinder auch Deutsch sprechen. Ein jüdisches «Fräulein» aus Frankfurt am Main nahm die Erziehung Miriams und ihrer Geschwister in die Hand. Gleich nachdem sich die junge Frau im Dienstbotenzimmer des Hau-

Jenö und Laura Schwarcz, 1935

ses in Komárno eingerichtet hatte, begann für die Kinder ein Leben nach strikten Regeln. Die Gouvernante holte Miriam und ihre Schwester Lilly jeden Tag von der Schule ab, machte mit den Mädchen Hausaufgaben und lehrte sie danach Deutsch. In strengem Tonfall brachte sie den Kindern bei, wie man sich bei Tisch benimmt oder dass junge Damen auf Spaziergängen weiße Handschuhe zu tragen haben. Unnachgiebig verfolgte sie jeden Fehler. Miriam fiel es schwer, ihr Wohlgefallen zu gewinnen, vor allem, weil sie die ständigen Ermahnungen der Frau, die einen starken hessischen Dialekt sprach, oft gar nicht verstand. Das musste ein Ende finden. Sie und Lilly lagen ihren Eltern so lange in den Ohren, bis die Gouvernante mit vielen guten Wünschen nach Deutschland zurückgeschickt wurde. So kam die französische Hauslehrerin Babette zur Familie Schwarcz, und die Kinder lernten jetzt Französisch statt Deutsch. Schon bei ihrer Ankunft war Miriam von der jungen Frau aus Paris begeistert. Babette war eine Schönheit. Das fiel

Links: **Miriam (sitzt im Wagen) mit ihrer Schwester Lilly vor dem Elternhaus in Komárno, 1939**
Rechts: **Miriam Schwarcz, 20 Jahre alt, Budapest, 1942**

aber auch Miriams Bruder Alex auf, der zum Verdruss seiner Eltern in eine richtige Schwärmerei für die junge Französin verfiel. So musste Miriam schon bald von Babette Abschied nehmen.

Nach und nach heirateten alle Kinder, nur Miriam und Jacob wohnten noch zu Hause. An jüdischen Feiertagen aber, das war zur Tradition geworden, versammelten sich die Söhne und Töchter mit ihren Familien im Haus der Eltern. Der Tisch, an dem sie saßen, war so lang, dass Jenö Schwarcz jedes Mal aufstehen und zum anderen Ende der Tafel gehen musste, wenn er mit seinen Enkeln sprechen oder sie auch mal rügen wollte, weil sie wieder mal zu laut waren und die Erwachsenen in ihren Gesprächen störten. Wie alle ihre Geschwister besuchte Miriam regelmäßig die Synagoge. Sie zog sich dafür immer hübsch an, und wenn sie sich sicher war, dass ihre Mutter es nicht sah, schielte sie verstohlen vom Frauenbalkon auf die jungen Männer hinunter. Aber Miriam zog auch die Blicke auf sich. Sie liebte Mode und trug immer elegante Kleider, die sie auf Besuch bei ihrer Schwester Aranka in Budapest kaufte. Alles war handgemacht. Vanin, ein damals prominenter jüdischer Schuster aus Russland, hatte Miriam kalbslederne Stiefel gefertigt und ihre Initialen in das Leder geprägt. Sogar auf den Straßen Budapests sprachen Passanten sie wegen ihrer Stiefel an. Doch was Bekanntschaften mit jungen Männern betrifft, blieb es nur bei Blicken, denn nähere Beziehungen hatten die Eltern strikt untersagt. Und Miriam war folgsam. Nur manchmal war ihre Neugierde stärker als die Gebote der Eltern. Dem Klang der Orgel in der neologischen Synagoge konnte sie nicht widerstehen. Immer wieder betrat sie heimlich das Gebäude und lauschte der schönen Musik. Im Gegensatz zu den reformierten Juden lehnen die orthodoxen in ihren Synagogen jede Annäherung an christliche Formen des Gottesdienstes ab – so auch eine Orgel. Miriam nahm sich auch andere Freiheiten, und ihre Eltern ließen ihre Jüngste mal schmunzelnd, mal kopfschüttelnd gewähren. Wenn sie nach Budapest reiste und dort Konzerte und Theateraufführungen besuchte, hatten sie nichts dagegen. Aber es entsprach nicht ganz dem Bild einer wohlerzogenen jungen Frau aus orthodoxem Haus, wenn ihre Tochter mit dem Fahrrad durch Komárno radelte und im Sommer schwimmen ging. Aber Jenö Schwarcz drückte bei Miriam schon immer ein Auge zu. Sie war sein Liebling.

Nur einen großen Wunsch hegte Miriam noch. «Ich war 21 Jahre alt und wollte unbedingt heiraten.» Im Sommer 1943 verlobte sie sich mit dem zwölf Jahre älteren jüdischen Gelehrten Béla Rosenthal aus dem ungarischen Miskolc. Um einen richtigen Ehemann für seine jüngste Tochter zu finden, hatte Jenö Schwarcz schon Anfang des Jahres 1943 einen Schadchen, einen jüdischen Heiratsvermittler, engagiert. Bisher hatte sich nur eine seiner Töchter seinem Willen widersetzt und ihren künftigen Mann ohne Vermittler gefunden. Für alle anderen wurde die Ehe arrangiert. Gefühle kann man nicht erzwingen, aber Miriam nahm sich ihre Schwestern zum Vorbild. Die meisten waren glücklich. So hoffte auch sie, durch Gottes Hilfe mit dem von ihren Eltern ausgewählten Ehemann glücklich zu werden. Gut aussehend, wohlerzogen und charmant sollte er aber schon sein. Als der Heiratsvermittler ihr dann zum ersten Mal ein Foto Bélas zeigte, war sie erleichtert. «Er gefiel mir sofort.» Laura und Jenö Schwarcz machten sich zusammen mit den zwei ältesten Söhnen auf den Weg nach Miskolc, um den künftigen Bräutigam kennenzulernen. Denn es reichte nicht, dass ihre jüngste Tochter von ihm angetan war. Sie wollten sich auch selbst überzeugen, ob er ihrer würdig ist und aus welcher Familie er stammt. Als sie zurückkamen, erlöste Jenö Schwarz seine Tochter sofort aus ihrer Ungewissheit. Der junge Mann hatte auf ihn einen guten Eindruck gemacht. «Seine Eltern sind ähnliche Leute wie wir», sagte er zu Miriam, die sich kaum noch gedulden konnte, Béla endlich kennenzulernen.

Vor dem ersten Treffen, das in der Wohnung ihrer Schwester in Budapest stattfinden sollte, bekam sie dann doch ein bisschen Angst. Was, wenn er doch nicht der Richtige ist? Was, wenn er ihr doch nicht gefällt? Oder sie ihm? Als der großgewachsene schlanke Mann ins Wohnzimmer trat, in dem Miriam und ihre Eltern schon warteten, konnte sie ihre Freude kaum verbergen. Das Foto hatte nicht gelogen. Béla war ein wirklich gut aussehender Mann mit feinen Manieren. Während des Abendessens erzählten sich die beiden aus ihrem Leben und spürten eine Vertrautheit, als würden sie sich schon lange kennen. Sie vergaßen ganz ihre Eltern, die bereits über praktische Angelegenheiten des Ehevertrages redeten. Als Béla dann einige Stunden später die Wohnung verließ, war sich Miriam ganz sicher. Er ist der Mann, mit dem sie ihr Leben verbringen möchte. Am nächsten Morgen brachte ein Bote einen großen Strauß roter Rosen, ihrer Lieblingsblumen, in die Dalszinház-Straße, wo ihre Schwester wohnte. Auf der beigefügten Karte hatte Béla geschrieben: Ich habe mich in Dich verliebt. Willst Du mich heiraten? Die hübsche, fröhliche junge Frau mit den langen dunklen Haaren, hohen Wangenknochen und einem charmanten Lächeln hatte ihn an diesem Abend ganz verzaubert. Miriam und Béla trafen sich noch mehrmals in Budapest. Sechs Monate später feierte das Paar seine Verlobung in Komárno. Im Herbst 1943 verschickten sie die ersten Einladungskarten zur Hochzeit. Dann aber starb Miriams Vater an einem Herzinfarkt.

Die zwei großen weißen Hunde hören nicht mehr auf zu bellen und wecken das ganze Haus. Jemand klopft heftig an die Tür. Seit mehr als einer Woche sind Miriam, Jacob und ihre Mutter schon bei Lilly und ihrem Mann auf dem Familiengutshof. Von den Deutschen haben sie seitdem nichts mehr gehört. Den Gendarmen im Dorf gab Laura Schwarcz Geld, damit sie die Familie in Ruhe lassen und sie warnen, wenn die Deutschen kommen sollten. Vor lauter Schreck schlägt Miriams Herz so kräftig, dass sie das Gefühl hat, es zerspringt gleich. «Wer sind Sie, was wollen Sie?», fragt ihre Mutter durch die verschlossene Tür. Auch Jacob und Lilly stehen im Flur und horchen. Alle haben den gleichen Gedanken: Die Deutschen sind gekommen. «Wohnt hier Miriam Schwarcz?», hören sie eine unbekannte Männerstimme. Niemand antwortet. «Bitte, lassen Sie mich rein, ich heiße Sendrej. Béla Rosenthal schickt mich.» Immer noch misstrauisch, öffnet Laura Schwarcz einen Spaltbreit die Haustür. Der Fremde streckt die rechte Hand aus, in der ein Foto von Miriam und ihrem Verlobten liegt. Der 21-Jährigen wird für einen Moment fast schwindlig vor Freude. Vorgestern, am frühen Morgen, radelte sie heimlich zum Postamt im Dorf und gab dem Mädchen am Schalter ein Geldbündel, damit sie ein Telegramm nach Miskolc schickte. Telefonieren durfte sie als Jüdin nicht mehr. «Das Unkraut ist weiter gewachsen», schrieb sie ihrem Verlobten, «es muss sofort abgeholt werden.» Béla verstand die seltsame Botschaft und schickte diesen Mann.

Der Besucher ist erschöpft. Seit zwei Tagen ist er schon unterwegs. Während er hastig isst, erzählt er, dass er im Zug Furchtbares gesehen hat. Die Gendarmen suchen nach Juden und werfen sie aus den Zügen raus. Deshalb konnte Béla nicht selbst kommen und hat ihn gebeten, Miriam nach Miskolc zu bringen. Laura Schwarcz ist entsetzt. Auch Miriam zögert, obwohl sie sich seit Wochen nichts sehnlicher wünscht, als ihren Verlobten zu sehen und ihn endlich zu heiraten. Wie soll sie aber nach Miskolc kommen, wenn doch überall Gendarmen sind? Aber die beiden Männer haben alles gut vorbereitet. Sendrej greift nach seinem Rucksack und holt Dokumente heraus. «Das sind Papiere meiner Tochter Marika. Damit kann Miriam als Nichtjüdin ohne Gefahr mit mir fahren», redet er auf die Mutter ein. Aber sie will davon nichts hören. Auf gar keinen Fall darf ihre jüngste Tochter dieses Risiko eingehen. Sie soll bei ihr bleiben, bei der Familie. Aber Miriam ist entschlossen: Sie will zu Béla, sofort, er wartet auf sie. «Nie werde ich vergessen, wie mich meine Mutter damals anflehte zu bleiben. Sie sagte zu mir, du bist verrückt, in diesen Zeiten heiratet doch keiner. Aber ich war ein junges Mädchen, so verliebt und voller Pläne. Ich konnte nicht anders. Ich bat sie, mich gehen zu lassen. Ich wollte Béla heiraten und bei ihm sein.»

In der Morgendämmerung verlässt sie den Gutshof. Laura Schwarcz will sie nicht aus ihrer Umarmung lassen, Miriam muss sich fast losreißen. Sie ahnt nicht, dass sie ihre Mutter nie mehr sehen wird. Zweieinhalb Monate später wird Laura Schwarcz in Auschwitz-Birkenau vergast. Als Marika Sendrej geht Miriam auf die gefährliche Reise mit einem Mann, den sie erst seit wenigen Stunden kennt. Die Fahrt nach Komárno verläuft ohne Zwischenfälle. Aber als sie die Tür ihres Stadthauses öffnet, erschrickt sie. Möbel sind umgeworfen, manche fehlen, auf dem Boden liegen verstreut Kleider, Zeitschriften, Bücher und zerbrochenes Geschirr. Bleibe nicht alleine über Nacht im Haus, hatte ihre Mutter sie gebeten. Rasch sucht sie ihre schönsten Kleider, Schuhe, Strümpfe und Unterwäsche zusammen und wirft sie in einen großen Koffer. Ihr Begleiter wartet schon ungeduldig in der Halle. Als er den Koffer sieht, schüttelt er heftig den Kopf und wird ärgerlich. «Glauben Sie etwa, Fräulein Miriam, dass wir in einen Kurort fahren? Wissen Sie nicht, was in Budapest los ist? Die Juden dort trauen sich kaum noch auf die Straße.» Aber Miriam lässt sich nicht beirren. Schließlich will sie für die Hochzeit schön sein und ihrem Bräutigam gefallen. Sie nehmen den ersten Schnellzug nach Budapest. Ungarische Gendarmen schauen in jedes Abteil: Sind Juden hier? Juden raus! «Sei einfach still und sag kein Wort», schärft Sendrej Miriam ein, der er ein großes Kreuz um den Hals gehängt hat, als wäre sie eine Christin. Auf dem Kopf trägt sie ein schwarzes Kopftuch. Miriams Angst wächst von Stunde zu Stunde. Fast bereut sie es jetzt, ihre Mutter verlassen zu haben. Sie betet still. Zwei Gendarmen reißen die Tür des Abteils auf und sprechen sie an. Sendrej deutet auf Miriams Ohren: «Sie kann Sie nicht verstehen, meine arme Tochter ist taub.»

In den späten Abendstunden erreichen sie Budapest. Am Bahnhof steigen sie in ein Taxi um. Schon während der Fahrt merkt Miriam, dass Budapest nicht mehr die Stadt ist, die sie von ihren früheren Besuchen kannte und so mochte. Die Stadt ist voll von Nazis und ungarischen Polizisten, überall hängen Hakenkreuzfahnen. Jüdische Geschäfte haben geschlossen, die Ladenjalousien sind mit antisemitischen Parolen beschmiert. Miriams Schwester Aranka wohnt im Zentrum, direkt gegenüber dem Budapester Opernhaus. Als Miriam an die Tür klopft, denkt sie voller Panik, dass es Deutsche sind. Mit einem Besuch ihrer jüngeren Schwester hatte sie überhaupt nicht gerechnet. Als Miriam erzählt, dass sie gleich morgen weiter nach Miskolc fahren und dort Béla heiraten will, findet Aranka keine Worte. Ihr Mann sei erst vor einigen Tagen verhaftet worden, sie habe seitdem nichts mehr von ihm gehört, erzählt sie

Miriam. In der großen Wohnung sei sie mit ihren zwei Kindern jetzt allein, traue sich nicht mehr hinauszugehen. Verzweifelt bittet Aranka ihre Schwester, bei ihr zu bleiben. «Wir umarmten uns und weinten. Ich fühlte mich so schlecht, war die ganze Zeit hin- und hergerissen. Was sollte ich machen?» Sie verabschiedet sich und geht. Nach nicht einmal drei Stunden fährt der Zug im Bahnhof von Miskolc ein. Ein Taxifahrer bringt Miriam zum Haus ihrer künftigen Schwiegereltern, wo Béla schon ungeduldig auf sie wartet. Alle sind überglücklich. Sie hat es geschafft. Es ist ihr nichts passiert. Am Abend ruft Béla Rosenthal den Rabbiner herbei. Miriam und er wollen jetzt keine Zeit mehr verlieren, sie möchten sofort heiraten. Während sie auf den Rabbiner warten, zieht sich Miriam in ein Nebenzimmer des Hauses von Bélas Familie zurück. Sie kämpft mit den Tränen. Jetzt vermisst sie ihre Mutter und ihre Geschwister so sehr. Sie ist an ihrem großen Tag ganz alleine, ohne Familie, in einer fremden Stadt. Wie kann sie nur ohne sie heiraten? Wie oft hatte sie sich ihre Hochzeit vorgestellt, wie froh und stolz sie jetzt gewesen wäre, wenn ihre Mutter und ihre Geschwister da wären und sie sehen könnten. Viele Gedanken gehen ihr durch den Kopf, als sie mit Bélas Mutter das Haus verlässt, um das rituelle Tauchbad, die Mikwe, zu nehmen. Dann verdrängt sie die schweren Gedanken. Als sie zurückkehrt, wartet Béla, der Mann, den sie liebt, schon ungeduldig. Im Zimmer stehen auch zehn Männer, die für den Hochzeitsgottesdienst notwendig sind. Als sie dann endlich durch die Tür tritt, verstummen alle und schauen sie mit bewundernden Blicken an. Miriam trägt ein schwarzes Kostüm mit einer weißen Blume, auf dem Kopf einen eleganten Hut. Auf einmal ist ihre Traurigkeit verflogen. «Ich war so glücklich, dass ich es kaum beschreiben kann. Béla war neben mir, und ich liebte ihn so sehr. Das war das Einzige, was in dem Moment zählte.» Beide stehen unter der Chuppa, dem weißen Traubaldachin, und lauschen dem Segen des Rabbiners. Wäh-

Miriam und Béla Rosenthal, Hochzeitsfoto, 5. 4. 1944, Miskolc

rend Miriam ihren Geliebten siebenmal umkreist, steigen ihr wieder Tränen in die Augen. Dann aber denkt sie an ihr neues Glück mit Béla. «Ab jetzt wird alles gut.» An dem gleichen Tag, dem 5. April 1944, hat die Budapester Regierung für alle Juden den gelben Stern eingeführt. Miriam versteckt den Stern unter der weißen Blume ihres Hochzeitskostüms.

Ihr Eheglück ist nicht von langer Dauer. Anfang Juni 1944 zwingen Gendarmen 10 000 Juden aus Miskolc ins Getto, das im jüdischen Viertel der Stadt entsteht. Für weitere 3500 Juden aus der Umgebung errichten die Behörden das Getto in einer ehemaligen Ziegelsteinfabrik. Bélas Vater, ein Mann mit guten Geschäftsbeziehungen zu Nichtjuden, bittet einen wohlhabenden Gutsbesitzer, seine große Familie zu retten. Er willigt ein und gewährt ihnen Unterschlupf. Miriam und Béla schlafen im Stall, aber das ist ihnen jetzt egal. Das Wichtigste ist, dass sie nicht ins Getto müssen. Es vergehen zwei Wochen in großer Nervosität. Dann erträgt der Gutsbesitzer die Angst nicht mehr, 30 Juden, die er versteckt hält, können jederzeit einem seiner Arbeiter auffallen. Fast täglich kommen Gendarmen und suchen nach versteckten Juden. Béla kann hier so oder so nicht länger bleiben, vor einigen Tagen schon bekam er den Einberufungsbefehl für den Zwangsarbeitsdienst in den karpatischen Bergen. Der Tag des Abschieds naht. «Ich habe ein ganz starkes Gefühl gehabt, dass ich Béla nie wiedersehen werde. Wir vereinbarten, dass jeder nach Hause geht, wenn das alles zu Ende ist. Ich wollte auf ihn nicht in Miskolc warten, wo ich niemanden kannte, sondern in Komárno, bei meiner Familie.» Miriam muss nun doch ins Getto. 3500 Menschen sind in einer Fabrikhalle zusammengepfercht, Wind und Regen dringen durch die offenen Seiten ungehindert ein. Als sie das sieht, will sie im ersten Moment davonlaufen. Dann steigt in ihr eine nie gekannte Wut auf. Zornig reißt sie ihren großen Koffer auf und greift wahllos hinein. «Ich habe alles rausgeworfen, meine schönen Kleider, das seidene Nachthemd, sogar mein Hochzeitsgewand. Hier, rief ich den Leuten zu, nehmt es, ich brauche das nicht mehr!» Am 11. Juni 1944 beginnen die Deportationen der Juden aus Miskolc und der Umgebung. Bis 16. Juni fahren täglich Züge mit jeweils 3000 Menschen nach Auschwitz-Birkenau. In einem von ihnen sitzt Miriam mit ihren Schwiegereltern, Bélas Schwester, seiner Schwägerin Marica und ihren zwei Kindern, einem Säugling und einem zweijährigen Mädchen. Miriam fürchtet sich vor der Zukunft. Was wird mit uns geschehen? Sie ahnt noch nicht, dass sie im zweiten Monat schwanger ist.

Auschwitz-Birkenau, Juni 1944

Am 10. Juni 1944 überreicht ein weiblicher Geheimkurier mit dem Decknamen Agenor dem Gesandten der tschechoslowakischen Exilregierung in Bern, Dr. Jaromír Kopecký, einen Brief mit brisantem Inhalt. Im Umschlag liegen eine Kopie des Berichtes von zwei slowakischen Juden, die am 7. April aus Auschwitz-Birkenau in die Slowakei geflohen sind, sowie andere geheime Dokumente. Der Absender ist Kopecký nicht unbekannt: Der Rabbiner Michael Dov Weissmandel von der illegalen «Arbeitsgruppe» beim slowakischen Judenrat und seine Mitarbeiterin Gisi Fleischmann stehen mit ihm schon seit längerer Zeit in Kontakt. Der tschechische Diplomat fängt gleich zu lesen an. Auf sechzig Schreibmaschinenseiten berichten Alfred Wetzler und Rudolf Vrba (ursprünglich Walter Rosenberg), was sie seit ihrer Deportation im Jahre 1942 in dem Vernichtungslager mit eigenen Augen gesehen und was sie von anderen Häftlingen gehört haben. Detailliert listen sie die jüdischen Transporte aus verschiedenen europäischen Ländern auf und beschreiben die Methoden des industriellen Massenmords. Die Depesche aus Bratislava enthält auch einen Brief des Rabbiners Weissmandel, der die Informationen ergänzt und sich dabei auf einen anderen Bericht stützt. Am 27. Mai, einige Wochen nach Wetzler und Vrba, ist zwei weiteren Juden die Flucht aus Birkenau gelungen. Der Pole Czesław Mordowicz und der Slowake Arnošt Rozin bestätigen die Aussagen von Wetzler und Vrba und schildern, was seit deren Flucht im Lager geschehen ist. Im Zentrum ihres Berichtes stehen die Transporte aus Ungarn, die seit Mitte Mai täglich eintreffen: «Seit der Gründung Birkenaus sind noch nie so viele Juden vergast worden», schreiben Mordowicz und Rozin. «Das Sonderkommando musste auf 600 Mann und nach zwei, drei Tagen auf 800 Mann ... vergrößert werden. Die Anzahl des Aufräumkommandos wurde von 150 auf 700 Männer erhöht. Drei Krematorien arbeiteten Tag und Nacht ... Da die Kapazität nicht ausreichte, wurden ... im Birkenwäldchen wieder große Gruben von 30 Meter Länge und 15 Meter Breite ausgehoben, in denen die Leichen Tag und Nacht verbrannt wurden.»

In den folgenden Tagen und Wochen unternimmt Jaromír Kopecký viele Anstrengungen, um über das wohl bestgehütete Geheimnis der Nationalsozialisten die Welt zu informieren. Er schickt mehrere Telegramme und Depeschen an die tschechoslowakische Exilregierung in London, trifft Vertreter des Jüdischen Weltkongresses und des Internationalen Roten Kreuzes und kontaktiert Zeitungsredaktionen in der Schweiz. Am 4. Juli überreicht die tschechoslowakische Exilregierung acht verbündeten Regierungen einen ausführlichen Bericht über die Verhältnisse in Auschwitz-Birkenau. Zwei Tage später verständigt Leland Harrison, der US-Gesandte in Bern, das Außenministerium in Washington. Über einen salvadorianischen Diplomaten in Bern, der die Unterlagen von einem Angestellten der rumänischen Gesandtschaft und der wiederum vom Leiter des Palästina-Büros in Budapest erhalten hat, gerät eine gekürzte Fassung des Berichtes von Wetzler und Vrba in die Hände des Schweiz-Korrespondenten der britischen Presseagentur «Exchange Telegraph», Walter Garrett. Der Reporter scheut keine Mühe, damit die Schweizer Presse Informationen über die Verbrechen der Deutschen in Auschwitz bekommt. Zum ersten Mal während des Krieges lässt die Schweizer Zensur es zu, dass über den Massenmord an Juden geschrieben wird. Innerhalb von nur 18 Tagen erscheinen 383

Artikel über Auschwitz. Am 15. Juni, dem Tag, an dem die erste Depesche von Kopecký aus Bern die britische Regierung erreicht, informiert Radio BBC, dass «über die Massenmorde in Birkenau genaueste Berichte in London vorliegen». Am Ende der Sendung spricht der Reporter der BBC eine Warnung aus, die von der deutschen Funkabhör aufmerksam registriert und viele SS-Offiziere in Auschwitz in Angst versetzen wird: «Alle Verantwortlichen für diese Massenmorde, von den Trägern der Befehlsgewalt abwärts bis zu den ausführenden Organen, werden zur Rechenschaft gezogen.» Der amerikanische Präsident Franklin D. Roosevelt droht, dass nach dem Krieg «Ungarns Schicksal nicht wie das irgendeiner anderen zivilisierten Nation sein wird». Auch der schwedische König, das Internationale Komitee des Roten Kreuzes und die Regierungen der Türkei, Schweiz und Spaniens verlangen ein sofortiges Ende der Deportationen. Sogar Papst Pius XII., der bislang zum Judenmord geschwiegen hat, fordert in einem Telegramm das ungarische Staatsoberhaupt Miklós Horthy auf, die Juden zu retten. Am 2. Juli greift ein amerikanisches Bombengeschwader Budapest an. Vier Tage später entscheidet Horthy, der sich der ausweglosen militärischen Lage der Achsenmächte nach der Landung der Westalliierten in der Normandie und dem raschen Vormarsch der Roten Armee durchaus bewusst ist, die Deportationen einzustellen. Zu spät. Mit Ausnahme von Budapest gibt es in ganz Ungarn offiziell keine Juden mehr.

Die ablehnende Reaktion der alliierten Regierungen auf sämtliche Appelle von jüdischen Organisationen und vieler Einzelner, die Gaskammern und Krematorien in Birkenau sowie die Eisenbahnschienen zum Todeslager zu bombardieren, gehört zu den tragischsten und folgenreichsten Fehlentscheidungen im Zweiten Weltkrieg. Das vermutlich einzige Mittel, das den Massenmord an den ungarischen Juden hätte aufhalten können, blieb ungenutzt. Das US-Kriegsministerium und das britische Luftfahrtministerium erklärten, die Luftwaffe müsse sich auf militärische Ziele konzentrieren und die wirksamste Hilfe für die Opfer sei ein schneller Sieg über Hitlerdeutschland. Auch die Repräsentanten der jüdischen Organisationen in Budapest verhielten sich in entscheidenden Momenten falsch. Um Zeit zu gewinnen, verhandelten sie mit Eichmann und einigen Offizieren seines Sonderkommandos. Sie hofften, durch Bestechungen die ungarischen Juden retten zu können. Die obersten Vertreter der zionistischen Hilfsorganisation «Vaada» waren vom Erfolg ihrer Verhandlungen mit der SS offenbar so überzeugt, dass sie ihr Wissen über Auschwitz vor der jüdischen Bevölkerung verbargen und keine anderen Maßnahmen für deren Rettung oder für den Widerstand ergriffen. Das erwies sich als tödlicher Irrtum. Sie gingen in die Falle. Denn während sich der stellvertretende Chef von «Vaada», Rezsö Kasztner, und seine Mitarbeiter auf die Gespräche mit den SS-Offizieren konzentrierten und sich über Eichmanns wohl nie ernst gemeintes Angebot «Blut gegen Ware» die Köpfe zerbrachen, trieben die Nationalsozialisten die Deportation der Juden voran. Ende Juni, als Kasztner schließlich die Rettung von 1684 Juden gelang – darunter waren auch seine Familienangehörigen und Freunde, was ihm in Israel in den 1950er-Jahren den Vorwurf der Kollaboration einbrachte –, war der Massenmord an den ungarischen Juden fast abgeschlossen.

Die Welt also hatte die Wahrheit über Auschwitz-Birkenau gekannt, als Evas Transport aus Dunajská Streda am 18. Juni 1944 eintraf. Seit dem 16. Mai bis zur ersten Juliwoche 1944 kamen täglich drei bis vier Züge mit jeweils 12 000 Juden aus Ungarn an. Das größte Vernichtungslager der Nationalsozialisten war auf eine solche Menschenmenge nicht eingestellt. Häftlingskommandos mussten Tag und Nacht arbeiten, um das Lager auf die Ankunft der ungarischen Juden vorzubereiten. Erst Mitte Mai beendete die Zentralbauleitung in großer

Eile die Ausladerampe und den Bahnanschluss, der bis ins Lager verlängert wurde. Drei gesonderte Gleise führten jetzt in die unmittelbare Nähe der Krematorien I und III. Die Anlagen reichten bei dem Tempo der Vergasungen nicht aus, deshalb mussten Häftlinge im Freien große Gruben ausheben, in denen die Ermordeten verbrannt wurden. Noch in kilometerweiter Entfernung vom Lager sah man die hohen Flammen, die aus den Schornsteinen schossen. Auf dem ganzen Gelände roch es nach verbranntem Fleisch.

Eva ist wie betäubt von dem durchdringenden Geschrei. SS-Männer treiben an der Rampe Frauen und Männer an, sich zu Fünfergruppen in zwei getrennten Reihen aufzustellen. Eva und Géza bleibt gerade noch Zeit für eine Umarmung. «Halte durch, wir werden wieder zusammenkommen», ruft Géza ihr zu. Sie nimmt seine Worte als ein Versprechen. Dann verschwindet seine Gestalt in der Dunkelheit. Voller Panik greift Eva nach der Hand ihrer Schwester. Nicht, dass sie auch noch sie verliert. Begleitet vom Gebell der Hunde, den Angstschreien weinender Kinder und dem Gebrüll der SS-Männer, setzt sich die lange Kolonne der Frauen und Kinder in Bewegung. Schritt für Schritt schiebt sich die Masse nach vorne. Plötzlich ragt vor Eva ein Mann in grauer Uniform auf. «Wie alt bist du? Gesund?» Ihr Mund ist ausgetrocknet, sie bringt kein Wort heraus und nickt nur. Mit einer Handbewegung schickt er Eva und Ida zu einer anderen Menschenschlange, die rechts von ihm wartet. Gézas Mutter muss in die andere Richtung gehen. Dort stehen die Alten, Mütter mit Kleinkindern und Säuglingen und Menschen mit Krücken. Was bedeutet das alles? Eine junge Frau aus Šamorín, die auch in Evas Transport war, spricht einen Uniformierten an der Rampe an. Warum darf ihre Mutter nicht bei ihr und ihrer Schwester bleiben, wo sie doch noch recht jung sei und keine kleinen Kinder bei sich habe, fragt sie in bestem Hochdeutsch. Der SS-Mann ist zu überrascht, als dass er gleich zuschlagen könnte. Stattdessen antwortet er ihr in fast väterlichem Ton: «Sei ruhig, deine Mutter wirst du heute Abend wiedersehen.» 60 Jahre später, bei einer jüdischen Gedenkfeier in Dunajská Streda, erzählt Margit Lustig – so hieß die junge Frau – das Ende dieser Geschichte Eva und anderen Überlebenden aus ihrem Transport. «Ich bedankte mich höflich. Als ich am Abend die Blockälteste nach meiner Mutter fragte, zeigte sie mir die Rauchwolke, die aus den Schornsteinen eines niedrigen Gebäudes aufstieg, und sagte: Dort kannst du sie sehen.»

Miriam ist schon im Lager. Der Zug, in dem sie war, traf in Auschwitz-Birkenau einen Tag vor Evas Transport aus Dunajská Streda ein. Nach den Erlebnissen bei ihrer Ankunft steht Miriam noch unter Schock. «In die Waggons kletterten Männer in gestreiften Jacken und Hosen. Sie hatten verzerrte Gesichter und schrien, während sie uns hinaustrieben, ständig auf uns ein: Gebt eure Kinder ihren Omas! Gebt sie euren Müttern, gebt sie weg!» Miriam versteht gar nichts. Warum sollten Mütter ihre Kinder weggeben? Ihre Schwägerin Marica legt schnell ihren sechsmonatigen Säugling in die Arme ihrer Mutter und übergibt ihr auch ihre zweijährige Tochter. Im gleichen Moment verschwinden sie schon in der Masse von Menschen, die vorwärts getrieben wird. Was Miriam und Marica nicht wissen können und erst später erfahren: Die Häftlinge an der Rampe wussten, dass ein kleines Kind für seine Mutter den sicheren Tod bedeutete, und wollten auf diese Weise wenigstens das Leben der Frauen retten. Erschüttert von der plötzlichen Trennung, tröstet sich Miriams Schwägerin mit dem Gedanken, dass ihre Kinder bei der Großmutter sind und wohl an einen besseren Ort kommen. Rechts-links, rechts-links, zeigt die Hand des Mannes in der SS-Uniform, der in Sekunden über Leben und Tod entscheidet. Die Kolonne derjenigen, die, ohne es zu ahnen, gerade den Aufschub ihrer geplanten Vernichtung erfuhren, bewegt sich weiter. Die SS-Männer treiben Miriam und die anderen Frauen in ein Gebäude hinein. «Los, ausziehen, schnell!», schreit eine dicke Frau in Häftlingskleidung. Was, ausziehen, vor den SS-Männern, die offenbar gar nicht vorhaben, wegzugehen? Ungläubig und voller Scham schauen sich die Frauen an. Miriam wartet, ob eine ihre Kleider ablegt. Ein junges Mädchen geht zu einem der SS-Männer. Miriam kann nicht hören, was sie ihm sagt, sie sieht nur, wie er seinen Stock in beide Hände nimmt und das Mädchen auf den Kopf schlägt. Die Frauen fangen zu kreischen an, schnell ziehen sich alle aus. Weiter! Weiter! Miriams schöne lange Haare, auf die sie immer so stolz war, liegen jetzt auf einem dunklen Haufen. Auch die Körperbehaarung wird abrasiert. Nebenan wächst ein Berg aus blonden und roten Haaren. Deutsche Gründlichkeit. Alles geht rasend schnell, die Frauen haben keine Zeit, über die gerade erlebte Demütigung nachzudenken. «Die SS-Männer standen dort und zeigten mit den Fingern auf ältere Frauen, deren Körper nicht mehr straff waren, machten Witze über ihre Bäuche und hängenden Brüste. Schau dir die da an, und die da!» In der Masse nackter Körper mit kahl geschorenen Köpfen sehen alle gleich aus. Und dann passiert es. Miriam kann ihren Augen nicht trauen, sie muss sich täuschen. «Hilda! Ernuschka!», hört sie sich aus vollem Hals rufen. Zwei junge Frauen, die noch für die Rasur anstehen, drehen sich überrascht um. Diese Stimme kennen sie, das ist doch Miriam. Trotz der SS-Wachen umarmen sie sich rasch. Hilda ist Miriams Cousine, ihre beste Freundin, und Ernuschka aus Wien gehört auch zur Familie, ihre ältere Schwester hat einen von Miriams Brüdern geheiratet. 1938 kam das damals elfjährige Mädchen in das Haus von Miriams Eltern. Sie nahmen das Kind bei sich auf, nachdem die Juden in Wien immer mehr bedroht waren. Die kleine Erna war mithilfe ihres Schwagers – Miriams Bruder – illegal über die Grenze in das damals noch sichere Komárno geschmuggelt worden. Der Transport aus Komárno, erfährt Miriam, ist an demselben Tag angekommen wie ihrer aus Miskolc. Auch ihre

Mutter Laura und die Schwester Lilly mit ihren zwei Kindern sind hier, erzählen ihr die beiden später in der Baracke. Sie haben zusammen die schreckliche Fahrt in einem Waggon überstanden, doch nach der Ankunft trennte man sie voneinander. Laura Schwarcz, ihre Tochter Lilly und ihre Enkelkinder gingen mit den Alten und Kranken. Wohin, wissen Hilda und Erna nicht. Vor Freude ist Miriam außer sich. Ihre Mutter ist hier, sie werden sich bestimmt bald finden. Jetzt ist aber am wichtigsten, dass Hilda und Erna bei ihr bleiben. Sie darf sie in diesem riesigen Irrenhaus nicht verlieren. Nach der Rasur beginnt Hilda plötzlich zu kichern. Was ist mit ihr los? Miriam und Erna schauen sie besorgt an, dann fangen sie selbst zu lachen an. Für einen kurzen Augenblick löst sich die Anspannung der letzten Tage auf. «Wir waren wie verrückt. Wir sahen uns in den Augen der anderen wie im Spiegel und lachten über uns selbst, über unsere kahl geschorenen Köpfe, die uns wie Affen aussehen ließen.» Nackt und geschoren laufen die Frauen in den Duschraum. Unter den Brausen können sie endlich ihren quälenden Durst löschen. Miriam biegt den Kopf zurück und versucht mit weit geöffnetem Mund die Wasserstrahlen einzufangen. Aber nur ein paar Sekunden bleiben. «Schnell, schnell!» Die SS-Männer brüllen Befehle, schwingen Peitschen und schlagen auf die nackten Menschen ein. Tropfnass muss sich jede Frau ein graues Häftlingskleid und ein paar Holzpantinen von einem großen Haufen nehmen, egal, ob sie passen oder nicht. Unterwäsche gibt es nicht. Wieder werden Fünferreihen gebildet. Miriam, Hilda und Erna marschieren an einer langen Reihe von Baracken vorbei. Die Menschen hinter dem Stacheldraht starren sie stumm und mit leerem Blick an. Alle haben rasierte Köpfe und tragen unförmige, graue Kleidung. Wie Schatten. Miriam drängt sich an die Seite von Hilda und Erna. Wo sind wir? Wer sind diese Leute?

Für die weiblichen jüdischen Deportierten aus Ungarn, die

für die Zwangsarbeit ausgewählt wurden und deshalb die erste Selektion überlebten, sind in Birkenau die Lagerabschnitte B II C und B III vorgesehen. Sie dienen als sogenanntes Depotlager, eine Art Vorratskammer von Arbeitssklavinnen, über deren weitere Verwendung die SS-Lagerleitung noch entscheiden will. Viele von ihnen warten hier schon wochenlang. Auch Miriam ist jetzt ein «Depot»-Häftling. Das Lager C ließ die SS in Erwartung der ungarischen Transporte erst Ende Mai 1944 errichten. Die meisten Baracken sind nur halb fertig. Je fünf Frauen liegen auf einer der Holzpritschen, die in drei Etagen in der überfüllten Baracke aufgestellt wurden. Miriam dankt Gott, dass sie nicht mehr alleine ist unter den Frauen aus Miskolc, die sie nicht kennt. Erna und Hilda sind bei ihr, zwei Frauen aus Miriams Transport tauschten mit ihnen ihre Plätze. «Wir lagen so eng aneinander, dass diejenige, die sich in der Nacht umdrehen wollte, alle anderen wecken musste, damit sie sich mit umdrehten. Die Frauen, die am Rande der Pritsche lagen, froren. Deshalb tauschten wir regelmäßig unsere Plätze.» Alle drei sind völlig erschöpft, sprechen sich aber Mut zu. Sie sind jetzt eine kleine Familie und bleiben zusammen, egal, was als Nächstes kommt. Wenn es bloß irgendwo Wasser gäbe. Die wenigen Tropfen im Duschraum haben den entsetzlichen Durst, der sie seit vier Tagen quält, nicht gelöscht.

Eva kommt in eine Baracke, in der es gar keine Pritschen gibt. Nur wenige finden auf dem Boden einen Platz zum Liegen, die meisten können nur sitzen. Am Abend haben die Frauen einige Decken bekommen, doch die Nächte in Polen sind sehr kalt und die Decken dünn. Eine der Frauen lehnt sich mit ihrem Rücken fest an die Wand und streckt ihre Beine aus, eine andere setzt sich dazwischen und stützt ihren Oberkörper an der hinteren ab. In der engen Kette von Körpern, die sie so bilden, ist es zumindest warm. So verbringen Eva und Ida die erste Nacht. Am nächsten Morgen, es ist noch ganz finster, wecken sie laute, barsche Rufe. Die Blockälteste geht mit der Peitsche umher und jagt die verängstigten Frauen hinaus in die frostige Kälte. Der zweite Tag im Lager beginnt mit einem Zählappell. Eva ist müde. Sie friert und muss regungslos stehen, bis alle gezählt sind. Es dauert ewig. Täglich zweimal müssen die Frauen zum Appell antreten, im Regen, in Kälte oder unter glühender Sonne stehen Eva und Miriam stundenlang in der Reihe. Zum Frühstück gibt es nur eine Flüssigkeit, die zwar Kaffee genannt wird, mit diesem jedoch nur die Farbe gemeinsam hat. Die immer fröhliche und bei allen beliebte Šari, eine Schneiderin aus Dunajská Streda, versucht in den ersten Tagen, ihre Freundinnen mit kurzen Reimen aufzuheitern. Auch zu der ekelhaften morgendlichen Brühe fällt ihr ein Vers ein: «Bringt mir den Trank, der kleine Schwarze macht uns schlank.» Das Stück Brot am Abend und die wässrige Suppe zu Mittag stillen den peinigenden Hunger nicht. Die Frauen müssen noch nicht zur Arbeit ausrücken. In den ersten beiden Tagen treibt sich Eva wie viele andere vor der Baracke herum und hofft, jemanden zu finden, der ihr über das Schicksal von Géza oder ihrer Eltern Auskunft geben könnte. Sind sie auch hier? Oder wo sonst kann Géza jetzt sein? Muss er auch hungern? Nach drei, vier Tagen hat sie keine Kraft mehr zum Gehen und kauert hinter der Baracke auf dem Boden. Die Tage bestehen aus Hunger und Warten: vom Zählappell bis zur Suppenausgabe, von der Suppenausgabe bis zur Brotausgabe. Die Stunden ziehen sich endlos. Mehr noch als um ihr Kind kreisen Evas Gedanken jetzt um Essen. Immer wieder werden neue Frauen aus ungarischen Transporten ins Lager C gebracht. Wenn jemand ein bekanntes Gesicht entdeckt, durchbrechen freudige Ausrufe und heftige Umarmungen die lastende Stille, dann versinken wieder alle in Schweigen. Eva und Ida erfahren nichts über ihre Eltern oder Géza. Auch Miriam hofft kaum mehr auf ein Wiedersehen mit ihrer Mutter und Schwester. Sie geht zu der Blockältesten, die kennt sich ja aus. Doch die macht nur eine ungeduldige Handbewegung zum Himmel hoch. «Siehst du nicht den Rauch dort oben? Das sind deine Eltern.» Dann wendet sie sich unwirsch ab und geht. Miriam schaut ihr fassungslos nach.

Jeden Morgen wählt die Blockälteste fünf Frauen aus, die die Leichen derjenigen, die über Nacht im Lagerrevier starben, auf einer Schubkarre zum Krematorium bringen müssen. Dort müssen sie die Toten auf den Boden legen und sofort wieder zurückgehen. Als Miriam an der Reihe ist, versucht sie, nicht zu viel über diese schreckliche Arbeit nachzudenken. «Ich habe es wie ein Roboter erledigt.» Am schlimmsten ist ohnehin der Hunger, der all ihre Gedanken beherrscht. Mit den Tagen wird sie apathisch und verliert jede Kraft. «Wir konnten an nichts anderes als ans Essen denken. Alles andere war unwichtig. Was würdest du heute kochen, fragten wir uns gegenseitig und erzählten uns von unseren Lieblingsgerichten.» Nur wenn es regnet oder bei «Blocksperre» dürfen die Frauen tagsüber in der Baracke bleiben. In ihrer feuchten Kleidung liegen sie auf ihren Pritschen, apathisch, hungrig und durstig. Nirgendwohin kann Miriam sich zurückziehen, um einmal allein für sich zu sein, nicht draußen, nicht in der überfüllten Baracke mit 700 Frauen. Auch auf der Latrine nicht. Eine lange Reihe Frauen wartet schon darauf, in die stinkende, riesige Baracke zu gelangen. Mitten durch die Baracke zieht sich eine Holzkonstruktion mit einer doppelten Reihe Löcher über tiefen Gruben. Anfangs hat Miriam Angst, in das finstere Loch zu fallen, aber mit der Zeit lernt sie wie die anderen, auf der schmalen Kante das Gleichgewicht zu halten. Es gibt so gut wie kein Waschwasser. Mit nackten Füßen in klobigen Holzpantoffeln können die Frauen nur schwer gehen, nach Regenfällen verwandelt sich der Boden in Morast, und bei jedem Schritt versinken sie tief im Schlamm. Dann brennt wieder die Sonne auf sie herunter. Miriam, Erna und Hilda sitzen meistens auf einem schattigen Platz hinter der Baracke, immer auf der Hut, dass kein SS-Wachmann oder Kapo sie überrascht. «Wir beobachteten die

Vögel am Himmel. Sie waren so frei und konnten fliegen, wohin sie wollten. Und was wird mit uns passieren? Wann wird das alles ein Ende haben?»

Und dann ist es so weit. Die Frauen erfahren beim Zählappell, dass sie am nächsten Tag in ein anderes Lager gebracht werden sollen. Eva und Miriam freuen sich. Alles ist besser als Auschwitz mit seinen Gaskammern. Aber wie konnten sie auch nur ahnen, dass etwa zur gleichen Zeit, am 21. Juni 1944, Hunderte Kilometer weiter im deutschen Sonthofen Himmler vor Wehrmachtsgenerälen eine Rede hält, in der er das Todesurteil über sie spricht. Der Reichsführer SS macht unmissverständlich klar, warum es nach seiner Überzeugung für das deutsche Volk historisch notwendig ist, nicht nur die jüdischen Männer, sondern auch die Frauen und Kinder zu töten: «(…) Es ist gut, dass wir die Härte hatten, die Juden in unserem Bereich auszurotten. (…) Ein Gedanke, der sicherlich gedacht wird: ‹Ja, wissen Sie, dass wir die Juden umbringen, das verstehe ich völlig, aber wie können Sie Frauen und Kinder?›. Da muss ich Ihnen etwas sagen: Die Kinder werden eines Tages groß werden. Dass dann dieser jüdische Hass, dieser groß gewordene, heute kleine, später groß gewordene Rächer sich an unseren Kindern und Enkelkindern vergreift, dass sie noch einmal das Problem zu lösen haben? Dann aber in der Zeit, wenn kein Adolf Hitler mehr lebt! Nein, das können wir nicht verantworten!» Nach dieser Logik sind auch schwangere Jüdinnen zum Tod verurteilt. Als Mütter der nächsten Generation von «jüdischen Rächern» bedrohen sie die Rasseutopie der Nationalsozialisten. Außerdem gelten sie ohnehin als arbeitsunfähig.

KZ Płaszów, Juli 1944

Auf dem Berg taucht wieder der Schimmelreiter auf. Aber Eva schaut nur einmal hin. Die sengende Sonne hat ihre Kehle ausgetrocknet, ihre Lippen sind aufgesprungen, aber wie gestern, wie an all den Tagen, seitdem sie hier ist, wird sie kein Wasser bekommen. Erschöpft setzt sie einen Fuß vor den anderen und schleppt den schweren Felsbrocken weiter den Berg hinauf. Irgendwo muss Ida sein. Bloß nicht in Panik geraten und die Aufmerksamkeit der Kapos erregen, die mit ihren Peitschen das Arbeitskommando überwachen. Sie wird ihre Schwester am Abend in der Baracke doch sicher finden. Als Eva wieder aufblickt, ist der Lagerkommandant immer noch da. Amon Göth, ein feister, 36 Jahre alter Mann, ist von allen gefürchtet. Er sitzt auf seinem Pferd, neben ihm die schwarz-weiß gefleckte Dogge Rolf. Auf ein Kommando des Reiters springt der Hund plötzlich auf und rennt, Staub aufwirbelnd, auf die arbeitenden Frauen zu. Eva erstarrt. Das Tier fällt ein Mädchen an, reißt es zu Boden und zerfleischt seine Brüste. Evas Herz pocht bis zum Hals. Sie wendet ihr Gesicht ab, auch die anderen Frauen aus Dunajská Streda gehen schweigend weiter. Niemand wagt es, sich um die Sterbende, ein 18 Jahre altes Mädchen aus Košice, zu kümmern. Zweieinhalb Monate später, am 13. September 1944, wird der SS-Untersturmführer Amon Göth während eines Urlaubes in Wien verhaftet, wegen willkürlicher Morde und Unterschlagung vom SS-Reichssicherheitsamt in Berlin seines Postens enthoben und angeklagt. Doch zu einer Verurteilung kommt es noch nicht. Wegen seines schlechten Gesundheitszustandes wird Göth in ein Sanatorium in Bad Tölz gebracht, dort nach Kriegsende von den amerikanischen Ermittlern aufgespürt, an Polen ausgeliefert, wo ihm der Prozess gemacht wird, und am 13. September 1946 in Krakau gehängt. Aber als Eva und Ida Ende Juni 1944 nach zwei endlos erscheinenden Wochen in Birkenau nach Płaszów kommen, ist Göth noch der uneingeschränkte Herrscher. Seine SS-Wachmannschaft, eine 600-köpfige Truppe aus Deutschen, Ukrainern, Wolhynien- und Rumäniendeutschen sowie einigen älteren Wehrmachtsoffizieren, behandelt die hilflosen Menschen mit brutaler Gewalt. Hier, mehr noch als im abgetrennten Depotlager von Birkenau, erfahren Eva und Ida den mörderischen Hass der SS und ihrer Helfer. Sie erkennen, dass es für Juden kein Mitleid gibt.

Zwischen Mai und Juli 1944 wurden mehrere Tausend ungarische Juden nach Płaszów deportiert, das seit 1942 als Zwangsarbeitslager für Juden aus dem aufgelösten Krakauer Getto in zweieinhalb Kilometer Entfernung eingerichtet wurde. Seit Januar 1944 war Płaszów ein eigenständiges Konzentrationslager. In der gesamten Zeit seiner Existenz waren in separaten Lagerteilen ungefähr 20 000 jüdische und polnische Häftlinge eingesperrt. Die Gefangenen leisteten Sklavenarbeit in Lagerwerkstätten, im Steinbruch und zunächst auch außerhalb des Lagers in verschiedenen Betrieben, darunter auch in der Emailgeschirrfabrik des Sudetendeutschen Oskar Schindler. Das Lager wurde ständig ausgebaut. Bis zu seiner Räumung im Sommer 1944 erstreckte es sich auf einer Fläche von 80 Hektar Größe zwischen der Wielicka- und der Swoszowicka-Straße im Krakauer Stadtteil Płaszów. Zwei jüdische Friedhöfe der vor dem Krieg noch 64 000 Mitglieder zählenden jüdischen Gemeinde in Krakau und Podgorze wurden während des Lageraufbaus zerstört. Noch im Sommer 1944 müssen Häftlinge verbliebene Grabsteine zerschlagen und damit Straßen und

Jüdische Frauen bei der Zwangsarbeit im KZ Płaszów, 1943/44

Wege zu den Häusern der Wachmannschaften sowie der Telefonzentrale und dem Kasino pflastern. Bagger schaufeln Särge, Leichen und Knochen aus dem Boden. In ihren religiösen Gefühlen gedemütigt, müssen jüdische Frauen und Männer hilflos zusehen, ja selbst Hand anlegen bei der Schändung des Friedhofes. Mit Spaten ebnen sie das Gelände ein und gehen zwischen Leichen hindurch, die wie Stücke ausgetrockneten Holzes umherliegen. Eines Tages beobachtet Alžbeta Politzer, die mit Eva in einer Baracke ist, wie ein junger Mann vor einem verwesten Leichnam kniet und betet. «Am Abend erzählte uns Alžbeta, dass sie zu ihm hingegangen war und ihn fragte, was mit ihm los sei. Er erzählte ihr weinend, dass es seine Mutter war. Sie starb erst vor einem halben Jahr.»

In den ersten Tagen versucht Eva, nicht sehr viel über ihre Schwangerschaft nachzudenken. Nur nicht auffallen. «Ich arbeitete wie jede andere.» Wie die meisten Frauen muss sie im Steinbruch Steine schleppen. Die 20-Jährige ist zwar an körperliche Arbeit von zu Hause gewöhnt, doch ihr kommen die schuftenden, ausgemergelten Frauen am Berg wie die jüdischen Sklaven des ägyptischen Pharaonenreiches vor. Es bleibt aber kein Ausweg. Wer einen kleineren Felsbrocken trägt, wird von den Kapos mit den schwarzen Winkeln, den sogenannten Asozialen, sofort herausgezogen und gepeitscht. Jeden Tag, zwölf Stunden lang, transportieren die Frauen die schweren Steine in jeweils drei kleinen aneinandergebundenen Wagen, ziehen sie mit Seilen oder tragen die Steine mit bloßen Händen. «Die Arbeit erschien uns völlig unsinnig. Wir hatten das Gefühl, dass man uns bloß quälen wollte. Das machte alles noch viel schlimmer.» Es ist Sommer und um die 30 Grad. Im Lager ist Trinkwasser knapp, für die jüdischen Häftlinge ist oft kein Schluck übrig. Immer wieder fallen Frauen aus Wassermangel in Ohnmacht. Der Durst ist unerträglich. Zum Glück regnet es fast jede Nacht. Wie die meisten aus ihrer Baracke schleicht sich Eva dann hinaus und trinkt gierig Wasser aus der Dachrinne. Es ist zwar schmutzig, aber darauf achtet jetzt niemand. Hauptsache, der qualvolle Durst ist endlich gestillt. Nach etwa zwei Wochen klagen die Ersten aus Evas Baracke, Rözsi Weiss und ihre Cousine Jolana aus Dunajská Streda, über starke Bauchschmerzen und müssen ins Krankenrevier gebracht werden. 2500 Kalorien sind pro Häftling und Tag vorgesehen. Aber die meisten Lebensmittel werden von den SS-Männern für den Schwarzmarkt in Krakau gestohlen. Allen anderen voran besorgt sich Lagerkommandant Amon Göth gute Weine und Delikatessen. Den Gästen der häufigen Feste in seiner Villa auf dem KZ-Gelände soll es an nichts fehlen. Für die Häftlinge dagegen besteht die Tagesration nur aus einem Ersatzkaffee, Brennnesselsuppe mit großen grauen Bohnen und Graupen sowie etwas Brot. Wie andere vom Hunger Getriebene schleicht Eva, wann immer es geht, um die Lagerküche herum. Manchmal findet sie Pferdeknochen, die sie rasch aufhebt. Sie zerkaut sie und saugt das Mark heraus.

Die Tage scheinen nicht zu vergehen, jeder gleicht dem anderen. Um 4.30 Uhr werden die Gefangenen geweckt, trotz der Hitze tagsüber ist es am frühen Morgen noch bitterkalt. Eines Tages frieren die Frauen so stark, dass es kaum auszuhalten ist. Ein kleines, dünnes Mädchen bittet die 24-jährige Alžbeta Politzer, sie zu umarmen, damit ihr wärmer wird. In dem Moment dreht sich die Aufseherin um und sieht das. Mit dem krummen Stock, den sie immer dabeihat, schlägt sie Alžbeta so stark, dass sie ihr fast den Arm bricht. Sie fällt zu Boden, und ein Schimpfwort entfährt ihrem Mund. Die Frauen erstarren vor Angst. «Dafür werde ich dich ins Gas schicken», sagt die Aufseherin und geht. Sofort versuchen Alžbetas Freundinnen, ihr auf die Beine zu helfen. Sie weint. «Wenn sie mich bloß nehmen würde, damit meine Qual hier ein für alle Mal ein Ende findet.» Nach dem Appell stürzen die Frauen ihr Morgengetränk hinunter und laufen zur Latrine, um sich nicht beim Zählappell zu verspäten. Eva und Ida haben Angst vor der Latrine. Vor einigen Tagen lief Margit Lustig aus Šamorín aufgeregt in die Baracke herein und erzählte, wie ein Mädchen in die tiefe Grube mit den Exkrementen gefallen sei. Sie war zu schwach, um sich festzuhalten. Immer wieder kommt es zu solchen Unfällen. Eine Stunde lang, bis 6 Uhr, müssen die Frauen jeden Morgen beim Zählappell stehen. Dann rückt Evas Kolonne zur Arbeit am Berg aus. Gegen 17 Uhr endet der Arbeitstag, um 18 Uhr ist Abendappell.

Je länger Eva im Lager ist, desto mehr fürchtet sie, dass ihre Schwangerschaft jemandem auffallen könnte. Es ist Ende Juli 1944, und sie ist im vierten Monat schwanger. Wie lange kann sie noch ihren Bauch, der sich zu wölben beginnt, verbergen? Einige Mädchen aus Dunajská Streda wissen bereits, welches Geheimnis sie hütet. Als die Häftlinge neue Kleider erhalten, spannt ihres um den Bauch herum. «Gehe doch zur Aufseherin und frage sie, ob du ein größeres Kleid bekommen könntest», rät ihr eine. Das macht Eva nur einmal. «Sie gab mir eine solche Ohrfeige, dass meine Wange noch Stunden später brannte.» Fortan tauscht Eva ihre Kleider mit einer anderen Gefangenen. Immer wieder findet sich jemand, der ihr hilft und, wann immer es möglich ist, sich vor sie stellt, damit die Kapos und SS-Männer ihren Bauch nicht sehen. Welche Gefahr ihr im Falle einer Entdeckung aber wirklich droht, weiß sie noch nicht.

Die Gaskammern von Birkenau sind die ganze Zeit gefährlich nahe. Die wenigen Babys, die in Płaszów auf die Welt kamen, wurden sofort nach der Geburt getötet. In einer als «Kinderheim» bezeichneten Baracke lebten Anfang des Jahres 1944 noch 294 Kinder. Sie hatten die Liquidierung des Gettos überlebt. Als Evas Transport Ende Juni 1944 eintrifft, sind die meisten aber schon weg. Was genau damals geschah, wissen nur Häftlinge, die schon länger im Lager sind. Am 7. Mai hatte die SS alle Kinder, die jünger als 14 Jahre waren, auf dem Appellplatz zusammengetrieben. Wachen hielten die Erwachsenen mit Maschinenpistolen in Schach, und aus dem Grammofon ertönte ein deutsches Kinderlied. Ohnmächtig mussten die Häftlinge zusehen, wie die kleinen Mädchen und Jungen in bereitgestellte Autos getrieben wurden. Sie sind in Auschwitz-Birkenau vergast worden.

Gott, hilf mir! Was wird aus mir werden? Miriam betet jeden Tag. Anfang Juli wird auch sie in einem Transport nach Płaszów gebracht. Sie erlebt panikartige Anfälle von Angst. Immer wieder spürt sie, dass sich in ihrem Bauch etwas bewegt. Nein, das darf nicht sein. Sie zwingt sich, nicht daran zu denken. Aber es hört nicht auf, und Miriam beginnt zu ahnen, was die seltsamen Bewegungen im Bauch bedeuten. «Ich hatte so schreckliche Angst und fühlte mich so alleine.» Aber vielleicht ist sie ja gar nicht schwanger. Auch andere Frauen haben von der Unterernährung aufgeblähte Bäuche und keine Menstruation mehr. Miriam vertraut sich einer älteren Frau an, und diese bestärkt sie in ihrer schlimmsten Befürchtung. «Ich glaube, du bist schwanger.» Erna, das 17-jährige Mädchen, das sich in ein paar Wochen zu einer mutigen und entschlossenen Frau gewandelt hat, versucht Miriam aufzurichten. Aber ihre große Schwester, denn das ist Miriam für sie, ist verzweifelt. Wie kann sie Freude über ihr Kind empfinden, wenn alle ihre Gedanken um das Essen kreisen? «Ich war so hungrig, jeden Tag so hungrig.» Der Hunger frisst sie von innen auf. Ihre Gefühle, ihre Gedanken, ihr Körper scheinen sich aufzulösen in einem einzigen lautlosen Schrei nach Essen. Ein Stück Brot oder eine Kartoffel, nur daran kann sie jetzt denken. Mutters Gesicht, Bélas Lachen verblassen in ihrer Erinnerung. Ihre Gedanken stumpfen ab. Einmal bringt ein Kapo ein Stück Schweinefleisch. Miriam isst das nichtkoschere Fleisch, auch die Suppe aus Pferdeknochen, die nach Wasser schmeckt. Und sie betet. Ein Gebet gegen den Hunger, gegen den Tod und für das Kind. Jetzt muss sie nicht nur um sich selbst Angst haben, sondern auch um ihr Baby. «Ich hatte aber immer das Gefühl, dass jemand, vielleicht waren es meine Eltern, von oben auf mich schaut und über mich wacht.» Die Qual hört nicht auf, aber Miriam versucht sich auf einen Gedanken zu konzentrieren: «Ich werde dich nach Hause bringen», sagt sie immer wieder zu dem Kind in ihrem Bauch.

Und sie hat Glück. Der polnische Kapo Heinrich Reichsfeld braucht 20 Frauen für sein Kommando. Als Erste nimmt er Miriam. In seinen Lederstiefeln und mit seiner Lederpeitsche erscheint ihr der etwa 35-Jährige aus Krakau, der Jiddisch und Polnisch spricht, wie ein SS-Mann. Die Frauen sollen in einer Baracke Kissen und Federbetten der deportierten und ermordeten Juden nach Geld und Schmuck durchsuchen. «Ich bin auch ein Jude und habe dich genommen, weil du wie meine Tochter aussiehst. Sie ist tot», sagt er zu Miriam. Eines Tages nimmt er sie zur Seite und fragt sie, ob es stimme, dass sie ein Baby erwarte. Miriam bringt vor Angst kein Wort heraus. Eine der Frauen musste ihm von ihrer Schwangerschaft erzählt haben. Aber in diesem Mann hat sie einen Freund gefunden. Jeden Abend bringt Heinrich Reichsfeld ihr ein Stück Wurst, Käse, Brot oder Kartoffeln. «Einmal brachte er mir sogar ein hart gekochtes Ei, so etwas war im Lager unvorstellbar.» Er will, dass sie überlebt. «Du musst leben, du musst das Kind haben», redet er auf Miriam ein. Unter den vielen brutalen Kapos von Płaszów ist dieser Mann eine Ausnahme. Aber nicht nur deshalb ist das Arbeitskommando Reichsfelds begehrt. Die halb verhungerten Frauen haben ein Dach über dem Kopf und müssen keine körperlich schwere Arbeit verrichten. Andere Frauen aus ihrer Baracke, die Reichsfelds Zuneigung zu der jungen Frau aus Komárno bemerken, bestürmen Miriam, für sie einen Platz in dem Kommando zu beschaffen. Aber sie kann nichts machen. Mehr als 20 Frauen sind Reichsfelds Kommando nicht erlaubt.

Schon wieder fallen Schüsse. Fast jede Nacht sehen die Frauen durch die Ritzen in den Holzwänden ihrer Baracke Hinrichtungen. Sie hören die Befehle und die Schreie der Opfer. Hunderte von polnischen Partisanen und Mitglieder des Untergrunds, manchmal noch Schüler, die vielleicht nur einer unbedachten Äußerung wegen denunziert oder bei Razzien verhaftet wurden, werden in Płaszów erschossen. In dem Lager gibt es drei Hinrichtungsstätten. Eine liegt direkt neben Miriams Baracke. Im Sommer 1944 finden die Exekutionen nahezu täglich statt. Auch Miriam und Eva droht eines Tages die Erschießung. Nach der Flucht eines Häftlings müssen alle ungarischen Jüdinnen auf dem Appellplatz antreten. Die SS-Wachen teilen ihnen mit, dass zur Strafe jede Zehnte erschossen wird. Einen ganzen Tag lang stehen sie und warten darauf, was passiert. Immer wenn die Wachen wegschauen, halten sich Eva und Ida die Hände. «Es war ein schreckliches Gefühl, nicht zu wissen, ob man nicht die Zehnte sein wird.» Unter den Frauen bricht Panik aus. Ein Mädchen aus Košice glaubt, auf dem verhängnisvollen zehnten Platz zu stehen, und drängt sich vor die Gruppe der Frauen aus Dunajská Streda. Alžbeta Politzer, eine eher sanftmütige Frau, gibt ihr eine Ohrfeige und stößt sie weg. Auch die Nerven von Eva liegen blank. Aber sie überlebt. Sechs Jahrzehnte später wird eine Überlebende aus Israel, die Dunajská Streda besucht, ihre Erinnerung an diesen schrecklichen Tag wieder wecken: «Du warst damals die Neunte in der Reihe, meine Schwester kam nach dir.»

Nur wenn Heinrich Reichsfeld in der Nähe ist, fühlt sich Miriam sicher. Sie weiß, dass der Kapo über sie seine schützende Hand hält. Sie muss keine Steine schleppen, arbeitet in einem trockenen Raum, und immer wieder bringt er ihr etwas zu essen. Eines Tages, es ist Anfang August, stürmt er herein, seine Stimme klingt nervös. «In zwei, drei Tagen wird das Lager evakuiert, ihr werdet in ein anderes Lager gebracht», teilt er den überraschten Frauen mit. Dann nimmt er Miriam beiseite und redet auf sie ein. Sie solle bei ihm bleiben, man wird sie alle vielleicht nach Auschwitz zurückbringen. «Hier werden uns die Russen bald befreien. In Auschwitz gehst du aber ins Gas.» Auch am nächsten Tag lässt Reichsfeld nicht locker, er will sie überzeugen. Sein hilfloser Blick trifft sie ins Herz. «Ich musste doch mit Hilda und Erna gehen, egal, was passiert. Auf keinen Fall wollte ich ohne sie in Płaszów bleiben.» In seiner Verzweiflung offenbart ihr der Kapo seine Gefühle. «Wenn wir beide überleben und dein Mann nicht zurückkommt, werde ich dich heiraten.» Peinlich berührt starrt ihn Miriam an. «Ich hatte doch meinen Béla, außerdem war er in meinen Augen ein alter Mann. Obwohl er noch keine vierzig war, hatte er Goldzähne und eine beginnende Glatze.» Sie dankt ihm für alles, was er für sie getan hat. Als der Zug schon zur Abfahrt bereitsteht, kommt Reichsfeld gelaufen und reicht ihr eine Flasche mit Wasser.

Rückkehr nach Auschwitz-Birkenau, August 1944

Die Waggons sind überfüllt, doch die SS-Männer zwingen immer noch Menschen hinein. 7500 Jüdinnen sollen an diesem Tag, dem 4. August 1944, aus Płaszów weggebracht werden. Das Lager wird vor der anrückenden Roten Armee geräumt. Die Hitze ist schon jetzt unerträglich. Aber noch vergehen Stunden, bis ein Ruck durch den Waggon geht. Eva und Ida blicken sich fragend an. Sie sind erleichtert, denn endlich fahren sie. Der Zug stampft in die Nacht hinein. In das Rattern der Räder mischt sich das Stöhnen der Menschen. Immer wieder bleibt der Zug irgendwo stehen. Mit geschlossenen Augen beten Eva und Ida still vor sich hin. Den ganzen darauffolgenden Tag und die zweite Nacht geht das so. Viele Frauen werden ohnmächtig, einige ersticken während der endlosen Fahrt in das nur zwei oder drei Stunden entfernte Auschwitz. Wegen der militärischen Transporte von und zur nahen Front wird der Deportationszug immer wieder auf Nebenstrecken umgeleitet. In den Waggons gibt es keinen freien Fleck, keinen Eimer für die Notdurft. Die Menschen müssen die ganze Zeit stehen, so eng aneinandergepresst, dass auch die Toten nicht zu Boden fallen. Nach Luft schnappend, stehen Eva und Ida in der Masse keuchender, stöhnender Frauen. Beim Einsteigen sind sie an die Waggonwand geschoben worden. Durch die Fugen der Holzwände zieht ein bisschen frische Luft herein. Ihre Glieder schmerzen fürchterlich, und die Fahrt nimmt kein Ende. Wohin werden sie dieses Mal gebracht? Am dritten Tag bleibt der Zug stehen. Eva, Ida und irgendwo in der langen

Reihe von Waggons auch Miriam, Erna und Hilda sind wieder in Auschwitz. Entsetzt starren sie auf das Bahnhofsschild und lesen den verhassten Namen. Das kann doch nicht wahr sein, warum hat man uns wieder hierhergebracht? Als die halb verdursteten Frauen zu ihren Baracken kommen, stürzen sie sich auf die Abflussrohre und schlürfen das grünliche Wasser. Es ist der 6. August 1944. Eva ist schon fast im fünften, Miriam im vierten Monat schwanger.

Diesmal werden die Frauen im Lager registriert. Mit Beginn der Deportationen aus Ungarn führte die SS in Auschwitz besondere Nummernfolgen ein, um das Ausmaß des Mordens zu verschleiern. Die Serien beginnen jetzt mit dem Buchstaben A und laufen jeweils mit Nummern von 1 bis 20 000. A-17 938, das ist die Nummer, die Eva erhält. Sie wird ihr von einem Häftling am linken Unterarm in einer schmerzhaften, aber zum Glück schnellen Prozedur eintätowiert. Etwa 30 000 Jüdinnen befinden sich im Sommer 1944 in Birkenau, auch das Männerlager ist überfüllt. Zur Verstärkung der SS-Wachen kommen frontuntaugliche, ältere Wehrmachtssoldaten und Angehörige von Landesschützenbataillonen. Nach drei Wochen Ausbildung ziehen sie die SS-Uniform an und bleiben in Auschwitz oder verstärken das SS-Lagerpersonal im Deutschen Reich.

Während der sieben Wochen, in denen Eva und Ida in Płaszów waren, hatte sich im Lager nicht viel geändert. In der überfüllten Baracke stehen jetzt Pritschen mit Strohsäcken, und sie müssen nicht mehr auf dem Boden schlafen. Neben Frauen aus Dunajská Streda, die seit ihrer Ankunft im Juni zusammengeblieben waren, sind hier auch Jüdinnen aus Košice, Komárno, Miskolc, Nyíregyháza und vielen anderen ungarischen und ehemals slowakischen Städten und Dörfern, die jetzt zu Ungarn gehören. In der Menge entdeckt Eva eine Frau aus ihrem Heimatort Brody. Endlich können sie und Ida etwas über ihre Eltern erfahren. Die Schwestern bestürmen die Frau mit Fragen. Wie lange bist du schon hier? Hast du etwas von unseren Eltern gehört? Ihre Antwort bricht ihnen das Herz. Die Bekannte berichtet, dass sie schon länger im Lager sei und in der Tat vor ein paar Tagen ihren Vater gesehen habe. «Sie erzählte uns, dass er mit anderen Männern auf einem Lastwagen saß. Der Wagen fuhr in Richtung der Krematorien.»

In der Baracke der slowakischen Blockältesten Elsa, einer etwa 30-jährigen Frau mit feinen Gesichtszügen, sind fast 700 Frauen. Gleich während des ersten Zählappells macht sie unmissverständlich klar, wer hier das Kommando hat. Mehrere Stunden lang lässt sie eine Frau aus Evas Baracke auf dem Appellplatz knien. Die Unglückliche muss dabei ihre dünnen Arme in die Höhe strecken und in jeder Hand einen Ziegelstein halten. Warum Elsa sie so bestraft, erfahren die Frauen nicht. Sie ist jetzt die alleinige Herrscherin, niemand wagt es, sich ihren Befehlen zu widersetzen. Die Slowakinnen sind im Lager gefürchtet. In Auschwitz sind sie schon seit zwei Jahren und kennen sich gut aus. Insgesamt 19 Transporte mit mehr als 18 000 slowakischen Juden, Frauen und Männern, kamen zwischen März und Oktober 1942 in Auschwitz an. Am Ende des Jahres lebten nur einige Hundert von ihnen, meistens junge Menschen aus den allerersten Transporten, die nicht selektiert worden waren. Die slowakischen Jüdinnen waren neben den deutschen Frauen, die man aus Ravensbrück ins Lager brachte, im ersten Monat auch die einzigen weiblichen Häftlinge in Auschwitz. Die Lagerleitung brauchte dringend Arbeitskräfte, und weil viele von ihnen Deutsch sprachen, bekamen sie oft leichtere Arbeiten unter Dach und im Warmen zugewiesen. Die SS setzte sie als Schreibkräfte ein, im Waschraum oder im «Kanada»-Kommando, das die Gepäckstücke aus jüdischen Transporten sortierte und für den Transport ins Reich vorbereitete. Einige arbeiteten als Friseurinnen oder Haushaltshilfen bei den Familien der SS-Wachen oder im Haus des Lagerkommandanten Rudolf Höss. Nicht wenige erlangten eine Position als Block- oder Stubenälteste. Ihre Funktionen schützten sie in gewisser Weise, doch waren auch sie dem SS-Terror ausgesetzt. Einige von ihnen genossen ihre Macht und verhielten sich gegenüber anderen Gefangenen gefühllos und brutal. Es waren Mädchen und junge Frauen zwischen 16 und 30 Jahren, deren Familien bereits ermordet waren. Während der zwei Jahre im Lager hatten sie schon viel Schreckliches erlebt. Sie mussten hilflos zusehen, wie ihre Mütter, Großmütter und Tanten, die mit späteren Transporten ankamen, in großen Lastwagen zu den Gaskammern gebracht wurden. Sie gewöhnten sich an die Leichenberge, sahen, wie Menschen gequält wurden, langsam verhungerten oder ihren Verstand verloren. Ihre Tränen waren längst versiegt. Der Anblick der ungarischen Jüdinnen, die – verglichen mit ihnen – noch frisch und gesund aussahen, machte sie wütend. In ihren Augen hatten diese Frauen bis 1944 ein gutes Leben geführt. Die Blockälteste Elsa war keine Ausnahme. «Warum sollte ich euch gut behandeln? Meine Mutter wurde auch geschlagen», antwortete sie zynisch auf die Frage, warum sie ein Mädchen bestraft habe, nur weil es um eine größere Essensportion gebeten hatte.

Aber an wen sonst, wenn nicht an die Bloková, wie die Blockälteste auf Slowakisch heißt, soll Miriam sich in ihrer Not schon wenden. Eines Tages überwindet sie sich und erzählt Elsa von ihrer Schwangerschaft. Ihr Bauch wird mit jedem Tag größer, bald wird sie es ohnehin bemerken. Was hat sie also zu verlieren? Elsa ist doch auch nur eine Gefangene und muss tun, was die SS sagt. Vielleicht wird sie Mitleid haben und dafür sorgen, dass sie mehr Essen bekommt? Elsa schweigt lange und mustert Miriam. «Kein Wort, sag kein einziges Wort über deine Schwangerschaft, verstehst du? Kein Wort! Sonst gehst du in die Gaskammer.» Dann dreht sie sich um und lässt die verblüffte Miriam stehen. Natürlich weiß Elsa, welches Schicksal schwangere Jüdinnen in Birkenau erwartet. Sie will

Miriam helfen. Einmal gibt sie ihr ein kleines Extrastück Brot. «Gehe weg von hier, egal, wohin, bloß weg. Wenn sie wieder Leute für die Arbeit brauchen, melde dich», rät sie ihr. Ob ein Häftling in Auschwitz am Leben bleibt oder nicht, ist vor allem eine Frage des Glücks. Das erfährt auch Miriam. Eines Tages, sie steht gerade mit anderen Frauen Appell, kündigt ein SS-Mann Unglaubliches an: «Alle schwangeren Frauen hervortreten! Sie bekommen eine doppelte Essensportion!» Etwa fünfzig Frauen drängen nach vorne, Miriam ist die Letzte. Eine doppelte Portion, das ist die Erfüllung all ihrer Träume. Die neidvollen Blicke der anderen Frauen begleiten die vermeintlich Glücklichen. Aber Erna traut der SS nicht. Das kluge Mädchen hat in wenigen Wochen schon genug gesehen, als dass sie solchen Versprechungen noch Glauben schenken würde. Ihr Instinkt sagt ihr, dass es sich um eine Falle handelt. «Du darfst nicht gehen», fleht sie Miriam an. Die zögert. Der Hunger ist so stark. Dann aber dreht sie sich um und läuft schnell zurück. Miriam weiß, dass Erna sie damals vor dem Tod gerettet hat. Die SS versprach bessere Behandlung und mehr Essen, um der Schwangeren in der Masse der Gefangenen habhaft zu werden. Die Frauen wurden vergast. Jeden Tag teilt Erna mit Miriam ihre Essensration. Die beiden sind wie Schwestern. «Miriam, iss, du bekommst ein Kind», fleht die Siebzehnjährige sie an. Miriam zögert. Darf sie von Erna Brot annehmen? «Aber du bist doch so hungrig. Mir macht es nichts aus», versichert ihr Erna. «Du brauchst es mehr als ich.» Das Mädchen riskiert sogar eine Bestrafung, als sie von ihrer grauen Decke einen breiten Streifen abreißt. Miriam wickelt ihn sich unter dem dünnen Häftlingskleid um den Bauch, damit sie während des stundenlangen Zählappells nicht so frieren muss. Die gelehrige 17-Jährige bringt Miriam noch andere Strategien des Überlebens bei. So lernt Miriam, die jede Portion gleich verschlingt, ihr Brot einzuteilen, kleine Stücke über den Tag verteilt und am Abend zu essen. «Dort, im Lager, konnte man am besten erkennen, wer ein gutes Herz hatte. Ernuschka war ein Engel. Ich werde es ihr niemals vergessen.»

«Die Juden haben immer Hoffnung»

Der «koschere» Bus nach Bnei Berak, in dem Frauen und Männer getrennt sitzen, steckt im Stau fest. Für die 35 Kilometer lange Strecke von Netanya aus braucht er mehr als eine Stunde. Autobahnen zerschneiden das trockene und steinige Land, am Straßenrand wächst zähes Baumgestrüpp aus der roten Erde. Die heute 151 000 Einwohner zählende Stadt nordöstlich von Tel Aviv wurde 1924 von einer Gruppe polnischer Chassidim gegründet und ist neben Jerusalem die Hochburg des ultraorthodoxen Judentums in Israel. Die Männer von vier unterschiedlichen chassidischen Gruppen widmen sich in dieser Stadt ausschließlich dem Thorastudium. Sie sind vom Militärdienst befreit und erhalten vom Staat monatlich eine kleine finanzielle Unterstützung. Wer in der Stadt der Frommen beschauliche Ruhe erwartet, wird enttäuscht. Das Zentrum erstickt im Verkehrslärm, auf den Gehwegen schieben und drängen sich die Bewohner an Metzgereien, Obstgeschäften und Läden mit Bekleidung vorbei. Die Männer mit Hüten, Schläfenlocken und in pechschwarzen Anzügen haben es eilig, miteinander diskutierend, verlangsamen sie nicht ihren Schritt. Die Frauen, mit Kopftüchern, Strümpfen und langen Röcken bekleidet, schleppen volle Einkaufstüten und treiben ihre Kinder an. Es ist heiß, 35 Grad Celsius. Weit und breit kein Straßencafé oder Restaurant. Hier also lebt Miriams «Engel» Erna und betreibt noch heute, mit 83 Jahren, ein Textilgeschäft. Die Männer auf den Straßen sind nicht gerade hilfsbereit bei der Suche nach ihrem Haus, das abseits vom Zentrum in einem Gewirr von Straßen liegt, und reagieren auf Fragen nur mit einer abweisenden Handbewegung. Einer aber zeigt schließlich den Weg zu dem vierstöckigen Gebäude, das zurückgesetzt in einem Garten mit dürren Sträuchern steht. Fünf Jungen spielen in weißen Hemden mit traditionellen Zizit Fußball. Laut plappernd und lachend rennen sie die schmale Treppe in das erste Stockwerk voraus.

Der Lärm ist schon zu ihr gedrungen. Erna Klein, eine schlanke Frau in einem eleganten schwarzen Kostüm, steht in der Wohnungstür. Gleich zur Begrüßung sagt sie, sie habe seit heute Morgen versucht, das Treffen abzusagen. «Was soll ich denn erzählen?» Im Wohnzimmer mit der großen Schrankwand, schweren Polstersesseln und einem langen Mahagonitisch ist es kühl. Alles wirkt unberührt, fast so, als gäbe es keine Bewohner. Über den Esstisch hat Erna Klein sorgfältig eine handgehäkelte weiße Spitzendecke ausgebreitet. «In Ungarn hatten wir noch schönere», sagt sie. Wie alle streng orthodoxen Frauen trägt sie eine Perücke. Man muss aber schon genau hinschauen, um das zu erkennen. Ihr Blick wirkt jetzt fast belustigt, als würde die ungewohnte Situation doch ihre Neugierde erregen. Noch etwas anderes, nicht gleich Fassbares an ihrem Aussehen überrascht. Erna Klein ist zwar mehr als 80 Jahre alt, aber ihr fein geschnittenes Gesicht hat kaum Falten.

Sie muss, wie Miriam das erzählt hat, wirklich ein zartes Mädchen gewesen sein. Damals, an dem Tag ihrer Ankunft in Auschwitz-Birkenau. Es war der 17. Juni 1944, als Erna Klein mit Miriams Familie das Vernichtungslager erreichte. Sie erinnert sich genau daran, da sie an diesem Tag siebzehn wurde. Sie lächelt traurig. Dann steht sie mit einem Ruck auf und holt Mineralwasser, eine Flasche Cola und Plätzchen. Es kostet sie einige Überwindung, als sie schließlich erklärt, sie werde alle Fragen beantworten. Aber fotografieren will sie sich auf keinen Fall lassen. Am Vortag, erzählt sie, hatte sie noch mit Miriam telefoniert, wie sie es jede Woche tut. Miriam habe sie geschimpft, weil sie nicht erzählen wollte. Nicht einmal mit ihr kann Erna über die Ereignisse von damals sprechen. Zu schmerzhaft ist die Erinnerung, zu verwundet die Seele. «Noch heute erschrecke ich, wenn ich einen Mann in Uniform sehe.» So gerne würde sie einmal wieder Miriam sehen, sie umarmen. «Jeder mochte sie. Sie hatte immer hundert Freundinnen gehabt», sagt sie etwas übertreibend und lacht. Dann zögert sie kurz und fügt augenzwinkernd hinzu: «Und auch Verehrer.» Doch erst in Béla habe sie sich verliebt. Erna kannte Miriams Verlobten von seinen Besuchen in Komárno und freute sich schon auf die Hochzeit. Als Miriam dann überraschend nach Miskolc fuhr und dort ohne Familie heiratete, tröstete Erna der Gedanke, dass Miriam jetzt bestimmt glücklich sein müsse. Sie muss sie wie eine ältere Schwester bewundert und geliebt haben. Leider werden sich die beiden Frauen nie sehen. Oft haben sie schon einen Besuch geplant. Aber beide können in kein Flugzeug steigen. Sobald das Flugzeug abhebt, überfällt Erna Klein panische Angst, fühlt sie sich eingesperrt wie damals in dem Zug nach Auschwitz.

Leise erzählt Erna Klein von der Deportation. Laura Schwarcz, Miriams Mutter, hat für die Reise Essen eingepackt, gebratene Hühnerschenkel, für ihre Tochter Lilly, deren zwei Kinder, für Erna und für sich. Trotz aller Bitten verteilte sie das Essen nur häppchenweise. «Sie sagte, dass wir den Hunger aushalten müssen, denn wer weiß, wie lange wir noch fahren werden.» Als sie dann in Birkenau ankamen, mussten sie alles im Waggon lassen. Auch die Hühnerschenkel blieben im Zug. Den ganzen Weg über hatte Laura Schwarcz gebetet. «Wir glaubten, dass Gott uns retten wird. Das hielt uns aufrecht.» Aus ihrem Glauben hat die 17-jährige Ernuschka vielleicht auch die Kraft geschöpft, Miriam trotz der eigenen Not immer beizustehen. Aber das tut Erna Klein als normal ab. «Man gibt doch auch heute», sagt sie. «Das liegt in der Natur des Menschen. Ein Jude soll des anderen Bruder und Bürge sein.» Nach der Zerstörung Jerusalems und des zweiten Tempels durch römische Truppen im Jahr 70 nach Christus gründete Rabbi Joachanan Ben Zakkai die erste Jeshiva. Die Thoraschulen erlangten im Laufe der Zeit die Bedeutung des einstigen Tempels. Der Rabbi und seine Schüler formulierten die Prinzipien der Juden in ihrer Beziehung zu sich und Gott, die den in der Diaspora Verstreuten halfen, ihre Identität zu bewahren. Streng orthodoxe Juden verstanden in ihrer Verzweiflung den Massenmord an ihrem Volk als Strafe Gottes für den Abfall vom Glauben. Solche Deutungen sind Erna Klein allerdings fremd. Zu deutlich sieht sie die Unterdrücker noch vor ihrem inneren Auge. Amon Göth zum Beispiel, «diesen Verbrecher», der einen seiner Hunde auf sie gehetzt hat. «Er biss mir ein Loch in den Oberschenkel.» «Die SS-Männer», sagt sie, «haben sich auch in den letzten Monaten vor Kriegsende nicht geändert.» Solche Menschen, davon ist Erna Klein überzeugt, konnten nicht ein Werkzeug Gottes sein.

Es ist kein Zufall, dass die gläubige Frau in Bnei Berak lebt, einer Stadt, in der die Menschen eine Gemeinschaft leben, die auf eine zweitausend Jahre alte Tradition begründet ist. Es ist eine fremde Welt, die von säkularen Israelis als fast beklemmend empfunden wird und zu der sie keinen Zugang finden. Bei den letzten Wahlen zur Knesset gaben drei Viertel der Einwohner ihre Stimme ultraorthodoxen Parteien. Polizeibeamte, erzählt man sich in Tel Aviv, erwägen, sich als Orthodoxe zu verkleiden, wenn sie in Bnei Berak nach einem Straftäter oder Steuerflüchtigen fahnden. Erna Klein fühlt sich hier aber aufgehoben mit ihren Erinnerungen. Hier ist sie ihren Toten näher als anderswo auf der Welt. Nach ihrer Befreiung aus dem Evakuierungstransport beim oberbayerischen Feldafing im April 1945 ging sie sofort nach Budapest, um Miriam zu treffen, und folgte ihr dann später nach Kanada. «Ich hatte niemanden. Miriams Mutter war für mich wie meine eigene Mutter. Ich wuchs mit ihren Kindern zusammen auf. Sie war eine so gütige Frau. Sie brachte uns bei, den anderen zu helfen.» 18 Monate blieb Erna Klein in Kanada, länger konnte sie die Oberflächlichkeit der säkularen Welt nicht ertragen. Dann ließ sie sich mit ihrem Mann in Bnei Berak nieder und eröffnete ein Geschäft. Von Sonntag bis Freitagmittag bedient sie in ihrem Laden, ein Leben ohne Arbeit, ohne ihre Kundinnen, kann sie sich kaum vorstellen. An den Wänden ihrer Wohnung hängen vergrößerte Fotos ihrer Tochter, ihres Mannes, ihrer drei Brüder, ihrer Schwester und der Enkelkinder. Die meisten dieser Menschen sind tot. Vor ein paar Jahren erst starb ihre bildhübsche Tochter an Krebs. Sie war 40 Jahre alt. Ihren Schmerz kann man in ihrem Blick sehen. Zum Abschied sagt Erna Klein aber mit fester Stimme: «Die Juden haben immer Hoffnung.»

Die Tage vergehen, und niemand weiß, was als Nächstes kommt. Gerüchte über eine baldige Befreiung kommen Eva zu Ohren. Viele behaupten, aus einer sicheren Quelle erfahren zu haben, dass die Russen schon ganz nah seien. Am 25. August 1944 überfliegen amerikanische Aufklärungsflugzeuge mehrmals Auschwitz. Die Piloten haben die Aufgabe, aus einer Höhe von zehn Kilometern das zuvor bombardierte Gelände des Industriekonzerns IG-Farben bei Auschwitz zu fotografieren. Auf den mehrfach vergrößerten Aufnahmen ist das Frauenlager in Birkenau deutlich zu erkennen, auch ein langer Güterzug und etwa 1500 Menschen, die auf dem Weg in die Gaskammern sind. Doch es passiert nichts. Eva und Miriam leben in ständiger Gefahr. Im Allgemeinen schickte die SS jüdische Frauen mit Kindern und schwangere Jüdinnen gleich nach der Ankunft in Birkenau in die Gaskammern. Doch viele Schwangerschaften, vor allem die im Anfangsstadium, konnten die SS-Ärzte an der Rampe nicht gleich entdecken. Im Lager C selektieren die SS-Ärzte Josef Mengele und Heinz Thilo die ungarischen Jüdinnen fast wöchentlich. Nackt müssen sich die Frauen in einer Reihe aufstellen und einzeln vor die SS-Männer treten. Gleich beim ersten Mal wird die 23-jährige Rözsi Kaplansky, die vor Eva steht, zu den Kranken und Schwachen geschickt. Die Frauen aus Dunajská Streda erschrecken. Ihre Freundin ist hochschwanger. Dann ist Eva an der Reihe. Vor Angst ist sie wie gelähmt. Sie ist sich sicher, dass das ihr Ende ist und sie Rözsi gleich folgen wird. «Ich stand nackt vor Mengele. Mit seinen Fingern kniff er mich in die Brüste, vielleicht merkte er, dass sie gewachsen waren, oder er wollte prüfen, ob ich Milch hatte.» Evas Schwangerschaft entdeckt er aber nicht. Der gefürchtete SS-Arzt weiß natürlich von den heimlichen Geburten im Lager. Entband eine Jüdin im Krankenlager oder in der Baracke, wurde das Kind meistens zusammen mit der Mutter getötet. Nur nach Totgeburten durften die Frauen in ihre Baracke zurückkehren. Die Häftlingsärzte des Krankenreviers hatten die strenge Anordnung, jede schwangere Frau und jede Geburt zu melden, wie Olga Lengyel, jüdische Häftlingsärztin aus dem rumänischen Cluj, in ihrem Buch «Five Chimneys» schreibt. In ihrer Verzweiflung entschieden sie und vier andere Häftlingsärzte nach langen Diskussionen, die Neugeborenen zu töten, um so wenigstens das Leben der Mütter zu retten. Sofort nach der Geburt hielten sie den Säuglingen die Nase zu, und wenn sie ihren Mund zum Atmen öffneten, gaben sie ihnen eine Dosis eines tödlichen Medikaments. Eine Injektion hätte den Tod der Babys rascher herbeigeführt. Aber die Ärzte wagten es nicht, Spuren an den kleinen Körpern zu hinterlassen, die von der SS hätten entdeckt werden können. Der Lagerverwaltung meldeten die Häftlingsärzte eine Totgeburt. Später besorgten sie sich ein Medikament, das sie den Frauen injizierten, um eine vorzeitige Geburt einzuleiten. «So machten die Deutschen Mörder aus uns», schreibt Olga Lengyel.

Am 31. Dezember 1944, berichtet sie, entschied die SS, dass die noch lebenden Kinder aus Birkenau verschwinden müssten. Die Gaskammern waren auf Befehl Himmlers bereits zerstört.

Die Kinder wurden mit eiskaltem Wasser gewaschen. Danach ließ die SS sie in eisiger Kälte und Schnee fünf Stunden lang Appell stehen. Wer dabei nicht erfror, den trieben die SS-Wachen zurück. Olga Lengyel wird von der Erinnerung an die «kleinen Schneemänner», die in der Silvesternacht 1944 in Fetzen und in Holzschuhen lautlos durch den fallenden Schnee taumeln, ihr ganzes Leben lang nicht mehr losgelassen. «Mutter», stammelte der kleine fiebergeschüttelte Thomas Gaston, bevor er tot zusammenbrach.

Zu diesem Zeitpunkt werden Eva und Miriam nicht mehr in Birkenau sein. Jetzt aber leben sie noch in ständiger Angst vor der Entdeckung ihrer Schwangerschaft. Unterdessen arbeiten einige SS-Ärzte im drei Kilometer entfernten Stammlager Auschwitz an der Entwicklung einer besonders effektiven Waffe ihrer rassistischen Vernichtungspolitik. Die Ärzte suchen nach Methoden der Sterilisierung, die sie an Jüdinnen und Roma- und Sintifrauen erproben. Millionen Menschen sollen sterilisiert werden, nur so, glauben die Ideologen des Naziregimes, kann der Feind für alle Zukunft vernichtet werden. Bereits 1941 wurde die Frage der Massensterilisation im Himmler-Stab bei mehreren Geheimtreffen diskutiert. Am 23. Juni 1942 schrieb der stellvertretende Leiter der Hitler-Kanzlei, Viktor Brack, Himmler einen Brief, in dem er dem Reichsführer der SS noch einmal die praktischen Vorteile einer massenhaften Sterilisation vor Augen führte: «Bei etwa 10 Millionen europäischen Juden sind nach meinem Gefühl mindestens 2–3 Millionen sehr gut arbeitsfähige Männer und Frauen enthalten. Ich stehe in Anbetracht der außerordentlichen Schwierigkeiten, die uns die Arbeiterfrage bereitet, auf dem Standpunkt, diese 2–3 Millionen auf jeden Fall herauszuziehen und zu erhalten. Allerdings geht das nur, wenn man sie gleichzeitig fortpflanzungsunfähig macht.» Die neue Methode sollte weniger kosten und effektiver sein als die Zwangssterilisationen, die man bereits vornahm. Einen Monat später, im

Juli 1942, wurde der renommierte Gynäkologe Professor Carl Clauberg, Chefarzt der Frauenklinik in Königshütte, beauftragt, eine solche Methode zur Unfruchtbarmachung «minderwertiger Frauen» zu entwickeln. Im Herbst 1942 begann Clauberg mit seiner streng geheimen Arbeit im Frauenlager Birkenau. Im Frühjahr 1943 zog der Mediziner mit seinem Personal – acht jungen Jüdinnen, die ihm als Krankenschwestern assistieren mussten – in den Block 10 des Stammlagers Auschwitz.

«Ich hätte lieber sterben sollen»

«Ich hätte damals lieber sterben sollen», sagt Silvia Veselá. Der Blick der 83-Jährigen duldet keinen Widerspruch, schon gleich gar nicht aus Verlegenheit oder Höflichkeit. Als wieder alles von vorne begann, war sie schon mehr als siebzig Jahre alt. Bis zu ihrem Tod im Herbst 2009 hörte sie fast jede Nacht die Schmerzensschreie, die sie nicht schlafen ließen, kehrten die Bilder wieder, die sie für immer aus ihrem Gedächtnis löschen wollte. Junge griechische Jüdinnen, die sie um Hilfe anflehten. Sie wachte schweißgebadet auf und sah so lange fern, bis sie im Sessel endlich eingeschlafen war. «Ich gehe mit Auschwitz schlafen und stehe mit Auschwitz auf.» Einige Jahre nach dem Krieg, da hatte sie schon ihren ersten Selbstmordversuch hinter sich, suchte die damals 20-Jährige im slowakischen Prešov einen Psychiater auf. Sie bat ihn, ihr das alles aus dem Kopf auszuradieren. Der alte Arzt sprach lange mit ihr, helfen konnte er ihr aber nicht. Sie solle das Leben nehmen, wie es ist, nicht viel erwarten und versuchen zu vergessen. Die meisten, die von «dort» gekommen sind, hätten die gleichen Probleme.

Aber es hat nie wirklich aufgehört. Auch im Ohel David, dem Altenheim für Überlebende der Schoah in Bratislava, findet Silvia Veselá keine Ruhe. In der Glasvitrine in ihrer kleinen Wohnung stehen gerahmte Fotos von Kindern. Sie zeigen zwei fröhliche kleine Jungen, Söhne ihrer Cousine aus Wien. «Ich selbst habe keine Kinder, ich bin ja in Auschwitz sterilisiert worden.» Die weißhaarige Frau mit kurzem, männlichem Haarschnitt, hat ihre schmalen Lippen rot geschminkt. Diese Frau mit hellwachem Blick hinter der goldenen Brille hat von Herbst 1942 bis Januar 1945 Clauberg bei seinen grausamen Sterilisierungsversuchen als Häftlingskrankenschwester assistiert – und darüber den Glauben an das Leben verloren.

Am 26. März 1942 wird die 17-jährige Jüdin Silvia Friedmann – so lautete ihr Mädchenname – im allerersten Häftlingstransport aus der Slowakei nach Auschwitz deportiert. Wochenlang arbeitet sie in der Kiesgrube und erkrankt an einer schweren Lungenentzündung. Von Enna Weiss, der slowakischen Lagerärztin im Häftlingsrevier, erfährt sie, dass SS-Ärzte jemanden suchen, der mit dem Röntgengerät umgehen kann. Da sie einige Erfahrung damit hat, zögert sie nicht lange. Gleich nach ihrer Genesung wird sie zum Gynäkologen Clauberg gebracht. Der 44-jährige Experte, klein, dick, schon kahlköpfig und hässlich, wie er ist, erscheint Silvia Friedmann wie eine Karikatur des arischen Herrenmenschen. Aber ihr ist nicht nach Lachen zumute. Clauberg besteht darauf, sein Personal zunächst selbst zu untersuchen. «Viele von uns hat er dabei defloriert. Aber das hat ihn gar nicht interessiert.»

In zwei Sälen im Obergeschoss des Blocks 10, dessen Fenster zum Hinrichtungsplatz Sichtblenden aus Holzbrettern haben, sind ständig 150 bis 400 Frauen aus verschiedenen Ländern untergebracht. Sie werden «Claubergs Frauen» genannt, sind höchstens 30 Jahre alt, und viele haben bereits eine Entbindung hinter sich. So kann sich der Professor auch ohne Untersuchung sicher sein, dass sie fruchtbar sind. Clauberg führt eine große Injektionsspritze, die Silvia vorbereitet hat, unter dem Vorwand einer gynäkologischen Untersuchung in die Gebärmutter ein. Wenig später spritzt er eine spezielle chemische Flüssigkeit in den Eileiter. Die äußerst schmerzhafte Prozedur wird an jeder Frau über einen Zeitraum von etwa drei Monaten mindestens dreimal wiederholt. Die Substanz verklebt nach einigen Wochen den Eileiter. Die Ergebnisse seiner Versuche kontrolliert Clauberg an Röntgenbildern, die ihm Silvia reicht. Dann füllt sie die Patientenakten aus, verwaltet die Kartei und muss während Claubergs Abwesenheit die Frauen beobachten.

Die Opfer haben nach den Sterilisierungsversuchen große Schmerzen. Viele bekommen Bauchfellentzündung, leiden an akuten Entzündungen der Gebärmutter, Eileiter und Eierstöcke. Ihre Hilferufe und Schmerzensschreie hört Silvia Friedmann die ganze Nacht über. Heimlich bringt sie den Frauen Schmerzmittel und macht ihnen Umschläge. Etliche sterben oder werden nach Birkenau zurückgebracht und vergast. Nach etwa drei Monaten schickt Clauberg die siebzehnjährige Silvia zu seinem Kollegen, Dr. Horst Schumann. Der ehemalige leitende Arzt der Tötungsanstalt Sonnenstein im sächsischen Pirna nimmt im Block 30 ähnliche Experimente vor. «Ich wusste, was das bedeutet, und hatte geschrien, dass ich mich nicht bestrahlen lasse. Die Helfer von Schumann drohten mir und schlugen mich.» Sie gibt den Widerstand auf, wohlwissend, dass sie keine andere Chance hat, wenn sie am Leben bleiben will. Ihr Unterleib wird zwischen zwei große Röntgenplatten gepresst, die von der Firma Siemens hergestellt und geliefert werden. Nach ein paar Stunden ist das Ergebnis sichtbar. Silvias Haut ist verbrannt, sie muss sich mehrmals übergeben. Zweimal muss sie die Prozedur über sich ergehen lassen. «Clauberg hat zu mir immer wieder gesagt, dass es keinen Zweck hätte, wenn ich mich dagegen wehre. Ich komme ohnehin nicht lebendig aus dem Lager heraus.» Als wichtige Zeugin, die ihn belasten könnte, wollte der Arzt sie töten lassen. Als die Rote Armee vor Auschwitz steht, flieht Clauberg nach Ravensbrück und setzt dort seine Experimente fort. Auch Silvia kommt im Januar 1945 in einem Transport nach Ravensbrück. «Eine Frau warnte mich gleich, dass Clauberg nach mir sucht.» Sie meldet sich für einen Transport nach Neustadt-Glewe und entkommt dem Arzt. Am 2. Mai 1945 wird sie befreit.

Silvia Veselá spricht regungslos, scheinbar unbeteiligt von den traumatischsten Erlebnissen ihres Lebens und streut sarkastische Bemerkungen in ihre Erzählung des Grauens. Nur ihre Augen, der unsagbar traurige Blick, verraten ihre Qual. Erst seit ein paar Jahren kann sie über Auschwitz sprechen, doch das meiste behält sie für sich. Hier, im Altenheim, will ihr keiner zuhören. Auch ihre Mitbewohner haben Schreckliches erlitten und wollen vergessen. «Ich bin es schon gewöhnt, dass sich die meisten von mir abwenden, wenn ich davon erzähle.» Auf dem kleinen runden Tisch neben dem Ohrensessel, in dem Silvia Veselá sitzt, liegt ein Buch über Auschwitz, geschrieben von zwei bekannten jüdischen Überlebenden aus dem damaligen Protektorat Böhmen und Mähren, Ota Kraus und Erich Kulka. Darin schildern sie auch Claubergs und Schumanns medizinische Versuche im Stammlager und zitieren die Nachkriegsaussagen von Silvia Veselá. Die alte Frau klopft mit einem Finger energisch auf einen Satz, an dessen Ende sie mit einem roten Stift mehrere Ausrufezeichen gesetzt hat. «Die Kriegsverbrecher werden rehabilitiert und Massenmörder aus der Haft entlassen. Sie kehren als Spezialisten auf ihre alten Stellen zurück.» Das auf Tschechisch geschriebene Buch «Die Todesfabrik» ist 1957 erschienen. Zwei Jahre davor wurde Clauberg aus sowjetischer Kriegsgefangenschaft nach Westdeutschland entlassen. Nie zeigte er Reue, im Gegenteil, in einem Zeitungsinterview rühmte er sich sogar seiner Tätigkeit in Auschwitz. Er fühlte sich so sicher, dass er nicht einmal seinen Namen änderte. Als er über eine Zeitungsannonce eine Sekretärin suchte, wurde er von einigen Überlebenden erkannt und angezeigt. Erst nach seiner Festnahme im Herbst 1955 schloss ihn die

Ärztekammer aus. Silvia Veselá, die nach dem Krieg in die Slowakei zurückkehrte und dort in den ersten Nachkriegsjahren als Krankenschwester auf einer Tbc-Station arbeitete, sagte in Prag vor der Staatsanwaltschaft gegen Clauberg aus. «Ich war nicht bereit, zu seinem Prozess nach Deutschland zu fahren, weil ich Angst hatte, er könnte jemanden beauftragen, der mich umbringen wird.» Noch vor Beginn der Gerichtsverhandlung, im August 1957, starb der 59-jährige Clauberg überraschend in Untersuchungshaft.

Silvia Veselás Blick wird stechend, mit rauer Stimme sagt sie: «Manchmal glaube ich, dass ich die Menschheit verachte.» Nie würde sie in einer Schule als Zeitzeugin auftreten, niemals. «Warum sollten sich Kinder so etwas Schreckliches anhören? Das kommt nicht infrage.» Kinder sind das Einzige, was sie liebt. Sie steht auf und zeigt auf eines der Fotos, auf dem die zwei Söhne ihrer Cousine abgelichtet sind: «Sehen Sie? Sie können nichts dafür.» Vor einigen Jahren rief bei Silvia eine Frau an, die mit ihr damals kurze Zeit im Block 10 war, dann aber wegging und Häftlingsärztin im Frauenrevier wurde. Margita Schwalbová war gerade dabei, ihre Erinnerungen an Auschwitz mithilfe einer slowakischen Historikerin aufzuschreiben. «Und dann sagte sie plötzlich zu mir am Telefon, sie könne nicht verstehen, warum ich in diesem schrecklichen Block geblieben und nicht wie sie weggegangen sei.» Für einen Moment schweigt Silvia Veselá. Man merkt ihr an, wie sehr sie dieser Vorwurf, den sie sich schon oft anhören musste, beschäftigt. «Ich antwortete ihr, dass ich so wenigstens einigen Frauen helfen konnte.» Die ganze Wahrheit kannte nur Silvia Veselá selbst. Ihre Trauer und ihr Geheimnis hat sie in den Tod mitgenommen, auf den sie schon seit ihrem 17. Lebensjahr gewartet hat.

Fast ein Monat ist es schon her, seitdem Eva und Miriam aus Płaszów wieder nach Auschwitz-Birkenau zurückgebracht worden sind. Wie oft muss Miriam in den letzten Tagen an Heinrich Reichsfeld denken. Sie hätte doch bei ihm in Płaszów bleiben sollen. Die nächste Selektion überlebt sie nicht, davon ist sie überzeugt. Aber dann, am 4. September, erfährt sie während des Zählappells, dass sie am nächsten Tag nach Deutschland gebracht wird. Miriam empfindet fast etwas wie Glück. Sie dankt Gott, ihre Zuversicht kehrt zurück: «Wir werden leben», sagt sie zu ihrem ungeborenen Kind. Der Krieg, so denken die meisten, kann nicht mehr lange dauern. Die Frauen, die zur Sklavenarbeit ausgewählt wurden, marschieren zum Bahnhof von Auschwitz. Der Zug wartet schon. 500 ungarische Jüdinnen steigen ein – darunter auch Miriam und Eva, die sich immer noch nicht kennen, Erna, Hilda und die meisten Frauen aus Dunajská Streda und Umgebung, die zusammen schon in Płaszów waren. Wohin genau der Zug fährt, wissen sie nicht, aber es ist ihnen auch egal. Hauptsache, sie sind weg von Auschwitz, weg von den Selektionen. Es ist der 5. September 1944. Eine der Frauen in Evas Waggon, Margit Lustig, ist voller Optimismus. Noch vor zwei Tagen lag die 22-Jährige mit Gelbsucht im Krankenrevier und wusste nicht, ob sie aus Auschwitz jemals wegkommen würde. Miriam fällt auf, dass die Waggons diesmal nicht mehr verriegelt werden. Auch haben die Frauen mehr Platz zum Sitzen. Liegt das Schlimmste wirklich schon hinter uns? Am selben Tag trifft in Birkenau ein Zug mit 1019 Juden aus Holland ein. Unter den 79 Kindern, die wie die Erwachsenen im Lager Westerbork waren, ist die 14-jährige Anne Frank – jenes Mädchen, dessen Tagebücher nach dem Krieg Millionen von Lesern tief bewegen werden. Sie überlebt Auschwitz, stirbt aber im März 1945 im KZ Bergen-Belsen.

Augsburg, September 1944

In Miriams Erinnerung ist der Apfel ganz geblieben. Die gelbrote Schale fühlt sich in ihrer Hand glatt und weich an, für ein, zwei Sekunden ein Aufleuchten vergangenen Glücks. Schon am frühen Morgen hat Franz, der deutsche Zivilarbeiter, den Apfel für sie auf der Toilette versteckt. Gestern hatte sie ihn um einen gebeten. Sein freundlicher Blick hatte ihr Mut gemacht. «Von meinem Arbeitsplatz in der Dreherei sah ich jeden Tag den Baum. Ich hatte schon eine Ewigkeit lang keinen Apfel mehr gegessen.» Vorsichtig öffnet Miriam die Toilettentür, auf der die Aufschrift «Für Juden» angebracht ist, lauscht ängstlich auf Schritte und verschlingt den Apfel. Seit drei Wochen ist sie in den Augsburger Michelwerken, einem Außenlager des Konzentrationslagers Dachau. Das Frauenlager wurde am 7. September 1944 errichtet, dem Tag, an dem der Zug mit den fünfhundert jüdischen Häftlingen nach einer zweitägigen Fahrt aus Auschwitz im Augsburger Bahnhof ankam. Einigen von ihnen ist der Name der 2000 Jahre alten Bischofsstadt, die am Zusammenfluss der Flüsse Lech und Wertach liegt und nach München und Nürnberg die drittgrößte Stadt in Bayern ist, aus dem Schulunterricht bekannt. Im Jahre 955 erlitten hier ungarische Truppen in der Schlacht auf dem Lechfeld gegen das Heer von Otto I., König des fränkisch-deutschen Reichs, eine verheerende Niederlage. Im 16. und 17. Jahrhundert zählte Augsburg, Sitz der einflussreichen Kaufmannsfamilie Fugger, zu den bedeutendsten Wirtschafts- und Handelszentren der Welt. Miriam kennt die Geschichte der reichen Fugger, deren Geschäftsbeziehungen früher bis in die ungarische Slowakei reichten. Eine schöne Stadt ist Augsburg, für Miriam aber nur eine Station auf dem Weg durch die Lager der Deutschen.

Am Bahnhof warten Wehrmachtssoldaten. Verwirrt starren sie auf die Frauen in schmutzigen, grauen Lumpen, auf ihre kahl geschorenen Köpfe und in ihre ängstlichen Gesichter. Fabrikchef Johann Michel hatte weibliche KZ-Häftlinge angefordert. Sollen das etwa diese ausgemergelten Gestalten sein, die sie in die Fabrik bringen sollen? Die überraschten Gesichter der Soldaten wirken so komisch, dass ein paar Mädchen Witze machen. Was haben die denn erwartet, wissen sie nicht, woher wir kommen, sagt eine. Eva lächelt müde. Nach kurzer Diskussion stellen die Soldaten fest, dass es sich um keinen Irrtum handelt. Die Frauenkolonne setzt sich in Bewegung. Fünfhundert Paar Füße in Holzpantoffeln marschieren durch die Straßen. Die ersten Eindrücke sind vielversprechend. Häuser in der Umgebung des Bahnhofs und in der Innenstadt sind von Bomben zerstört worden. Das ist ein sicheres Zeichen, dass alliierte Flugzeuge bereits hier gewesen sind. Niemand brüllt die Frauen an, nirgendwo sehen sie SS-Uniformen oder Schäferhunde. Die Stadt wirkt fast friedlich. Miriam atmet tief ein. Die Luft ist rein und frisch, fast wie zu Hause in Komárno. «Es war unbeschreiblich. Nach einer langen Zeit sahen wir wieder Birnen- und Apfelbäume, rochen ihren herrlichen Duft und hörten den Gesang von Vögeln.» Die Fabrik, zu der sie im Lärm ihrer Holzpantoffeln marschieren, liegt an der Peripherie, im Stadtteil Kriegshaber. Als die Frauen ankommen, können sie es nicht fassen. Vor ihnen erheben sich die Gebäude eines modernen Fabrikkomplexes, der überhaupt nicht an Płaszów oder Birkenau erinnert. Kein Stacheldraht. Keine Wachtürme. Und vor allem gibt es hier keine Krematorien mit Schornsteinen, nicht diesen süßlichen, ekelhaften Geruch. «Das war eine völlig andere Welt.» Miriam ist erleichtert, bleibt aber misstrauisch.

Firmengelände der Augsburger Michelwerke, früher Außenlager des KZ Dachau, um 1950

Neugierig versammeln sich deutsche Zivilisten, die in der Fabrik arbeiten, hinter dem Eingangstor. «Seid ihr Frauen oder Männer?», fragt jemand erstaunt. Einige Arbeiter wirken freundlich, manche Blicke scheinen sogar Mitleid auszudrücken. Die weiblichen Häftlinge werden in große Schlafsäle im zweiten Stock des Nordgebäudes der Michelwerke geführt. Auf den Etagenbetten liegen neue Strohsäcke, bezogen mit einem Leintuch, es gibt auch Kissen. Nach Wochen voller Schmutz können die Frauen sich duschen, sie bekommen Handtücher und Seifenpulver. Kichernd stehen Eva und Ida vor einem Blechkanister, der als Waschbecken dient, und freuen sich über das fließende Wasser. Seit ihrer Ankunft in Birkenau im Juni ist es das erste Mal, dass sie sich waschen können. Eva verliert fast das Gleichgewicht, als sie mit ihrem gewölbten Bauch versucht, ihr rechtes Bein in das hochgehängte Becken zu stellen. Das Wasser fließt über ihren Körper und fühlt sich wie purer Luxus an. Die schmutzigen Lumpen und Holzpantoffeln werden weggeworfen. Jede Frau bekommt einen frischen blauweißen Fabrikkittel, eine Schürze, richtige Schuhe und sogar Unterwäsche.

Doch damit nicht genug. SS-Aufseherinnen zeigen den Frauen die Toiletten, richtige Toiletten mit Spülung, keine Latrinen im Freien, wo man keine Sekunde allein sein kann und ständig aufpassen muss, nicht in die Grube zu fallen. Einige Frauen kreischen vor Freude, umarmen sich, und die Aufseherinnen beobachten sie amüsiert. An den Türen der WC-Kabinen sind Aufschriften angebracht: Nur für Deutsche, für Russen, für Juden. Auch die Toilettenschüsseln sind von den Deutschen rassenideologisch sortiert worden. Danach führen die Aufseherinnen die neuen Arbeitskräfte in einen Saal, zu Tellern mit dampfend heißer Nudelsuppe. Anschließend gibt es Pellkartoffeln in Dillsauce und Bouletten. Wie herrlich das alles schmeckt nach den wässrigen Kohlsuppen und ungenießbaren Brühen in Auschwitz. Wie wohltuend das für einen leeren, vom Hunger geschundenen Magen ist. Die Häftlinge haben ihre Suppe aus kaputten, eingedellten Blechnäpfen schlürfen müssen. Miriam betrachtet den Löffel, die sauberen Porzellanteller, auf denen am Tisch das Essen serviert wird. Sind wir wieder Menschen geworden? Viele Mädchen weinen vor Freude. «Wir sind in Amerika», flüstert die 24-jährige Alžbeta Politzer aus dem südslowakischen Topol'níky ihren Tischnachbarinnen aus Dunajská Streda zu und wischt sich die Tränen aus den Augen. Ihre Freundinnen verstehen den seltsamen Satz. Während der Weltwirtschaftskrise in den 1920er- und 1930er-Jahren wanderten viele arme jüdische Familien auf der Suche nach Arbeit aus der damaligen Tschechoslowakei in die USA aus. Zwar schafften die meisten den Sprung aus der Armut nicht, doch einige brachten es tatsächlich zu einem bescheidenen Wohlstand, manche sogar zu Reichtum. «Amerika» war seitdem ein Synonym für das Paradies.

Nach dem Essen müssen alle Frauen im Fabrikhof antreten. Fünf SS-Aufseherinnen kontrollieren die Reihen. Ein Mädchen soll übersetzen. «Sie sind jetzt in Deutschland, in den Augsburger Michelwerken», verkündet der Betriebsleiter. Niemand müsse sich fürchten, jede werde anständig behandelt, solange sie ihre Arbeit richtig machten. Ein paar Mädchen sollen in der Fabrik putzen, zehn Frauen kommen in die Häftlingsküche. Dann tritt ein Mann im weißen Kittel auf, der zivile Meister Zerkübel. Er wählt die Arbeitskräfte für die Montage aus. Deutsch müssen sie sprechen, lautet seine Bedingung, und intelligent sein, denn die Arbeit dort sei sehr kompliziert und verantwortungsvoll. Mehrere Mädchen treten vor, und Zerkübel, ein nicht besonders sympathischer Mann mit strengen Gesichtszügen, wählt etwa dreißig von ihnen aus. Auch einige junge Frauen aus dem Dunajská-Streda-Transport sind dabei, darunter die 22-jährige Margit Lustig aus Šamorín und ihre um ein Jahr ältere Schwester Truda. Die Frauen der Montage dürfen in einem eigenen Raum schlafen, und die beiden Schwestern haben es wieder geschafft zusammenzubleiben. An der Rampe von Auschwitz-Birkenau musste Margit ihrer Mutter versprechen, dass sie immer auf die sensible, verträumte Truda aufpassen wird. Mit Geschick, Mut und Glück gelang es ihr, in Auschwitz und in Płaszów den letzten Wunsch ihrer Mutter zu erfüllen. «Die Arbeit in der Montage ist eine schöne Arbeit», verspricht Zerkübel. Die meiste Zeit sitzt er in seinem verglasten Büro und kontrolliert durch das Fenster zur Werkhalle die arbeitenden Frauen. «Ja, und hauptsächlich sauber», fügt Margit am Abend lachend hinzu und streckt ihre schwarzen Hände hoch. Im Sieben-Minuten-Takt montieren die Frauen aus kleinen vorgefertigten Teilen, Drähten und Schrauben am Fließband ein Präzisionsgerät, mit dem die Entfernung zum Ziel und die Zeit bis zur Explosion einer abgeworfenen Bombe gemessen werden. Die Teile dafür werden zuerst in der Dreherei gestanzt, in der Miriam arbeitet. Sie ist eine von etwa zweihundert Frauen, die direkt im Fabrikgebäude der Michelwerke eingesetzt sind und Stecker und Relais für Flugzeuge fertigen. Seit 1927 hat die Messerschmitt AG ihren Hauptsitz in Augsburg. Während des Krieges werden in ihrem Werk unter anderem die Jagdflugzeuge vom Typ Me 109 produziert. Die Arbeit an der großen Maschine ist für die im fünften Monat schwangere Miriam anstrengend, bei jeder Bewegung ist ihr Bauch im Weg. «Aber alles war in Augsburg viel besser als in Auschwitz.» Eva, die Ende September im sechsten Monat ist, kommt in die Lackiererei. Die beiden wissen immer noch nichts voneinander. Glücklicherweise scheint sich von der Bewachung niemand für ihre Schwangerschaft zu interessieren. Die zweite Gruppe, in der zweihundert weitere Frauen sind, muss täglich zur etwa einen Kilometer entfernten Fabrik «Keller und Knappich» – genannt K. U. K. A – marschieren. Ältere Wehrmachtssoldaten begleiten die Frauen auf dem Weg zur Arbeit und zurück. Während des Krieges produziert die 1898 gegründete Maschinenfabrik Rüstungsgüter aus Stahl wie Granatwerfer. Gearbeitet wird in zwei Schichten: eine Woche tagsüber, die folgende nachts. Eine Schicht dauert zwölf Stunden, von sechs Uhr morgens bis sechs Uhr abends. Nach dem Frühstück – es gibt richtigen Kaffee, ein Stück Brot mit Margarine, manchmal auch einen Klacks Marmelade – gehen die Frauen zur Fabrikhalle. Die Arbeit ist schwer, aber sie sind froh, unter einem Dach und in geheizten Räumen zu sein. Den Frauen ist es erlaubt, tagsüber den Waschraum im Erdgeschoss zu benutzen. Die paar Minuten, in denen sie sich das Gesicht erfrischen, macht die Schufterei etwas erträglicher. Neben den ungarischen Jüdinnen und einigen deutschen Zivilarbeitern sind in den Michelwerken und in der K. U. K. A vor allem Kriegsgefangene aus Frankreich und Italien eingesetzt, auch einige russischsprachige Zwangsarbeiter. Es ist bei Strafe verboten, miteinander zu reden. Doch gleich in der ersten Woche beginnt hinter dem Rücken der Wächter das Flüstern. «Wo kommt ihr her, warum habt ihr keine Haare?», fragen die Franzosen. Einige haben in der Kriegsgefangenschaft ein wenig Deutsch gelernt, und auch unter den Mädchen finden sich ein paar, die Französisch können. Der deutsche Arbeiter Franz, der direkt gegenüber Miriam an der Werkbank arbeitet, scheint irgendwie anders zu sein als die anderen Deutschen, die Miriam bisher kennengelernt hat. Manchmal lächelt er sie sogar an. Sie täuscht sich nicht. Franz versteckt für sie mal ein Stück Brot oder Käse, mal einen Apfel auf der Toilette. Die Tage vergehen, und die Mädchen schöpfen wieder Mut. Sie dürfen ihre Haare wachsen lassen, und dadurch kehrt auch ihr weibliches Selbstbewusstsein zurück. Einige beginnen sogar, mit den jungen Franzosen zu flirten. Die deutschen Angestellten behandeln die weiblichen Häftlinge anständig, zumindest quälen und demütigen sie sie nicht. Oft bringen sie ihnen sogar deutsche Zeitungen mit, die dann auf der Toilette gelesen werden. Das darf natürlich niemand erfahren, denn auch Zeitungen sind streng verboten. Vor dem älteren Soldaten, der die Mädchen in der Montage bewacht, fürchten sie sich überhaupt nicht mehr. Wenn eine am Fließband einen Fehler macht, tut er so, als hätte er nichts gesehen. «Ihr müsst nicht so schnell arbeiten», flüstert er ihnen zu. Er erzählt auch, dass Deutschland schon den Krieg verloren habe und bald alles vorbei sei. Meister Zerkübel dagegen ist vom deutschen Sieg noch immer fest überzeugt.

Seit Anfang des Jahres fliegen die Alliierten Angriffe auf deutsche Fabriken und fügen ihnen schwere Schäden zu. Die Produktion sinkt um fast zwei Drittel. Der Zustrom ausländischer Zwangsarbeiter und Kriegsgefangener gerät Anfang 1944 ins Stocken. Die Rüstungsindustrie braucht Arbeitskräfte, und die einzige Möglichkeit, sie zu rekrutieren, besteht in der Deportation von Juden aus den geräumten Gettos in Osteuropa und aus Auschwitz. Das größte Vernichtungslager der Nationalsozialisten wird zur Drehscheibe eines europaweiten Sklavenmarkts. Jüdische Zwangsarbeiter, die als arbeitsfähig gelten, werden deshalb nicht sofort ermordet und kommen in die Rüstungsfabriken. So verliert Rüstungsminister Albert Speer, statistisch gesehen, keine Arbeitskraft. Im Frühjahr und Sommer 1944 sind es vor allem Juden aus Ungarn, Hunderttausende, die mit den Transporten ins Deutsche Reich verschleppt werden. Das Naziregime, das sich mit dem «judenfreien» Reich gebrüstet hatte, holt jetzt Arbeitskräfte aus dem Vernichtungslager. Der Reichsführer SS Himmler fordert ausdrücklich auch jüdische Frauen an. Dabei war der Einsatz weiblicher Häftlinge lange Zeit umstritten, erst im Frühjahr 1944 gaben die Industriellen ihre Vorbehalte gegenüber Frauenarbeit auf. Für die jüdischen Häftlinge bedeutet diese Entwicklung aber nur einen Aufschub ihrer geplanten Ermordung.

Am Sonntag haben die Frauen in den Michelwerken, nachdem sie aufgeräumt und geputzt haben, frei und dürfen sich duschen. Die Frauen drängeln sich vor dem kleinen Spiegel, jede will sehen, um wie viele Millimeter ihre Haare seit dem letzten Sonntag gewachsen sind. Dann stellen sie sich in eine lange Schlange zur Ausgabe von Binden an. Ein Mädchen führt im Auftrag der Aufseherinnen eine Liste. Wer sich mehr Binden erschleichen will, wird bestraft. Wegen der Unterernährung und starken psychischen Belastung verloren die meisten weiblichen KZ-Häftlinge ihre Menstruation, jetzt bekamen sie sie wieder. Die jungen Frauen freuen sich darüber, hatte sie doch die Sorge gequält, für immer unfruchtbar zu sein. Miriam und Eva empfinden die Sonntage in Augsburg verglichen mit ihren bisherigen Erfahrungen als wunderbar, die erste Zeit zumindest. Freundinnen oder Verwandte sitzen gemeinsam auf einem Bett, unterhalten sich über die Aufseherinnen, die Arbeit oder ihr Zuhause. Auch über die Extraportion Brot wird gesprochen, die einige von ihnen von den Franzosen heimlich erhielten. Die Mädchen, die leer ausgegangen waren, machen gelegentlich sarkastische Bemerkungen über die Glücklicheren. Manchmal kommt es darüber sogar zu einem richtigen Streit.

Die Gruppen, die sich gebildet haben, halten aber zusammen und teilen untereinander das wenige, das sie haben. Die gläubigen Frauen beten oft gemeinsam. Zwei aus Dunajská Streda haben sogar einen Siddur dabei, das jüdische Gebetbuch, das sie für ein Stück Brot den anderen ausleihen. Niemand weiß, woher sie dieses Gebetbuch, eine wahre Kostbarkeit, haben. Für Miriam, die auch ohne Siddur ständig betet, hat jetzt Brot einen größeren Wert. Sie muss an ihr ungeborenes Kind denken, das ist das Wichtigste. In den späten Nachmittagsstunden beginnt schon die Vorfreude auf das Abendessen. Die ersten zwei Sonntage bekommen sie einen Teller herrlich duftender Suppe mit Kartoffeln und Fleisch, die sie an ungarisches Gulasch erinnert. Einige streng religiöse Mädchen weigern sich, das Suppenfleisch zu essen. Es ist nicht koscher, sagen sie und schieben den Teller beiseite. Die Einhaltung der rituellen Speisegesetze ist im Konzentrationslager zwar nicht möglich, doch es ist ihnen wichtig, dass sie sich wenigstens dieses Fleisch versagen. Aber mit der Reaktion der Aufseherin Traudl Kötz, die das Küchenkommando leitet, hätten sie nie gerechnet. Sie befiehlt, den Mädchen gekochte Karotten und Kartoffeln zu geben, damit sie nicht hungrig ins Bett gehen müssen. In den ersten Wochen dürfen die Frauen nach dem Zählappell am Abend noch bis 22 Uhr wach bleiben. Freundinnen und Verwandte, die in getrennten Schlafsälen untergebraucht sind, nutzen die Zeit für Besuche. Eine der Frauen, sie ist Lehrerin, rezitiert Shakespeare, eine andere bringt ihren Bettnachbarinnen einige deutsche Worte bei, damit sie sich mit den Zivilarbeitern in der Fabrik verständigen können, eine unter Umständen notwendige Voraussetzung zum Überleben. Eine andere Gruppe lauscht andächtig der Tochter des Rabbiners von Komárno, Renée, die eine wunderschöne Stimme hat. Sie singt fast jeden Abend vor dem Einschlafen Kol Nidre, das uralte jüdische Gebet, das am Vorabend des Fasten- und Gebetstages Jom Kippur in der Synagoge vom Kantor gesungen wird und den Versöhnungstag einleitet. Den genauen Wortlaut kennen die meisten nicht – der Originaltext ist in aramäischer Sprache verfasst –, aber alle kennen die Melodie. Der innige Gesang Renées steigt, begleitet vom leisen Summen der Mädchen, in dem großen Schlafsaal auf. Ihre geschundenen Seelen fühlen sich in diesem Augenblick frei.

An einem Freitagabend, gleich nach Sonnenuntergang, geschieht etwas Außergewöhnliches: Viele Jahre später wird die damals 14-jährige Elli Friedman davon in ihrem Buch «1000 Jahre habe ich gelebt» erzählen. Ihre Mutter, eine orthodoxe Frau aus Šamorín, zündet zum Sabbat eine Kerze an, die sie aus einer mit Öl gefüllten Kartoffel gebastelt hat. Das Öl wurde aus der Dreherei in den Schlafsaal geschmuggelt. Die Frauen bilden einen Kreis und lauschen dem Sabbatsegen, den die Mutter leise flüsternd spricht. In diesem Moment entdeckt ein Wächter das Licht. Wütend brüllt er die Frau an, verlangt, dass die Kerze sofort gelöscht wird. Als er hinausgeht, dreht er sich noch einmal um und sagt nun ganz ruhig zu Ellis Mutter: «Das darfst du nicht mehr machen.» Er bestraft sie nicht und erwähnt auch das gestohlene Öl nicht. Tradition und Glaube sind für die religiösen Frauen eine Art innerer Widerstand, helfen ihnen, für einen kurzen Moment zumindest, Normalität hervorzurufen. Das rituelle Entzünden der Sabbatkerzen ist ein Teil der Identität jedes religiösen Juden. Sie leben. Das Leben ist zwar nicht gut, sie sind weit weg von ihrer Heimat, quälen sich mit dem Gedanken, dass ihre Liebsten womöglich schon tot sind, und fürchten sich vor ihrem eigenen Ende. Sie müssen hart arbeiten, und von den Essensportionen werden sie nie richtig satt. Man hält sie in einer Fabrik gefangen, mit deren Erzeugnissen der deutsche Sieg herbeigeführt werden soll. Aber sie sind weit weg von den Gaskammern, und vielleicht werden sie ja doch bald befreit sein. «Habt keine Angst», sagen die Franzosen oft, «schon bald verlieren die Deutschen den Krieg.»

Die verstärkten alliierten Bombenangriffe deuten auf ein nahendes Kriegsende hin. Augsburg, mit den Produktionsstätten der Messerschmitt AG und MAN, stellt ein wichtiges militärisches Ziel dar. Bereits 1942 starteten die Alliierten einen Großangriff auf die U-Boot-Motoren-Produktion von MAN. In der Nacht vom 25. auf den 26. Februar 1944 galt der Angriff den Messerschmitt-Werken und dem Hauptbahnhof. Große Teile der Innenstadt wurden dabei zerstört und mehr als 730 Zivilisten getötet. Neonazis nutzen diesen Fliegerangriff neben denen auf Dresden und Hamburg heute als Anlass, die Deutschen als Opfer darzustellen und ihre Täterschaft vergessen zu machen. Rechtsradikale sprechen gar von einem «alliierten Bombenholocaust» und veranstalten in der Augsburger Innenstadt alljährlich eine Gedenkkundgebung. Gedacht wird dabei nicht der etwa 250 KZ-Häftlinge und Zwangsarbeiter der Messerschmitt AG, die im Bombenhagel starben, sondern der deutschen Opfer. 2010 erreichten die Neonazis einen Etappensieg auf ihrem Weg zur Relativierung des Judenmordes und zur Geschichtsfälschung: Das Augsburger Verwaltungsgericht hob das von der Stadt verhängte Verbot ihrer Protestkundgebung auf und entschied, dass der Begriff «Bombenholocaust» die Naziherrschaft weder billige noch verharmlose. Während der häufigen Bombardements durften sich die weiblichen Häftlinge in den Michelwerken nur in dem ungeschützten Duschraum im Souterrain verstecken, unter Wasserrohren, aus denen sich im Fall eines Treffers kochendes Wasser auf ihre Köpfe ergossen hätte. Doch kaum eine fürchtet die Bomben. Sie lachen über die Aufseherinnen und Wachen, die beim Klang der Sirene sofort in Panik ausbrechen und in ihre Bunker laufen. Für die KZ-Häftlinge sind die Flugzeuge trotz ihrer vielleicht auch für sie tödlichen Fracht Vorboten der Freiheit.

Die zweite Oktoberhälfte bringt Regenwetter. Die Tage werden kürzer. Miriam kann jetzt ihren Bauch unter dem dünnen Häftlingskleid nicht mehr verstecken. Die 22-Jährige ist im sechsten Monat schwanger. Ungeachtet der allgemein zuversichtlicheren Stimmung quält sie die Sorge um ihr Kind und sich. Wie soll es weitergehen? Wie lange wird es dauern, bis die SS sie zurück nach Auschwitz bringt? Ständig muss sie daran denken und erzählt den anderen, dass man sie töten werde. Erna und Hilda versuchen, sie zu beruhigen. «Sie freuten sich über meine Schwangerschaft und sahen darin ein Zeichen, dass wir bald befreit werden. Sie sagten, dass mein Kind schon in Freiheit auf die Welt kommen würde.» Aber Miriam grübelt unablässig. Am Abend fällt sie erschöpft auf den Strohsack des unteren Betts der dreistöckigen Etagenbetten. Sie betet: «Hilf mir, Gott hilf mir, lass mich Béla wiedersehen. Beschütze mich, meinen Mann und unser Kind.» Sie weiß immer noch nicht, dass nur zwei- oder dreihundert Meter entfernt eine andere Frau die gleichen Gedanken quälen und sie genauso um das Leben ihres ungeborenen Kindes bangt.

Anfang November fällt der erste Schnee. In wehmütige Gedanken versunken, steht Eva vor dem Fenster und schaut auf den Schnee, der den Fabrikhof mit einer weißen Decke überzieht. Sie denkt an ihren Vater, der in Auschwitz vergast wurde, an ihre kleinen Geschwister, über deren Schicksal sie nichts weiß, an ihre Schwester Frida und deren Kinder in Budapest, und sie denkt an Géza. Wo ist er jetzt? Ist er wie sie wenigstens in einem warmen Raum, oder muss er draußen frieren? Hat er genug zum Essen? Wann werden wir uns wiedersehen? Sie betet für ihn und ihr gemeinsames Kind, das seit einiger Zeit schon munter mit den Füßen gegen ihre Bauchdecke stößt. Die Lebenszeichen ihres Ungeborenen erwecken in Eva gemischte Gefühle. «Ich war glücklich, denn ich wusste, dass es meinem Baby gut ging.» Aber was ist, wenn die SS-Männer sie finden? Welches Schicksal erwartet sie und ihr Kind nach der Entbindung? Seit zwei Wochen liegt sie schon in einem Raum, der in der Fabrik als Krankenzimmer dient. In sieben bis acht Wochen, sagte ihr die deutsche Betriebsärztin bei der Untersuchung, ist es so weit. «Ich weiß nicht mehr, wer es befohlen hatte oder wie es dazu kam, dass ich in das Krankenrevier kam. Ich erinnere mich nur, dass ich nicht mehr arbeiten musste.» Je näher der Tag der Geburt rückt, desto mehr wächst die Angst. Ida, die manchmal heimlich zu Besuch kommt, bringt eine schlechte Nachricht.

Im Oktober ist ein neuer SS-Offizier aus dem Stammlager Dachau in die Fabrik gekommen. «Warum war hier alles erlaubt?», brüllt er, nachdem er sich mit den Verhältnissen in diesem Außenlager vertraut gemacht hat. Das Leben der Gefangenen verändert sich sofort spürbar. Vorbei sind die relativ unbeschwerten Tage der ersten Wochen, in denen die Frauen jedenfalls nicht misshandelt wurden. Angst geht wieder um. Der SS-Oberscharführer droht jeden Tag: «Wenn ihr nicht gut arbeitet, müsst ihr zurück nach Auschwitz.» Auch die Soldaten und die meisten SS-Aufseherinnen verändern sich, behandeln die Jüdinnen mit Verachtung und herrschen sie bei jeder Gelegenheit an. «Los, los!», treiben die Aufseherinnen die Frauen zu immer schnellerer Arbeit an. Eine von ihnen geht nie an den Betten vorbei, ohne sich ein Opfer auszusuchen, dem sie dann mit voller Kraft in den Rücken tritt. Gespräche und gegenseitige Besuche nach dem Abendessen sind jetzt verboten, um 21 Uhr muss jede Frau in ihrem Bett liegen. Das aber ist noch nicht das Schlimmste. Das Essen, das die Gefangenen jetzt bekommen, hat nichts zu tun mit dem der ersten Tage. Jeden Mittag gibt es einen geschmacklosen Brei. Fröstelnd steht Miriam in der Schlange vor dem kleinen Häuschen, in dem die Häftlingsküche eingerichtet wurde. Die Bäume vor dem Fabrikgebäude sind längst kahl, und das Laub liegt unter einer dünnen Schneedecke. Ein eisiger Wind, Vorbote eines harten Winters, weht durch den Fabrikhof. Miriam ist ungeduldig, in der fortgeschrittenen Schwangerschaft kann sie den Hunger kaum mehr ertragen. Wenn sie sich nur einmal satt essen könnte. «Ich habe die anderen gebeten, bitte, bitte, gebt mir ein bisschen Brot, ein bisschen. Ich bekomme ein Kind.» Aber die meisten sind selbst ausgehungert. Nur wenige lassen sich erweichen und geben Miriam von ihrer kargen Ration etwas ab.

Alžbeta Politzer ist eine der zehn Frauen, die in der Häftlingsküche arbeiten. Jeden Tag holt die großgewachsene und immer ernste Alžbeta Brennnesseln und Rüben aus dem Keller, schneidet sie in kleine Stücke und wirft sie zusammen mit Graupen in einen Topf mit kochendem Wasser. Auch die Reste der Mittagsmahlzeit der SS-Wachmannschaft fügt sie hinzu, damit der Eintopf etwas dicker wird. Dann verteilen die Frauen den Brei in weiße Schalen, die Alžbeta durch ein schmales Fenster jeder Wartenden reicht. Zum Frühstück gibt es eine Tasse Tee und eine halbe Scheibe Brot, auf die das Küchenkommando ein Stück Margarine streicht. Essen dürfen die Jüdinnen jetzt nicht mehr im Speisesaal – dort haben nur noch Zivilarbeiter Zutritt –, sie müssen ihre Mahlzeit auf den Betten einnehmen. Diejenigen, die in den K.U.K.A-Werken in Nachtschicht arbeiten, bekommen ihr Mittagessen erst nach Mitternacht, denn tagsüber sollen sie schlafen. Zwei Häftlingsfrauen aus der Küche bringen es ihnen zum Arbeitsplatz. Die Portionen werden immer kleiner und reichen nicht aus, um den Hunger zu stillen. Die Mädchen verlassen jeden Morgen noch in der Dunkelheit die Fabrik und ziehen frierend an kleinen Häusern mit rauchenden Kaminen vorbei. Manchen gelingt es, unterwegs Kartoffelschalen aufzuklauben, die von den Augsburgern für die Vögel verstreut wurden.

Jeden Tag um zwölf kommt auch Eva vom Krankenzimmer herunter und reiht sich in die lange Schlange vor der Häftlingsküche ein. Erst viele Jahre nach dem Krieg soll sie erfahren, welches Glück sie damals hatte. Auf Befehl der Aufseherin Traudl Kötz, die ihr Verhalten nicht verändert hat, gibt Alžbeta der hochschwangeren Eva täglich eine Extraportion Kartoffelbrei, in den sie ein Stück Margarine untermischt, damit der

Brei nahrhafter wird. Die SS-Aufseherin aus Leipzig bringt einmal sogar einen selbst gebackenen Strudel in die Küche mit und verteilt ihn unter den Frauen des Küchenkommandos. «Esst schnell, damit die anderen Aufseherinnen es nicht sehen.» Die geschiedene, kinderlose Mittdreißigerin verachtet die anderen Frauen, die im Frauenkonzentrationslager Ravensbrück ausgebildet wurden. Vor allem kann sie die Oberaufseherin Rosa Leinböck, die die Gefangenen fast täglich ohrfeigt oder mit Füßen tritt, nicht ausstehen. Um ihr Angst einzujagen, befiehlt sie der erschrockenen Alžbeta einmal, Rosa eine tote Ratte vor die Schlafkammertür zu legen. Eva, die jeden Tag still und geduldig auf ihr Essen wartet, tut Kötz leid: «Eure Freundin braucht viel Kraft, denn sie wird bald ein Baby bekommen.» Alžbeta kennt die 20-Jährige aus der Karpatho-Ukraine nur flüchtig und ahnte nicht, dass sie schwanger ist. Wie konnte sie bloß ihre Schwangerschaft so lange verstecken, diskutieren die Frauen in der Küche aufgeregt und schütteln ungläubig den Kopf. Eines Tages kommt Eva nicht mehr. Am Abend stürzt Traudl Kötz zur Küche herein und berichtet, dass Eva weggebracht worden ist. «Aber sie kommt nicht nach Auschwitz, das habe ich gehört», sagt sie den weinenden Frauen. Keine glaubt ihren Worten. Alžbeta ist überzeugt, dass Eva nie mehr zurückkommen wird.

Am Morgen des 30. November, über Nacht ist viel Schnee gefallen, betritt ein SS-Mann die Dreherei. Schweigend geht er umher und sieht sich jede Häftlingsfrau genau an. Dann entdeckt er Miriams Bauch und brüllt sie an: «Du jüdisches Schwein! Was machst du hier? Du kommst zurück nach Auschwitz!» Miriam kann keinen klaren Gedanken mehr fassen. Sie folgt dem Mann widerstandslos. «Mir war schon alles egal.» Sie weiß, dass Auschwitz für sie den Tod in der Gaskammer bedeutet. Die anderen Mädchen sieht sie wie durch einen Schleier. Manche unterbrechen die Arbeit und weinen. «Miriam, was wird mit dir geschehen?» Sie hat aber nur einen Gedanken. «Ich dachte, das ist das Ende.» Zwei Soldaten bringen sie zum Bahnhof. Auf dem Bahnsteig weht ein schneidender Wind. Die 22-Jährige zittert vor Kälte, sie hat keine Strümpfe und trägt nur ein dünnes Kleid. Die Männer lösen für sie einen Fahrschein und stehen mit hochgeschlagenen Mantelkragen neben ihr. Sie sagen kein Wort. Nach endlos scheinenden Minuten fährt ein Personenzug ein. Im warmen Zugabteil löst sich Miriams Erstarrung langsam auf. Jetzt empfindet sie, während sie auf die vorbeiziehenden Dörfer, Wälder und verschneiten Hügeln schaut, fast ein Gefühl von Erlösung, dass nun alles aufhört, die Angst, der Hunger, die ganze Qual vorbei sein werden. Aber Béla? Und das Kind? «Bitte, Gott, hilf mir, hilf mir!»

Im Abteil sitzt eine ältere Frau, die Miriam beobachtet. Als die beiden Soldaten hinausgehen, um zu rauchen, spricht sie Miriam an: «Was haben Sie gemacht?» Miriam antwortet, sie werde nach Auschwitz gebracht, weil sie Jüdin sei. «Wissen Sie nicht, was man dort mit den Juden macht?» Die Deutsche schweigt konsterniert. Dann holt sie aus ihrer Handtasche ein Butterbrot und reicht es Miriam. Auch die anderen Fahrgäste im Abteil starren sie an. «Wie konnte es sein, dass diese Leute nichts von der Judenverfolgung wussten? Ich konnte es kaum glauben.» Miriam ist nicht klar, ob sie das Butterbrot als eine Geste des Mitgefühls verstehen soll oder die Frau mit ihrem Geschenk nur eine unangenehme Konfrontation beenden will. Aber sie macht sich keine weiteren Gedanken mehr darüber, denn der Zug fährt in einen Bahnhof ein. Die Soldaten kommen herein. «Steig aus, wir sind da.» Aber das ist doch nicht Auschwitz, fragt Miriam verblüfft. Einer der beiden Männer sagt: «Du gehst nicht nach Auschwitz, dort sind die Russen und bombardieren.» Aber wo sind wir dann? Auf dem Bahnhofsschild liest sie den Namen der Stadt, den sie noch nie gehört hat: Landsberg am Lech. Sie weiß nicht, welche Bedeutung diese bayerische Kleinstadt für die Nationalsozialisten hat. Nach dem gescheiterten Putsch gegen die bayerische Landesregierung saß Hitler 1924 hier in Festungshaft und schrieb am ersten Teil seines Buches «Mein Kampf». Was Miriam auch nicht wissen kann: Auschwitz ist nicht von den Russen bombardiert worden, wie ihr die Soldaten sagten. Das Vorrücken der Roten Armee hat die SS-Führung aber gezwungen, die Spuren ihrer Verbrechen zu verwischen und Beweise zu vernichten. Entsprechend einem Befehl Himmlers wurden in Birkenau im November und Dezember 1944 die letzten Krematorien zur Sprengung vorbereitet und die Gaskammern demontiert. «Wir bringen dich nach Kaufering», erklärt der Soldat. «Das ist ein Straflager für Juden.»

Kaufering I, Dezember 1944

Sofort nach der Ankunft verlassen die zwei Soldaten mit Miriam den kleinen Bahnhof und machen sich zum Lager Kaufering I auf, das nordwestlich von Landsberg liegt. Ein wolkenverhangener Himmel wölbt sich über den Weg, der aus der Kleinstadt in verschneite Äcker und Wälder hinausführt. Die drei Menschen gehen schweigsam durch die stille bayerische Winterlandschaft. Miriam hat kein Auge dafür. Sie friert in ihrem dünnen Kleid. Die beißende Kälte kriecht ihren Körper hoch. Aber sie sagt kein Wort zu den Wächtern und stapft schwer atmend mit ihrem großen Bauch durch den Schnee. Sie weiß nicht, was sie in dem neuen Lager erwarten wird, der Gaskammer in Auschwitz ist sie entkommen. Aber ist es wahr? Werde ich nicht getötet? Die Zweige hoher Tannen biegen sich unter der Schneelast. Sie weiß nicht, wie lange sie schon gehen, vielleicht eine halbe Stunde oder noch länger. Es kommt ihr jedenfalls wie eine Ewigkeit vor. Sie hat kein Gefühl mehr in ihren Füßen. Ihre Augen tränen, Wangen und Lippen sind taub geworden, die Ohren schmerzen, und dann, endlich, erreichen sie ein Tor. Miriam erschrickt. Es ist wie in Auschwitz. Baracken, Stacheldrahtzäune, Scheinwerfer und Wachtürme. Sie sieht Häftlinge in schmutzigen gestreiften Uniformen oder in Fetzen von Zivilkleidung, SS-Wachen und Schäferhunde. Die Soldaten halten sich nicht lange auf, übergeben Miriam, die sofort angebrüllt wird: «Deine Nummer?» Der Mann unterschreibt ein Stück Papier und reicht es den anderen, die weggehen, ohne einen Blick auf sie zu werfen. «Ich bin wie ein Paket geliefert worden.»

Eine Frau, Miriam achtet in ihrer Erschöpfung nicht darauf, wer sie ist, bringt sie zu einer niedrigen, in den Boden versenkten Hütte. Was machen sie mit mir? Als sie durch die Tür geschubst wird, hat sie nur einen Gedanken: Das ist das Ende. «Ich war wie gelähmt vor Angst.» Mehrere Stufen führen in den finsteren Keller hinab, vorsichtig tastet Miriam sich mit einem Fuß nach unten. Dann steht sie auf festem Grund und schaut umher. Es riecht modrig und feucht. Sie sieht Schatten, die Umrisse menschlicher Gestalten. Als sich ihre Augen an das trübe Licht einer Glühbirne, die von der Decke baumelt, gewöhnt haben, erkennt sie, dass es Frauen sind. Sie kommen auf Miriam zu und starren sie an. Im ersten Moment kann sie es nicht glauben, bringt vor Überraschung kein Wort heraus. Dann schüttelt ein Weinkrampf ihren Körper. «Oh mein Gott, was ich dort gesehen habe! Ich bin fast hysterisch geworden. Es haben sechs Frauen um mich herum gestanden, und alle haben große Bäuche gehabt. Wir waren alle schwanger!» Was macht ihr hier, fragt Miriam und kann sich nicht beruhigen. Und dann schreien alle, sprechen durcheinander. «Wer bist du? Woher kommst du? Was ist mit dir passiert?» «Ja, ja, wir sind auch aus Ungarn.» Miriam ist sehr erleichtert, als sie wieder den vertrauten Klang ihrer Muttersprache hört. «Wir haben uns umarmt und geküsst, wir hatten niemanden außer uns gehabt und fühlten uns plötzlich wie Schwestern.» Alle sieben Frauen weinen. Inzwischen ist es Nacht geworden, aber sie sind so aufgewühlt, dass jede noch ihre Geschichte erzählen muss. Die SS hat sie erst vor zwei, drei Tagen hierhergebracht, jede einzeln. Miriam war die Letzte, einen Tag vor ihr kam Eva. «Ich war so froh, als ich die anderen sah. Wir waren zwar Fremde, aber ich war jetzt nicht mehr allein.» Auch sie berichtet von ihrem Weg bis nach Kaufering und erfährt zu ihrer großen Überraschung, dass Miriam wie sie unter den fünfhundert Frauen in Augsburg war. Warum hat man sie aber hierhergebracht? Gibt es vielleicht doch eine Chance, dass sie und ihre

Kinder überleben werden? Sie sprechen sich Mut zu. Miriam berichtet, was sie von den zwei Soldaten am Bahnhof hörte. Auschwitz sei bombardiert worden, man wird sie nicht mehr dort hinschicken können. Magda aus Nyíregyháza nickt mit dem Kopf. Eine SS-Aufseherin im Lager, in dem sie vorher war, hatte ihr auch gesagt, dass die Schwangeren nicht mehr ins Gas kämen. Aber stimmt das? Magda selbst zweifelt daran. Nach all dem, was die Frauen erlebten, kann keine mehr ihren Peinigern glauben. Miriam blickt in die Gesichter ihrer neuen Freundinnen. Sie weiß nicht, was morgen sein wird. Aber hier, unter diesen Frauen, ist sie keine Nummer mehr, sie ist wieder Miriam Rosenthal aus Komárno.

Elisabeta Legmann, die alle Bözsi nennen, ist mit 28 Jahren die Älteste der Frauen. Die etwa 1,60 Meter große, schlanke Frau mit kastanienbraunem Haar und dunklen Augen ist bereits im neunten Monat schwanger und steht kurz vor der Entbindung. Ohne lange nachzudenken, handelt die kluge und ruhige Bözsi von Anfang an wie eine Mutter für Miriam, Eva und die anderen Schwangeren. Das ist sie von zu Hause aus gewöhnt, als ältestes von drei Kindern der Familie eines Notars im siebenbürgischen Cluj hat sie für ihre Geschwister gesorgt. Judit, ihre jüngere Schwester, starb noch vor dem Krieg. 1941 heiratete die Buchhalterin Bözsi den Schokoladenfabrikanten Josif Legmann. Im Frühjahr 1944 wurde sie schwanger. Ihre Freude war nur von kurzer Dauer. Im März 1944 marschierte die deutsche Wehrmacht in Ungarn ein, zu dem seit 1940 auch Bözsis Heimat Siebenbürgen gehörte. Für eine Abtreibung, über die sie schweren Herzens nachdachte, war es schließlich zu spät. Ende Mai mussten sie, ihr jüngerer Bruder Alexander und ihre Mutter ins Getto umziehen und Josif zum militärischen Arbeitsdienst antreten. Anfang Juni wurden die Juden aus Cluj nach Auschwitz-Birkenau deportiert. «Wenn sie dich nach dem Alter fragen, sage nicht die Wahrheit. Und merke dir: Weder bist du alt, noch bin ich schwanger», flüsterte Bözsi ihrer Mutter an der Rampe ins Ohr. Um nicht aufzufallen, presste die junge Frau, die zu dieser Zeit im vierten Monat schwanger war, ihren Bauch mit Stoffbändern zusammen. Ihrem kleinen Bruder Alexander konnte sie nicht helfen, er wurde auf die andere Seite geschickt. Fast zwei Monate blieb Bözsi in Auschwitz-Birkenau, bis sie am 1. August 1944 zusammen mit 1300 für die Zwangsarbeit ausgewählten jüdischen Häftlingen am Bahnhof von Kaufering ankam. Sie durchlief zwei der insgesamt elf Dachauer Außenlager bei Kaufering und Landsberg, ohne dass jemand von den SS-Wachmannschaften ihre Schwangerschaft bemerkte. Wochenlang schaffte sie es, ihren Bauch zu verstecken, indem sie ihre enger werdenden Röcke mit denen anderer Frauen tauschte oder sich schnell zu Boden bückte, wenn ein Aufseher oder Kapo in ihre Nähe kam. Um keinen Verdacht aufkommen zu lassen, meldete sie sich freiwillig für die schwersten Arbeitskommandos, bis Ende Oktober dann doch einem Kapo ihr Zustand auffiel. Der Mann hatte aber Mitleid mit ihr und versetzte sie in die Wäscherei. Von diesem Tag an musste sie zwar nicht mehr draußen in der Kälte arbeiten, doch sie ahnte, dass ihr Geheimnis über kurz oder lang aufgedeckt würde. Und sie sollte recht behalten. Ende November entdeckten SS-Wachen im Lager III ihre Schwangerschaft und brachten sie nach Kaufering I. Die Jagd auf schwangere Jüdinnen sollte sich an diesem Tag für die SS als besonders erfolgreich erweisen. Im Lager waren noch drei weitere Frauen: Dora Löwy, Magda Schwartz und Sara Grün.

Dora aus dem ungarischen Nyírtass ist eine energische junge Frau mit rundem Gesicht, schwarzen Haaren und blauen Augen. Sie ist nur einige Monate jünger als Bözsi und damit die Zweitälteste der Frauen. Wie Miriam und Eva wuchs die gelernte Schneiderin in einer kinderreichen orthodoxen Familie auf, sie hatte sechs Schwestern und vier Brüder. Im April 1944 wurde ihre Familie ins Getto von Nyíregyháza getrieben. Dort heiratete Dora in einer symbolischen Zeremonie – für eine rituelle Hochzeit war es schon zu spät – Miska Pollak. Gleich danach wurde Mishka zum Arbeitsdienst an die Ostfront geschickt, Dora kam am 13. Mai 1944 nach Birkenau. Nur um ein Haar entging sie dort dem Tod. Den SS-Ärzten fiel bei der Selektion auf, dass der Bauch der 28-Jährigen leicht gewölbt war. Sie vermuteten, Dora sei schwanger, und schickten sie zu den Alten, Kranken und Müttern mit Kleinkindern. Aber ihre Schwestern begannen zu schreien, sie wollten, dass Dora bei ihnen blieb. Sie wurde gerettet. Ihrer jüngsten Schwester Hana und den Eltern konnten sie nicht mehr helfen, sie starben in der Gaskammer. Am 1. August 1944 wurden Dora und ihre Schwestern in den Dachauer Außenlagerkomplex Kaufering/Landsberg gebracht.

In dem Zug waren auch Magda Schwartz und Sara Grün. Magda, eine hübsche junge Frau mit blauen Augen und dunkelblonden Haaren, kam 1920 als älteste der vier Töchter von Ignáz und Maria Reich im ungarischen Nyíregyháza auf die Welt. Schon ihre Mutter war eine Schönheit. Mehrmals besuchten Fotografen die Familie, um ihre Tochter für die Zeitung zu fotografieren. Mit 20 Jahren heiratete Magda den doppelt so alten Eisenschmied Herman. Zwei Jahre später kam ihr erstes Kind, der Sohn Gyula, zur Welt. Der Junge mit blondem, lockigem Engelshaar und blauen Augen war Magdas ganzer Stolz. Der deutsche Einmarsch beendete von einem Tag auf den anderen ihr glückliches Familienleben. Jetzt empfand sie nur noch Angst, sprach ständig darüber, was aus Gyula und dem Baby, das in ihrem Bauch heranwuchs, werden solle. Die böse Vorahnung ließ sie kaum mehr schlafen. Nach der Ankunft in Birkenau ging alles rasend schnell. Ein älterer Häftling riss ihr an der Rampe Gyula aus dem Arm und übergab ihn einer älteren Frau. «Nach dem Duschen trefft ihr euch wieder», log er sie an. Magda konnte gerade noch nach dem Namen der Frau fragen, schon verschwand die Fremde mit ihrem

Sohn in der Menge. Nie wird sie diesen Namen vergessen. Auch ihren Mann Herman sah Magda an der Rampe zum letzten Mal. Sie, ihre Mutter und Schwestern überstanden die Selektion und wurden nach Kaufering deportiert. Der Schock trieb Magda fast in den Wahnsinn, sie redete wirr, aber ihrer Mutter und ihren Schwestern gelang es, sie wieder aufzurichten. Sie schafften es, in dieselben Arbeitskommandos zu kommen, und halfen ihr, ihre Schwangerschaft zu verstecken. Doch am Ende war alles umsonst. Ende November spürten SS-Wachen Magda auf und brachten sie ins Lager I.

Sara Grün ist die vierte Schwangere, die an diesem Tag in ihre Hände fiel. Die dunkelhaarige, zierliche Frau mit dicken Brillengläsern kam 20 Jahre zuvor als Tochter eines Rabbiners in Nyíregyháza zur Welt und wurde im orthodoxen Glauben erzogen. Auch sie sah ihren Mann Mór zum letzten Mal an der Rampe von Auschwitz-Birkenau. Danach verlor sich seine Spur für immer.

Die 25-jährige Ibolya Kovács aus dem ungarischen Städtchen Gyöngyös war schon im Getto, als sie von ihrer Schwangerschaft erfuhr. Im Februar 1944 hatte sie Tibor Kovács geheiratet, der einige Wochen nach der Hochzeit in den Arbeitsdienst für die ungarische Armee einberufen wurde. Wie alle Juden aus ihrer Stadt mussten auch Ibolya und ihre Familie ihr Haus verlassen und ins Getto in die nahe gelegene Stadt Hatvan umsiedeln. Am 12. Juni wurde sie nach Auschwitz deportiert. Danach durchlief Ibolya zur selben Zeit dieselben Lager, in denen Miriam und Eva waren: Płaszów und Augsburg. «Warum sah ich sie dort nicht schon früher?» Miriam kann es nicht fassen, dass nicht nur sie, sondern auch Ibolya und Eva sich die ganze Zeit so nahe waren und doch voneinander nichts wussten. Sie konnte sich nicht einmal an ihre Gesichter erinnern. «Das war ein Schock für mich.» In den Augsburger Michelwerken erkrankte Ibolya schwer an einer Lungenentzündung und wurde in das Krankenrevier des KZ

Dachau verlegt. Dort entdeckten SS-Ärzte ihre Schwangerschaft und entschieden, die junge Frau in das «Judenlager» Kaufering I zu verlegen. Mit der Ankunft von Eva und Miriam war das «Schwangerenkommando», wie die SS die sieben Frauen zynisch nannte, komplett.

Die Ankunft der Schwangeren spricht sich im Lager rasch herum. Die Häftlingsärzte im Krankenrevier der Männer verbreiten die Nachricht, die kaum zu glauben ist. Niemand weiß eine Antwort auf die Frage, warum man sie gerade hierhergebracht hat. Ist es gut oder schlecht für uns? Werden wir jetzt vielleicht alle getötet, wenn man Schwangere hierherbringt? Solche Gedanken gehen vielen durch den Kopf. Die ungarische Jüdin Ibolya Ginsburg ist mit ihrer 14-jährigen Schwester Judit seit Anfang August in Kaufering I. Da sie in einem Putzkommando arbeitet, hat sie Zutritt auch zu dem Krankenrevier im Männerlager. Ibolya erfährt als eine der Ersten die aufregende Neuigkeit: «Das war eine Sensation. Wir haben es nicht verstanden und wussten nur, dass sich etwas geändert haben musste. Ich hätte aber nie gedacht, dass diese Frauen und ihre Babys das Lager überleben würden.»

«Sie haben uns dort die Seele gestohlen»

Wohl niemand, der den Terror und die Brutalität von Kaufering I erlitten hat, hätte geglaubt, dass die SS schwangere Jüdinnen verschonen würde. Für Uri Chanoch, Vorsitzender der israelischen Vereinigung der Überlebenden der Kauferinger Lager, ist das ein Rätsel, das ihm nicht aus dem Kopf geht: «Wir litauischen Juden hatten schon furchtbare Getto- und KZ-Erfahrungen hinter uns. Aber Kaufering I, das war das Schlimmste, das war Sadismus pur.» Der großgewachsene, schlanke Mann mit kurzärmeligem Hemd, schwarzer Hose und einer Baseballmütze auf dem Kopf sitzt in einem Gartenrestaurant in Tel Aviv. Sein Milchkaffee ist längst kalt geworden, aber das bemerkt der 83-Jährige gar nicht. In Gedanken ist er wieder «dort». Unter dem Decknamen «Ringeltaube» begannen im Mai 1944 in der Nähe des bayerischen Städtchens Landsberg am Lech, etwa 60 Kilometer von Dachau entfernt, Bauarbeiten für ein neues, gigantisches Rüstungsvorhaben des Deutschen Reichs. Die Luftangriffe der Alliierten hatten 1944 die Flugzeugproduktion fast zum Stillstand gebracht, sie sollte deshalb in halb unterirdische, bombensichere Fabrikhallen verlegt werden. Für die Ausführung der Pläne waren Rüstungsminister Albert Speer und die ihm unterstehende Organisation Todt (OT) zuständig. In der Umgebung von Landsberg mit ihrem Kiesboden, Eisenbahnlinien und Grundwasserreserven sollten drei solcher Großbunker entstehen, in denen unter anderem der neueste Messerschmitt-Flugzeugtyp Me 262 produziert werden sollte. Kriegsverlauf und Mangel an Baumaterial führten dazu, dass das ursprüngliche Projekt auf nur einen Bunker reduziert wurde, der den Tarnnamen «Weingut II» erhielt. Ab Mitte 1944 entstanden in der Nähe der Baustelle, in der Umgebung von Landsberg und Kaufering, elf Außenlager des KZ Dachau. Es war der größte Dachauer Außenlagerkomplex. Da es an SS-Wachleuten fehlte, befahl Hitler, 10 000 von der Krim evakuierte Soldaten für den SS-Wachdienst in den deutschen Konzentrationslagern einzusetzen. Neben Juden aus den liquidierten Gettos in Litauen und Polen sowie kleineren Gruppen aus weiteren europäischen Ländern wurden in die elf Kauferinger Lager vor allem Juden aus Ungarn und ungarischem Staatsgebiet, Siebenbürgen, Karpatho-Ukraine und Südslowakei, zur Zwangsarbeit verschleppt. Im Juni 1944 rühmte sich Himmler in seiner Rede vor Generälen in Sonthofen: «Zurzeit fahren wir zunächst 100 000, später noch einmal 100 000 männliche Juden aus Ungarn in Konzentrationslager ein, mit denen wir unterirdische

Fabriken bauen.» Albert Speer reichte das aber nicht. Wiederholt beschwerte sich der Rüstungsminister, dessen Ansehen 1944 bereits stark gelitten hatte, dass er nicht genügend Arbeitskräfte bekomme, und verlangte jüdische Häftlinge aus Auschwitz.

Seit zwei Stunden erzählt Uri Chanoch schon von Kaufering und davon, was dieses Lager für Überlebende wie ihn noch heute bedeutet. Immer wieder erhebt er seine sonore Stimme, berichtet von den schrecklichen Erlebnissen, die sich in sein Gedächtnis eingegraben haben. In dem Restaurant, einem Treffpunkt junger säkularer Israelis und Geschäftsleute, scheint es niemanden zu interessieren, dass er laut auf Deutsch spricht. Die Menschen sind in ihre eigenen Gespräche vertieft. Nur eine ältere Frau, die zwei Tische weiter allein vor ihrem Kaffee sitzt, dreht sich mehrmals um. Ihre Blicke verraten Missbilligung. Seit Jahren bemüht sich Uri Chanoch darum, dass den Menschen in Deutschland bewusst wird, welche Rolle der Dachauer Außenlagerkomplex Kaufering/Landsberg für das jüdische Volk spielte. «Bis zur letzten Minute haben die Deutschen dort unsere Leute umgebracht. Wir sollten durch die Arbeit vernichtet werden. Aber diese sieben Frauen ließen sie am Leben. Warum?» Im Lager hatte er davon nichts gewusst, und es ist, als fühle er sich betrogen um die Hoffnung, die ihm die Frauen und ihre Babys damals vielleicht gegeben hätten. Als Miriam, Eva, Bözsi, Sara, Magda, Ibolya und Dora Ende November 1944 in Kaufering I ankamen, zählten sie wie auch Uri, der mit seinem Vater und Bruder schon im Juli 1944 nach Bayern verschleppt wurde, zum kleinen Rest des fast schon vernichteten europäischen Judentums. Von den etwa 30 000 überwiegend jüdischen KZ-Häftlingen in den elf Kauferinger Lagern überlebte nach Schätzungen jeder Zweite nicht. Etwa 14 500 Menschen starben an Hunger, Erschöpfung, Krankheiten und Kälte, sie wurden zu Tode geprügelt, nach Auschwitz oder in die Sterbelager Kaufering IV, VII oder nach

Bergen-Belsen deportiert, erschossen oder erhängt. Mehr als 2500 Häftlinge, die meisten aus Litauen und Ungarn, waren gezwungen, im Lager I zu leben, dem Zentrallager im Lagerkomplex Kaufering/Landsberg. Sie schliefen in 58 mit Lehm und Gras bedeckten Erdhütten, hatten keine ausreichende Kleidung, waren verdreckt und verlaust. SS-Lagerpersonal und OT-Männer zwangen sie zu mörderischer Arbeit und ließen sie dabei verhungern. Die Deutschen misshandelten die Häftlinge für kleinste Verstöße gegen die Lagerdisziplin oder einfach so, aus Lust am Quälen und aus Verachtung für Juden. Vierzehn Stunden lang ließ der SS-Hauptscharführer Johann Kirsch den damals 16-jährigen Uri im Winter 1944/45 in Schnee und Wind am Lagertor strammstehen. Im Mund musste er die ganze Zeit eine rohe Kartoffel halten, eine Bestrafung dafür, dass er sie zu stehlen versucht hatte. «Hätte ich mich damals nur ein bisschen bewegt oder die Kartoffel verschluckt, wäre ich heute nicht da.»

In Todesangst lebte Uri seit 1941, als die Wehrmacht Litauen besetzte und nicht nur SS-Einsatzkommandos, sondern auch ihre zahlreichen litauischen Helfer sofort Jagd auf Juden machten. Schon als kleiner Junge im Getto Kaunas versorgte er den Untergrund mit wichtigen Informationen und gestohlenen Dokumenten. Nach Kriegsende ging er illegal nach Palästina, schloss sich der Untergrundbewegung Haganah («Selbsthilfe») an und kämpfte 1948 im Unabhängigkeitskrieg gegen die Armeen Ägyptens, Jordaniens, Syriens, des Libanon und des Irak, die über den gerade gegründeten Staat Israel herfielen. Die gestreifte Häftlingsuniform von Kaufering hängt immer noch in seinem Kleiderschrank. Das Lager ließ Uri Chanoch all die Jahre nie los. Es ist vor allem die erlittene Demütigung, die der stolze Mann nicht vergessen kann. «Ich hatte noch lange Zeit nach der Befreiung keine Gefühle mehr. Sie haben uns dort die Seele gestohlen», sagt er heute. Nach 1945 habe er nichts mehr gewollt, als ganz einsam, vielleicht als Hirte in den

Bergen zu leben und jeden Tag in eine dicke Scheibe Brot mit fingerdick aufgestrichener Butter zu beißen. Aber für das Leben eines Einsiedlers war Uri nie geschaffen. Auch heute, mit 83 Jahren, ist der charismatische und impulsive Mann ständig unterwegs, verhandelt über Entschädigungszahlungen für die Getto- und KZ-Überlebenden und wacht zusammen mit seinem Freund, dem zweiten Vorsitzenden der israelischen Vereinigung der Kaufering-Überlebenden, Abba Naor, im Stiftungsrat der Stiftung Bayerische Gedenkstätten über die Arbeit der bayerischen KZ-Gedenkstätten. Die Toten von Kaufering dürfen nicht vergessen werden, deshalb kämpfen die beiden Männer dafür, dass an allen elf ehemaligen Außenlagern Obelisken errichtet werden. Sie ernten viel Verständnis, aber kein einziges Mahnmal ist bisher errichtet worden. Uri Chanoch kehrt auch immer mal wieder nach Litauen zurück, um Politiker und Behörden daran zu erinnern, dass sie bis heute noch nicht einmal den Versuch unternommen haben, das Unrecht an den jüdischen Bewohnern des Landes wiedergutzumachen. «Das ist ohnehin nicht möglich, aber sie sollen den Überlebenden ihren Besitz zurückgeben.» Wenn Uri, Vorstandsmitglied der Oper von Tel Aviv, auf der Autobahn nach Jerusalem zur Knesset oder zu Yad Vashem rast, dreht er den CD-Player laut auf. Er liebt Opernmusik und hält immer wieder im Rückspiegel Ausschau nach Polizeistreifen, weil er ziemlich hart an der Geschwindigkeitsbegrenzung fährt. Uri Chanoch kehrte ins Leben zurück, vielleicht auch wegen seines kleinen Bruders Danny, der als Einziger aus seiner Familie noch überlebt hatte. Der damals 12-Jährige wurde Ende Juli 1944 bei der sogenannten Kinderaktion zusammen mit weiteren 128 jüdischen Kindern aus Litauen von Kaufering I über das KZ Dachau nach Auschwitz-Birkenau deportiert. Die Selektion der Kinder im Lager I leitete der fünffache Vater und Arbeitseinsatz- sowie Rapportführer Johann Viktor Kirsch – derselbe Kirsch, der Dannys älteren Bruder Uri einige Wochen später mit einer

Kartoffel im Mund stundenlang in der Kälte stehen lassen wird. Die meisten dieser Kinder starben in den Gaskammern, Danny überlebte. Verantwortlich für die Mordaktion war der damalige Lagerkommandant der Außenlager Landsberg/Kaufering, SS-Hauptscharführer Heinrich Forster, der wiederum Befehle aus Dachau befolgte. Für litauische Juden, die aus dem Getto Schaulen kamen, war Forster kein Unbekannter. «Gleich als wir ihn nach unserer Ankunft in Kaufering I sahen, wussten wir, dass es hier schlimm sein wird», erzählt Eta Goz aus Tel Aviv. Sie war zu dieser Zeit neunzehn. Am 5. November 1943 befahl Forster, damals Lagerführer des gerade zum Außenlager des KZ Kauen umgewandelten Gettos Schaulen, sämtliche Kinder bis dreizehn Jahre und alle arbeitsunfähigen Erwachsenen aus Schaulen wegzuschaffen. Die Kinder würden in das Stammlager kommen und dort in Kinderheimen untergebracht, versprach er. Niemand glaubte ihm. Die Eltern standen hilflos auf dem Platz, von dem die Lastwagen abfuhren, und flehten die SS-Männer an, ihre Kinder begleiten zu dürfen. Mehr als 500 Kinder sind an diesem Tag fortgebracht und danach vermutlich in Auschwitz ermordet worden. Für seine Verbrechen musste sich Forster, wie die Historikerin Edith Raim herausfand, nie verantworten. 1955 starb er bei einem Fahrradunfall in Hanau, wo er nach dem Krieg unter falschem Namen untergetaucht war.

Schon vor der Ankunft Miriams und Evas hatte Eta Goz gesehen, wie die SS mit den Schwangeren umging. Im Oktober 1944 sind aus Kaufering I etwa 115 Häftlinge, Frauen und Männer, von dem SS-Arzt Max Blancke als arbeitsunfähig selektiert und nach Auschwitz-Birkenau deportiert worden. Zwei der Frauen, Riwka Baron und Riwka Sirewitsch, kannte Eta Goz gut, sie kamen wie sie aus Litauen. Beide waren schwanger. Auch eine geistig verwirrte Frau, die damals mit ihr in der OT-Zimmerei gearbeitet hatte, verschwand an diesem Tag. «Als wir von der Arbeit zurückkamen, waren sie weg.»

Leben oder Tod, das hängt auch in Kaufering I von der Willkür der SS ab. Das erfuhr auch die 13-jährige Magda Fischer aus Nagykálló, die in der Reihe der Häftlinge stand und auf die Selektion wartete. Der Häftlingsarzt Ernö Vadász aus ihrem Heimatort erkannte sie und beschwor eine SS-Aufseherin, das Mädchen gehen zu lassen. «Sie ist so alt wie meine Tochter», redete er auf die SS-Frau ein, die zuerst zögerte und dann doch das Kind aus der Reihe der Wartenden zog.

Eva und Miriam ahnen in den ersten Tagen noch nicht, wie brutal es in dem Lager zugeht. Ende November, kurz bevor die SS sie nach Kaufering I verlegen ließ, mussten alle Gefangenen am Appellplatz antreten und zusehen, wie sechs Häftlinge, fünf aus Ungarn und einer aus Litauen, erhängt wurden. Die Männer, darunter ein Vater und sein 17-jähriger Sohn, hatten sich von ihren Decken einen Streifen Stoff abgerissen. Damit wollten sie ihre geschundenen Füße wenigstens ein bisschen vor der Kälte und dem Schnee schützen. Das galt nach der SS-Disziplinarordnung als Sabotage. Ein Häftlingskommando musste für die Hinrichtung, zu der aus dem Stammlager Dachau der Lagerkommandant Martin Gottfried Weiss kam, einen Galgen zimmern. Die Leichen der Männer wurden 24 Stunden lang am Galgen hängen gelassen. Die ahnungslose Mutter des 17-jährigen Jungen erfuhr erst nach der Hinrichtung von dem Tod ihres Kindes und ihres Mannes. Der deutsche Kapo in der SS-Küche, in dessen Kommando sie gearbeitet hatte, erlaubte ihr, drinnen zu bleiben. Von den US-amerikanischen Militärrichtern während des Dachauer Hauptprozesses zu diesem Mord befragt, wird der SS-Hauptscharführer Johann Viktor Kirsch nur sagen: «Wie ich hörte, hatten sie wahrscheinlich schlechte Schuhe.» Der damals verantwortliche KZ-Lagerführer von Kaufering I, Alfred Kramer, verfasste einen Bericht, auf den sich die Ankläger des Militärtribunals stützen. Darin zählt Kramer die Strafen und Torturen für die jüdischen Häftlinge in Kaufering I auf: 1. Schlagen mit der Peitsche, Fäusten und Stöcken, was, wie er vermute, in einigen Fällen zum Tod geführt habe. 2. Einzelhaft in Stehzellen für die Dauer von acht bis zehn Stunden in der Nacht, in einigen Fällen auch zwei oder drei Nächte lang. 3. Unterernährung, Krankheiten und harte Arbeit, die in einigen Fällen zum Tod geführt haben. Der Bericht, verfasst in bürokratisch nüchternem Stil, enthält auch eine emotionale Bemerkung des Verfassers: «Um ehrlich zu sein, ich mag die Juden nicht.»

Nach zwei Tagen Ungewissheit ergeht der Befehl, dass die sieben Schwangeren in eine kleine Holzbaracke umziehen sollen. Sie steht am Rande des Frauenlagers, gleich hinter dem Stacheldrahtzaun in der Nähe der SS-Holzbaracken. Es ist kalt drinnen, aber immerhin trocken. Als Schlafplatz haben die Frauen nur ein hartes Brett, das mit etwas Stroh bedeckt ist. Die ersten Nächte kann Eva überhaupt nicht schlafen. «Mein Bauch war schon ziemlich groß, und ich konnte auf der harten Unterlage keine Stellung finden, bei der mir mein Rücken nicht wehgetan hätte.» Sie wagt nicht, an die Zukunft zu denken. In Gedanken spricht sie oft mit Géza. Immer wieder ruft sie sich seine Worte in Erinnerung. «Halte durch!» Seine Stimme hört sie ganz deutlich in ihrem Kopf. Wie ihre neuen Freundinnen erlebt auch sie Anfälle von Verzweiflung. Niemand sagt ihnen, warum sie hier sind und was sie erwartet. Das Verhalten der SS-Wachen ist so widersprüchlich, es ergibt keinen Sinn, egal, wie oft Miriam darüber nachdenkt. «Die SS-Leute ließen uns zwar am Leben, aber sie behandelten uns mit absoluter Gleichgültigkeit. Sie schlossen ihre Augen und machten gar nichts. Wie sollten wir dort unsere Kinder bekommen? Wir brauchten ja dringend einen Arzt.»

Es ist Anfang Dezember 1944, und die erste Geburt naht. Was für ein Glück, dass es hier doch Menschen gibt, denen ihr Schicksal nicht gleichgültig ist. Gleich am ersten Abend nach ihrem Umzug in die Holzbaracke lernen die Frauen David Witz kennen, den Küchenkapo aus dem Frauenlager. Der 30-

jährige untersetzte Mann aus dem litauischen Kaunas ist als Küchenchef ein Mann mit Einfluss und Kontakten. Sogar die Lager-SS lässt ihn so weit in Ruhe, denn in Davids Küche herrscht Ordnung. «Ihr kommt aus Ungarn? Warum sprecht ihr kein Jiddisch?», fragt er die sieben Schwangeren spöttisch. Evas Augen leuchten, als sie den vertrauten Klang ihrer Muttersprache hört. Auch Miriam, Bözsi und Sara können den Mann, der mit ihnen Deutsch und Jiddisch spricht, verstehen, die drei beherrschen die deutsche Sprache gut. Noch mehr als Davids Freundlichkeit beeindruckt die jungen Frauen der Inhalt seiner Manteltaschen. Darin hat David Brot, ein Stück Fleisch und Käse versteckt, Lebensmittel, die er heimlich aus der Küche gestohlen hat. «So viele jüdische Kinder sind ermordet worden. Eure müssen leben», sagt er, als er die staunenden Gesichter der Frauen bemerkt. «David war ein Malach, ein Engel.» Miriam beobachtet den fremden Häftling, der ihr sofort Vertrauen einflößt. «Wir brauchen einen Arzt, kannst du uns helfen», flehen sie ihn an. «Pssst», zischt David und zeigt vorsichtig zur Tür. Draußen ist es ruhig, er kann weiterreden: «Ich fand für euch schon jemanden im Männerlager. Der Mann ist ein Gynäkologe aus Ungarn, so könnt ihr euch mit ihm verständigen. Aber er ist sehr schwach. Wir werden ihn füttern müssen, damit er euch helfen kann.» Während er spricht, betritt eine Frau die Baracke. Es ist Luba, eine Jüdin aus Litauen, die als Kapo eingesetzt ist. Die Schwangeren erschrecken vor der Frau mit den langen roten Haaren, Reiterhosen und Lederstiefeln. Aber bei ihren ersten Worten wird ihnen klar, dass auch sie helfen will. «Ihr braucht einen Ofen, sonst erfrieren eure Kinder», sagt Luba nur und geht wieder. Die Frauen schauen sich überrascht an. Obwohl sie erst seit ein paar Tagen im Lager sind, wissen sie schon, dass die 23-jährige Jüdin aus Schaulen von den Häftlingen gefürchtet wird. Nicht von ungefähr nennen viele sie «die rote Bestie». Es vergeht kaum eine Stunde, schon ist Luba zurück und stellt einen kleinen Holzofen an die Wand. Auch einige saubere Lappen zum Wickeln der Kinder hat sie mitgebracht.

Am nächsten Morgen, gleich nach dem Zählappell, bringt David den Häftlingsarzt mit. Der Mann kann sich nur mühsam aufrecht halten. Miriam schaut ihn enttäuscht an. Das soll unser Arzt sein? David hatte recht. Der etwa 50-jährige Ernö Vadász, ein Frauenarzt aus dem ungarischen Nagykálló, ist während der fünf Monate seiner Haft in Kaufering I bis auf Knochen und Haut abgemagert. Wie soll er die Geburten leiten? Aber auch der Häftlingsarzt erschrickt, als er die sieben Frauen mit ihren großen Bäuchen sieht. Seine Augen füllen sich mit Tränen. «Kinder, seht, ich bin zu schwach, wie kann ich euch helfen? Ich habe keine Instrumente, keine Seife, kein heißes Wasser, gar nichts.» Aber das lässt David nicht gelten. Seit zwei Tagen steckt er Vadász schon Essen aus der Küche zu. Auch heute bringt er Lebensmittel, dazu noch eine Schüssel Wasser, die die Frauen gleich auf den Ofen stellen. Sogar einen Tallit, einen jüdischen Gebetsmantel, hat er dabei. Niemand weiß, woher er das traditionelle Kleidungsstück aus weißem Stoff mit schwarzen Streifen hat, das von den Männern während des Gottesdienstes über der Kleidung getragen wird. Miriam sieht den festen, entschlossenen Blick des Kapos mit der weißen Armbinde und spürt erstmals, seitdem sie hier ist, Zuversicht. «David war ein Macher.»

Am Morgen des 8. Dezember setzen bei Bözsi Legmann die Wehen ein. Ernö Vadász wäscht sich die Hände und zieht den Tallit wie eine Schürze über seine Häftlingsuniform. Der Häftlingsarzt handelt mit der Autorität eines erfahrenen Spezialisten, in den Stunden bis zur Geburt sind seine Nervosität und Schwäche wie weggeblasen. Mit klarer Stimme gibt er den Frauen knappe Anweisungen, und sie tun, was er sagt. «Ich brauche heißes Wasser.» Die Geburt dauert nicht lange und verläuft ohne Komplikationen. Ein gesunder, kräftiger Junge kommt zur Welt. Mit einem Taschenmesser durchschneidet

Vadász die Nabelschnur und zeigt das Baby der überglücklichen Bözsi. Schon sind mehrere Hände da, um den Neugeborenen zu waschen und in die sauberen Lappen zu wickeln. Das Babygeschrei hört sich in der kleinen Holzhütte so unglaublich an, dass nicht nur die Frauen, sondern auch Doktor Vadász vor Freude weinen. Sie fühlen sich so erleichtert, ihre Baracke wird in diesem Moment fast zu einem Zufluchtsort. Etwas hat sich verändert, das spürt auch Eva ganz deutlich. Aus der Schüssel auf dem rot glühenden Ofen steigt Wasserdampf auf, und da liegt Gyuri, ein winziger Mensch mit großen blauen Augen, warm eingepackt in Tücher. Plötzlich ist es wieder da, das fast schon vergessene Gefühl von Geborgenheit. «Wir stehen das durch.» Eva denkt wieder an Gézas Worte. Ja, so wird es sein. Sie werden wieder zusammenkommen, sie, Géza und ihr Kind, das schon bald zur Welt kommen wird. «Ich dachte, jetzt muss das möglich sein.» Am Abend schaut David wieder herein. Er hört nicht mehr zu lachen auf, als er das Baby sieht. Dann hebt er es hoch und rennt plötzlich, als wäre er verrückt geworden, mit ihm zur Tür hinaus. In der Lagerküche ist eine Waage. Vorsichtig legt er das Kind in die Waagschale, läuft zurück und verkündet mit dem Stolz eines Vaters: «Er wiegt zehn Pfund.»

Am nächsten Tag, draußen ist es noch ganz dunkel, versammeln sich die Gefangenen im Frauenlager wie jeden Morgen zum Zählappell. Zitternd stehen sie in der klirrenden Kälte, während die Zahl der Verstorbenen verkündet wird. «Abgänge» heißen sie in der Lagersprache. Der Tod ist in Kaufering I allgegenwärtig, jeden Morgen können die Frauen sehen, wie im Männerlager Karren mit Toten zu einer Grube unweit des Lagers geschoben werden. Der Zählappell an diesem Morgen aber ist anders, denn plötzlich heißt es: Wir haben einen Zugang. «Wir wussten sofort, was das bedeutet: Ein Kind wurde geboren. Ich werde diesen Augenblick mein ganzes Leben lang nie vergessen. Unsere Freude war unbeschreiblich», erzählt

Ibolya Ginsburg, die damals auch am Appellplatz stand. Nach dem Krieg wanderte sie mit ihrem Mann Waldemar, einem Überlebenden des Männerlagers, nach England aus. «Wir standen die ganze Zeit so nahe am Abgrund, dass wir zu einer emotionalen Regung kaum noch imstande waren. Aber bei diesen Worten brachen wir alle in Tränen aus.» Sie laufen über die eingefallenen Wangen der Frauen herunter, und mit ihnen kehrt die Hoffnung zurück. Ein neues Leben ist da, inmitten des Todes. Sie können es spüren, es ist in der Luft. «Wir dachten damals, wenn hier Kinder zur Welt kommen, werden wir bald frei sein.»

Mehrere Häftlingskapos erfahren von dem unvorstellbaren Ereignis einer Geburt im KZ. Sie wollen den Neugeborenen unbedingt sehen. Neugierig stehen sie um Bözsi herum und bestaunen das Baby. Ihr Besuch ist nicht willkommen. Die junge Mutter macht ihre Anwesenheit nervös. Misstrauisch beobachtet sie jede ihrer Bewegungen. Jetzt, wo sie ihren Sohn nicht mehr in ihrem Körper schützen kann, fürchtet sie noch mehr um sein Leben. Zum Glück bleiben die Männer nicht lange, denn der kleine Gyuri hat Hunger, sie will ihn stillen. Später bringt David aus der Häftlingsküche eine Taschenuhr und hängt sie an einen Pfosten: «Damit ihr künftig wisst, wann ihr eure Babys füttern müsst.» Richtig warm wird die Holzbaracke bei den Minustemperaturen nicht, durch die Fugen der Bretter bläst ein eisiger Wind herein. Die Frauen wickeln sich am Abend in ihre dünnen Decken ein und rücken ganz nahe an den Ofen, die Kohle dafür tauschen sie gegen Brot ein. Jede Nacht muss eine wach bleiben, um dafür zu sorgen, dass das Feuer im Ofen nicht erlischt. Müde starrt Eva in die flackernden Flammen, die ein schwaches Licht werfen. Schlafen kann sie jetzt ohnehin kaum mehr, denn immer wenn sie sich hinlegt, beginnt das Baby in ihrem Bauch heftig zu treten. «Ich war aber sehr glücklich darüber, denn es war das sichere Zeichen, dass es ihm gut geht.» In der Wärme des Ofens denkt Eva an die bevorstehende Geburt, an den Bauernhof ihrer Eltern, die Felder mit Sonnenblumen und Mais und an Géza. Sie stellt sich vor, wie er sie und das Kind nach dem Krieg in die Arme schließen wird. Hoffentlich hat er es warm dort, wo immer er jetzt auch ist, und muss nicht hungern. Wann wird der Krieg endlich vorbei sein? Und wie geht es Ida in Augsburg? Sie denkt bestimmt, ich sei tot. Wenn sie ihr bloß eine Nachricht zukommen lassen könnte, damit sich die Ärmste keine Sorgen machen müsste. Bis sie es nicht mehr aushält, zögert Eva den Toilettengang hinaus. Es gibt keinen Strom in der Hütte, und auch draußen brennt kein Licht, damit die amerikanischen Piloten der Kampfflugzeuge das Lager nicht sehen können. In der Nacht wirken das verschneite Lager und die schwarzen Silhouetten der Wachtürme gespenstisch. Eine richtige Toilette wie in Augsburg gibt es hier nicht. Nur eine stinkende Latrine. Eva muss zu ihr hinter die Hütte gehen. «Es war so kalt, dass ich immer Angst hatte, mir Erfrierungen zu holen.» Die Frauen waschen sich mit Schnee, das warme Wasser in der Schüssel auf dem Ofen braucht Bözsi für ihr Kind. Sie erzählen sich von ihrem früheren Leben, von der Schönheit vergangener Tage, und sie beten gemeinsam. Das gibt ihnen Kraft. Sie erinnern sich dadurch an die Menschen, die sie einmal waren. Menschen. Draußen im Lager verhungern vor ihren Augen Männer, verwandeln sich in lebende Skelette, die schwankend durch das Lager schlurfen. Man nennt diese erbarmungswürdigen Gestalten hier Muselmänner. Ihre von der Kälte geschwollenen Füße passen nicht mehr in die Holzschuhe hinein. Viele haben überhaupt keine Schuhe. Ihre Gesichter sind zerschunden und entstellt. Einige Gefangene, deren Lebenswille erloschen ist, beenden die Qual durch Selbstmord, andere werden verrückt, die meisten starren mit leeren Augen, versunken in einem Abgrund aus Hunger und Leid, vor sich hin.

Auch die Gedanken der Schwangeren kreisen unablässig ums Essen. Aber sie dürfen nicht aufgeben. Ihre Kinder brauchen sie. Glücklicherweise muss der kleine Gyuri nicht hungern, denn Bözsi hat genügend Milch zum Stillen. Gegen den Terror behaupten Häftlinge ihre Würde und Menschlichkeit, empfinden Mitleid mit den Frauen und Kindern, mehr noch, den Wunsch zu helfen. Jeden Tag bringt die ungarische Jüdin Gisela Frenkel, die in einem Arbeitskommando außerhalb des Lagers arbeitet, ein paar Kartoffeln mit, die sie geschickt vor den SS-Wachen versteckt. Auch Irenke und Gézane Parajdrol kommen jeden Tag nach dem Abendappell in die Hütte und fragen, wie sie helfen können. Jede zusätzliche Kartoffel kann in Kaufering I lebensrettend sein. Der wichtigste Helfer bleibt aber David. Immer wenn er kann, besorgt er den Frauen ein Stück Fleisch oder Milch aus der Küche, sagt ein paar tröstende Worte. Er und die anderen litauischen Juden haben den Kampf ums Überleben in den langen Jahren im Getto gelernt. Aber das bewahrt nur die wenigsten vor der Vernichtung. 1944 sind von 250 000 litauischen Juden nur noch 50 000 am Leben, davon 33 000 als Gefangene der Deutschen. Sie waren als Erste im Sommer 1944 nach Kaufering deportiert worden, und einige übernahmen wichtige Lagerfunktionen. «Sie waren gut informiert und gaben uns Hoffnung», schreibt Magda Schwartz in ihren Erinnerungen 40 Jahre später.

Die Wöchnerin Bözsi braucht jetzt jede Hilfe, aber sie hilft auch. Ihr Cousin, der Schriftsteller Oliver Lustig aus Bukarest, beschreibt in einem acht Seiten langen Bericht, den er vor Jahren der KZ-Gedenkstätte Dachau schenkte, wie er eines Morgens in eisiger Kälte im Lager I von seinem Onkel erfährt, dass seine Cousine Elisabeta (Bözsi) auch im Lager ist und gerade ein Kind entbunden hat. Aufgeregt eilt er am Abend zum Stacheldraht, der das Männer- von dem Frauenlager trennt. Die Holzhütte, in der seine Cousine sein soll, liegt nur ein paar Schritte hinter dem Zaun. Eine Frau kommt heraus und sagt ihm, dass Böszi noch nicht gehen könne, ihm aber eine Portion Essen schicke. Er solle auch morgen Abend zum Zaun kommen. «Von dieser Nacht an bis zum Tag der Befreiung ging ich Abend für Abend zum Zaun. (...) Jedes Mal bekam ich von Elisabeta eine ganze, eine halbe oder wenigstens eine Viertelportion Essen, das Essen des kleinen Gyuri, der im Lagerregister eingetragen war und wie jeder Häftling eine Portion erhielt.»

Die SS nimmt auf die Frauen keine Rücksicht. Außer Bözsi, die ein paar Tage in der Baracke bleiben darf, müssen Eva, Miriam, Dora, Sara, Ibolya und Magda jeden Tag in der Lagerwäscherei arbeiten, wo sie die Läuse aus den Häftlingskleidern herauswaschen und die Fetzen zum Trocknen aufhängen. Müde und hungrig, aber schnell und sorgfältig erledigt Eva alle Aufgaben, die ihr der Kapo auferlegt. «Hauptsache, wir waren in der Wärme, an schwere Arbeit war ich ja schon von zu Hause gewöhnt.» Eine körperlich anstrengende Arbeit draußen, im Schnee und in der Kälte, würden die Hochschwangeren nicht überstehen. Sie und ihre ungeborenen Kinder bleiben nach wie vor in Todesgefahr, auch wenn ein Rücktransport nach Auschwitz jetzt nicht mehr möglich ist. Im Mühldorf-Mettenheim, einem anderen Dachauer Außenlager, entbindet eine jüdische Frau im Dezember 1944 wie Bözsi einen Jungen. Eine SS-Aufseherin befiehlt der Lagerältesten, das Baby zu verbrennen. Als die sich weigert, zwingt die SS-Frau einen Häftlingsarzt, das Kind zu töten. Er ertränkt den Säugling in einem Wasserkübel.

Der durchdringende Klang der Schläge auf ein aufgehängtes Schienenstück reißt jeden Tag um 4.30 Uhr die Gefangenen im Frauen- und Männerlager aus ihrem Schlaf. Nach dem Morgenappell, der bis um 6 Uhr dauert, ziehen die Männer in ihren Lumpen aus dem Lager hinaus. In der eisigen Luft steigt ihr Atem wie Rauch auf, die Augen sind tief in die ausgezehrten Gesichter eingesunken. Auch kranke Häftlinge quälen sich zur Baustelle, weil sie nur dort ihre karge Essensration bekommen. Mit dem Bau der unterirdischen Fabrikhallen hat die Organisation Todt unter Leitung von Xaver Dorsch drei Firmen beauftragt, Leonhard Moll, Philipp Holzmann und Karl Stöhr, die eine Reihe von Subunternehmen beschäftigen. Bei jedem Wetter müssen die Häftlinge in unzureichender Kleidung, die häufig nur aus zerfetzten Hosen und dünnen Jacken besteht, und mit bloßen Füßen in Holzschuhen körperliche Schwerstarbeit leisten. Zwölf lange Stunden dauert eine Schicht. Unterbrochen wird sie nur von einer Pause, in der die jüdischen Zwangsarbeiter eine Wassersuppe mit etwas Gemüse bekommen. Die Männer bauen Schienendämme, tragen 50 Kilogramm schwere Zementsäcke auf dem Rücken, füllen Sand und Kies in riesige Betonmischmaschinen und schleppen den schweren Beton in einer Wolke aus Staub zu dem Bauwerk. Augenzeugen berichten nach dem Krieg, dass nicht wenige Häftlinge von den Baugerüsten in die Tiefe stürzten und im frischen Beton versanken. Das OT-Personal und auch Arbeiter der anderen Firmen verhalten sich nicht minder brutal als das SS-Lagerpersonal und treiben die erschöpften Häftlinge durch Schläge zur Arbeit an. Die Menschen, die zusammenbrechen, werden erschossen oder dem Sterben überlassen. Besonders die Arbeit bei Moll ist gefürchtet. Gegen 20 Uhr am Abend kehren die Gefangenen ins Lager zurück, jedes Mal bringen sie auch Tote mit. «Es hat uns fast das Herz gebrochen, die hungrigen Männer zu sehen. Aber wir konnten ihnen nur selten eine Kartoffel oder etwas anderes zustecken», erzählt Ibolya Ginsburg, die später in der Küche arbeitet. Die Abendmahlzeit besteht aus einem Liter Suppe aus Wasser und Kohl mit Stücken ungeschälter Kartoffeln. Zuerst erhalten die Häftlinge noch ein Viertel eines Wecken Brots, später verringert sich die Portion auf ein Sechstel, dann ein Siebtel und am Ende auf ein Achtel. «Von etwa 1000 Männern, die zwei Wochen vor Weihnachten zur Nachtschicht ausrückten, waren an Weihnachten nur noch 200 am Leben. Die anderen starben wie die Fliegen.» Der Hunger erstickt alle Gedanken, sogar die Angst, und stürzt jeden, auch wenn es gegenseitige Hilfe noch gibt, in tiefe

Erdhütten im ehemaligen Lager Kaufering IV kurz nach der Befreiung Ende April 1945

Einsamkeit. Die Frauen, die zum Putzen oder in den Küchen eingesetzt sind, haben es leichter. Aber auch weibliche Häftlinge schuften im Straßenbau, auf den Feldern oder im Wald für das Holzmann-Kommando, in dem sie gefällte und zersägte Bäume zu den Baustellen schleppen müssen. Davon bleiben Eva, Miriam, Bözsi, Magda, Sara, Ibolya und Dora verschont.

Der Winter ist eisig. Die Frauen frieren in ihrer Baracke. Nur wenn sie ganz nahe an den kleinen Ofen rücken, können sie sich etwas wärmen. Miriam ist froh, dass sie nicht mehr in einer der Erdhütten schlafen muss. Für diese primitiven Unterkünfte hatten die Häftlinge während des Aufbaus des Lagers im Sommer eine ein Meter fünfzig tiefe, ein Meter achtzig breite und zwölf Meter lange Grube ausheben müssen. Darüber wurde ein Dach gesetzt, das bis auf den Boden reichte und mit Gras und Erde bedeckt war. In einer Hütte sind 50 bis 60 Menschen untergebracht. Sie schlafen auf mit Stroh bestreuten Brettern. Das Stroh ist feucht und schmutzig, da es nie ausgewechselt wird. Ein kleiner Ofen mit einem Kamin wird nur selten geheizt, es fehlt an Brennmaterial. Aber auch wenn er brennt, genügt das nicht einmal, um die nassen Kleider und Schuhe zu trocknen. Am Anfang nehmen Gefangene täglich ein wenig Holz und Kohle von den Baustellen mit, bis die SS das mitten im Winter, im Januar 1945, verbietet. Durch das Dach dringen Regen und Schnee in die düstere, schlecht belüftete Unterkunft. Wie die anderen Häftlinge haben auch die schwangeren Frauen keine Unterwäsche oder Kleidung zum Wechseln. Alles war den Häftlingen bei der Ankunft abgenommen worden. Sie schlafen in den Sachen, die sie am Tag tragen, unter einer dünnen Decke, die nicht wärmt. Wer ohne Schuhe ist, bekommt unbequeme Holzschuhe, an denen im Winter der Schnee klebt. Die Häftlinge reiben sich die Füße auf, leiden an Entzündungen, die zu Blutvergiftungen führen können. Am schlimmsten sind die Läuse, die in langen Straßen über den Körper ziehen, in den Nähten von Kleidern und Jacken nisten und deren Stiche einen zum Wahnsinn treiben können. So viele sie auch jeden Abend vor dem Schlafengehen aus der Kleidung pflücken und zerquetschen, die Blutsauger vermehren sich rasend schnell, und die Plage nimmt kein Ende.

In der kleinen Holzhütte im Frauenlager kommen zwei weitere Babys zur Welt: am 28. Dezember 1944 Zsuzsanna, Tochter von Dora Löwy, und fünf Tage später, am 2. Januar 1945, József, Sohn von Sara Grün. Doktor Vadász leitet die beiden Geburten mithilfe von Bözsi, die beiden Neugeborenen sind gesund. 60 Kilometer weiter, im Stammlager Dachau, tötet im Januar ein Arzt auf Befehl des Lagerkommandanten Eduard Weiter zwei schwangere Russinnen mit einer Giftspritze. Es ist der 1. SS-Lagerarzt Dachaus, SS-Obersturmbannführer Fritz Hintermayer. Eigentlich sollten die Frauen erhängt werden, wird Hintermayer, ein Mann mit abgebrochenem Medizinstudium und Vater von vier Kindern, während des Dachauer Hauptprozesses Ende 1945 den amerikanischen Militärrichtern sagen. Doch er weigerte sich, diese Tötungsmethode zu verwenden, denn «gewöhnlich ist es die Gepflogenheit zivilisierter Nationen, schwangere Frauen nicht vor der Entbindung hinzurichten». Hintermayer, dem auch die SS-Ärzte in den Dachauer Außenlagern unterstanden, wird wenige Wochen nach der Tötung der schwangeren Russinnen beinahe auch über das weitere Schicksal von Eva, Miriam, Bözsi, Magda, Sara, Ibolya und Dora und ihrer Säuglinge entscheiden.

In der Nacht vom 7. auf den 8. Januar setzen bei Eva die Wehen ein. Ernö Vadász ist bei ihr. In der Baracke ist es dunkel, im schwachen Kerzenlicht kann sie gerade mal den kahlen Kopf und die mageren Hände des Arztes sehen. «Ich werde es nie vergessen, die ganze Zeit wich er nicht von meiner Seite. Ich hatte solche Schmerzen, aber er tröstete mich, dass alles gut wird.» Eva kann weder sitzen noch liegen, die harte Holzpritsche drückt überall. Immer wieder steht sie auf, geht hin und her. Die Wehen werden immer stärker. Die Geburt dauert lange, das Baby fühlt sich offenbar wohl in Evas Bauch. Dann aber geht auf einmal alles sehr schnell: Zuerst kommt das Köpfchen heraus, dann die Schultern, Arme, Bauch und Beine ... «Es ist ein Mädchen», hört sie Doktor Vadász rufen. Ihre Tochter ist da, ein kleines, hübsches Wesen mit braunen Augen und winzigen Füßen, das die Baracke sofort mit lautem Schreien erfüllt. Ihre Mutter hat noch einige Schmerzen zu erdulden. «Der Arzt musste mich ein bisschen nähen, ohne Spritze, ohne alles. Es tat sehr weh.» Aber Eva ist tapfer, das war sie schon immer. Geduldig erträgt sie die Prozedur, Hauptsache, ihr Baby ist gesund, und sie kann es endlich in die Arme nehmen. «Das war ein unglaubliches Gefühl. Alles habe ich in diesem Moment vergessen, die ganzen Schmerzen, die Angst. Ich dachte nur noch daran, wie glücklich ich bin, dass ich dieses wunderschöne Mädchen habe.» Der Häftlingsarzt wischt das

Baby ab, wickelt es in saubere Tücher, die die Frauen bereits vorbereitet haben, und gibt es Eva. Die Kleine findet sofort die Brust und beginnt zu saugen. Fasziniert betrachtet Eva ihre Tochter. «Sie war zwar klein, aber ziemlich schwer. Sie wog gute drei Kilogramm, wie ich später von David erfuhr.» Neun Monate musste sie um ihr Leben bangen, jetzt war sie plötzlich da. Ein bis dahin völlig unbekanntes Gefühl erfüllt Eva. Sie vergisst die Menschen um sie herum, die Baracke und sogar das Lager. An diesem Tag, dem 8. Januar 1945, ist die 20-jährige Eva Schwartz aus Brody am Irschau der glücklichste Mensch hinter dem Stacheldraht des Konzentrationslagers Kaufering I. «Ihre Geburt gab mir unglaublich viel Kraft. Ich wusste, dass ich von jetzt an nicht nur auf mich, sondern auch auf mein Kind aufpassen muss. Ich war fest entschlossen, sie vor jeder Gefahr zu schützen.» Eva gibt ihrer Tochter den Namen Maria, nennt sie zärtlich Marika.

Am 13. Januar bringt Magda Schwartz ein Mädchen, Judit, zur Welt. Aber ihre Angst ist größer als ihre Freude. Zu schmerzhaft ist für sie die Erinnerung an ihr erstes Kind, das in Auschwitz verschwunden war. Sie ist von Angst überwältigt, fürchtet, dass die SS ihr nach dem Sohn Gyula jetzt auch Judit wegnehmen könnte. 1985 wird Magda in ihrem Erinnerungsbericht den Tag, an dem Judit geboren wurde, so beschreiben: «Draußen tobte der Krieg, man hörte Flugzeuge und Kanonenschüsse. Es donnerten Schüsse der Artillerie. Wir hatten keinen Strom, nur eine Kerze. So ist meine Tochter auf die Welt gekommen. Was habe ich gefühlt, was habe ich gedacht? Jetzt leben wir, aber wie lange noch?» Am nächsten Tag, dem 14. Januar 1945, wird Doktor Vadász schon wieder in die Baracke der Frauen geholt. Ibolya Kovács' Niederkunft naht. Die Geburt ist diesmal sehr schwer, das Baby hat sich im Bauch der Mutter gedreht und kommt mit den Füßen zuerst heraus. Sein Gesicht ist blau angelaufen, die Nabelschnur straff um seinen Hals gewickelt. Das Mädchen weint nicht und ist sehr schwach, wiegt nur eineinhalb Kilo, wie Küchenkapo David später besorgt mitteilt. Der Blick von Vadász ist ernst und prophezeit nichts Gutes. Er weist die Frauen an, das Kind abwechselnd in kaltes und warmes Wasser zu tauchen. Endlich fängt die kleine Agnes zu weinen an. Sie will gar nicht aufhören. Vergeblich versucht Ibolya, sie zu stillen, und schaut dabei verzweifelt zum Häftlingsarzt auf. Was soll ich machen? Ernö Vadász denkt angestrengt nach. «Deine Tochter muss essen. Nur wenn sie Kraft zum Saugen hat, wird sie überleben», sagt er zu Ibolya. Die Frauen sind erschrocken, Ibolya tut ihnen leid. In den wenigen Wochen, seitdem sie hier sind, schweißte sie die Angst um ihre Kinder eng zusammen. Miriam hat manchmal das Gefühl, sie sind eine richtige Familie geworden. «Wir waren wie Schwestern.» Vorsichtig hüllen sie das weinende Baby in alles, was sie finden, Decken und Männerhemden, die ihnen der Häftlingsarzt und Luba aus der Lagerwäscherei brachten. Dann geben sie es wieder seiner Mutter. Alles lief bis jetzt so gut, warum nun das? Die Zeit läuft, und das Baby trinkt immer noch nicht. Sein Weinen wird leiser. In ihrer Verzweiflung redet Ibolya immer wieder auf ihr Kind ein, versucht es zu beruhigen. Die anderen beten für sie. Auf einmal verstummt die kleine Agnes. Sie trinkt. Ibolyas vor Schmerz und Kummer verzerrtes Gesicht leuchtet in stiller Freude. Das sechste Kind ist da, und es wird leben.

Während die Frauen tagsüber in der Wäscherei arbeiten, bleibt eine ältere litauische Jüdin bei den Kindern. Seit Anfang des Jahres herrschen Fleckfieber und Typhus im Lager. Täglich sterben Dutzende Menschen, jeden Morgen werden aus den Erdhütten im Männerlager Leichen hinausgetragen. An einigen Tagen muss das «Schwangerenkommando» die Toten im Lager auf Lastkarren zu einer großen Grube bringen. Eva und Miriam versuchen, auf keinen Fall in die Gesichter der Toten zu schauen. Sie ziehen den Karren zum Rand der Grube und werfen die Körper, auf die Kalk geschaufelt wird, hinein. Lautlos spricht Eva ein Gebet. Werden wir vielleicht auch so enden? Was hat die SS mit uns und unseren Babys vor? Eines Tages kommen mehrere SS-Männer in die Baracke herein. Sie wollen sehen, wie viele Kinder schon geboren wurden. «Na, ihr Juden, denkt ihr etwa, ihr seid hier in einem Sanatorium? Ihr könnt froh sein, dass wir euch die Kinder gelassen haben.» Miriam hat das Gefühl, dass ihr Herz stillsteht. «Wir dachten immer, wann werden wir abtransportiert, wann kommt etwas Schlimmes? Nach der letzten Geburt werden sie uns wegbringen, das dachten wir damals», beschrieb Magda Schwartz 1985 die Verzweiflung und Angst, in der sie und die anderen damals lebten.

Anfang Februar, nachdem immer mehr Häftlinge sterben, wird über das Lager I Quarantäne verhängt. Niemand rückt zur Arbeit aus, alle bleiben in den Erdhütten. Für männliche Häftlinge, die am Verhungern sind, bringt das neue Hoffnung. Viel länger hätten sie in ihrer dünnen Häftlingsuniform und vor allem ohne richtige Nahrung die Kälte und die unmenschlich harte Arbeit nicht mehr ausgehalten. Die Kranken werden in das Lager IV gebracht, das im Januar als Krankenlager eingerichtet worden ist, da die Arbeitsunfähigen nicht mehr nach Auschwitz deportiert werden konnten. Die Menschen in dem Lager leiden größte Not. Sie liegen nackt unter dünnen Decken, erhalten keine Medikamente und tragen Verbände aus dem Papier der Zementsäcke. Ende März vegetieren in 76 Erdhütten ungefähr 3000 Häftlinge in Kaufering IV, das zu einem Sterbelager geworden ist. Sie leiden an Darmkrankheiten, Krätze, Ödemen, allgemeiner Erschöpfung und an Typhus, Fleckfieber und Lungentuberkulose. Die große Zahl an Kranken wird von neun Häftlingsärzten, 41 Pflegern und Hilfspersonal versorgt, die aber fast nichts tun können. Ein spezielles Häftlingskommando begräbt täglich zwischen 20 und 30 Tote, denen zuvor die Goldzähne gezogen werden. Die SS-Führung ordnet für Kaufering I den Bau einer improvisierten Entlausungshütte mit Duschen an. Die Häftlinge werden einer schmerzhaften Rasur aller Körperteile unterzogen, unter die Duschen getrieben und nackt im Schnee stehend mit Desinfektionsmittel besprüht. Auch die Erdhütten werden ausgeräuchert, aber nach einiger Zeit sind die Läuse wieder zurück. Während der dreiwöchigen Quarantäne passiert etwas, womit keiner gerechnet hat. Das Internationale Rote Kreuz verschickt an die Häftlinge Pakete mit Lebensmitteln. «Die Quarantäne und diese Pakete mit Würfelzucker, Kondens- und Pulvermilch, Zigaretten und einem richtigen Kaffee halfen vielen von uns, am Leben zu bleiben», sagt Eta Goz aus Tel Aviv. Aber die Pakete haben noch eine andere Wirkung, sie stärken den Überlebenswillen der Gefangenen. Jeder passt auf seine Schätze gut auf, ein Stückchen Zucker kann über einen weiteren Tag Leben entscheiden. Mehrmals am Tag taucht Ibolya einen sauberen Lappenzipfel in eine hochkonzentrierte Zuckerwasserlösung und lässt ihre immer noch sehr schwache Agnes daran nuckeln. Die Rot-Kreuz-Pakete helfen, aber der Kampf um das Überleben ihrer Babys ist noch längst nicht gewonnen. Zum Glück haben Eva und Bözsi so viel Milch, dass sie auch die Neugeborenen der Frauen stillen, die keine haben.

Miriam ist die Letzte, die noch nicht entbunden hat. Dann ist es so weit, sie bekommt die ersten schmerzhaften Krämpfe. «Ich hatte Probleme, und die Wehen dauerten fast 48 Stunden.» Am schlimmsten ist es in der Nacht, da Miriam ständig zur Latrine gehen muss. Doch ihr Bauch ist so groß, dass sie Angst hat herunterzufallen. Bözsi hilft ihr jedes Mal. Die mittlerweile 29-Jährige weicht nicht von ihrer Seite und hält Miriam an der Hand, damit sie nicht in die Grube fällt. «Du musst ruhig sein und nicht ständig hinausgehen», sagt Ernö Vadász zu Miriam, doch sie kann seine Worte kaum hören. «Ich habe solche Schmerzen gehabt, dass ich nur geschrien habe.» Sie hört nicht, wie sich währenddessen auf der anderen Seite des Stacheldrahts mehrere Häftlinge versammeln. Die Männer hören ihre Schreie, jemand sagte ihnen, dass heute ein Kind zur Welt kommen soll. Stundenlang stehen sie frierend in der Kälte und sprechen Tehillim für die Gebärende. Es ist ein alter jüdischer Brauch. Gläubige rezitieren diese Psalme, flehen Gott um Hilfe an, wenn ihr Volk oder ein Einzelner in Gefahr sind. «Miriam, hörst du sie, wie sie für dich beten», sagen ihr die Frauen. «Heute ist Purim, dein Kind wird an Purim zur Welt kommen!» Es ist der 27. Februar 1945. «Das sind die Tage, an denen die Juden wieder Ruhe hatten vor ihren Feinden; es ist der Monat, in dem sich ihr Kummer in Freude verwandelte und ihre Trauer in Glück.» So erklärt das Kapitel 9 des Buches Esther der hebräischen Bibel das Purim-Fest. Miriam liegt auf der Pritsche und nimmt alles wie aus weiter Entfernung wahr. «Ich war vom Schmerz wie gelähmt, aber als ich es später erfuhr, war ich überwältigt.» Nach stundenlangen Krämpfen, mittlerweile ist schon ein neuer Tag angebrochen, ist die 22-Jährige sehr schwach geworden, hat kaum mehr Kraft zu pressen. Ernö Vadász versucht, ruhig zu bleiben, aber seine wachsende Sorge kann er nicht verbergen. «Ich kann das Herz des Kindes kaum hören», entfährt es ihm. «Was soll ich mit dir machen, ich kann es nicht allein. Presse, versuche es, presse!» Doch Miriam kann nicht mehr. «Ich bin zu schwach», sagt sie immer wieder zu Doktor Vadász. Auch er ist erschöpft, sein Gesicht fahl, aber er gibt nicht auf. Als er merkt, dass Miriams Blick entgleitet, legt er sich auf sie und versucht, das Baby mit seinen Händen aus ihrem Bauch herauszupressen. «Mirikem, halte durch», redet Bözsi ständig auf ihre Freundin ein. «Es kommt», ruft plötzlich Vadász, «noch einmal pressen, jetzt!» Einen kurzen Moment später hält er das Baby in die Höhe. Es ist ein Junge. «Er war wunderschön, mit großen blauen Augen.»

Es vergehen nur einige Stunden, und in die Baracke kommen SS-Offiziere. Sie wollen wissen, ob das letzte Kind schon geboren worden ist. Als sie László erblicken, seine blauen Augen und sein blondes Haar, ruft einer: «Schaut hin, das ist doch ein arisches Kind! Ist dein Mann etwa bei der SS?» Miriam, die ganz schwach ist, antwortet mit leiser Stimme: «Mein Mann ist Jude, kein SS-Mann.» Die Männer machen noch Witze über Miriam und ihr Baby, dann gehen sie. Am Abend vollzieht David sein liebstes Ritual. Als er mit László zurückkommt, hat er ein breites Grinsen im Gesicht. «Dein Baby wiegt fast zehn Pfund», sagt er zu Miriam. «Er war richtig dick, ich weiß bis heute nicht, wovon. Ich werde nie in meinem Leben Ernö Vadász vergessen, was er für mich und uns alle getan hat.»

Nach etwa einer Woche bekommt Miriam hohes Fieber. «Erst später erzählten mir die anderen, was passiert war. Ich verlor das Bewusstsein. Zwei Männer kamen und wollten mich wegbringen. Luba, die auch da war, sagte zu ihnen, ob sie nicht sähen, dass ich im Sterben liege, sie sollten mich zum Krankenrevier tragen.» Die Männer heben die Pritsche, auf der Miriam liegt, hoch und tragen sie hinaus. Auf einmal beginnt Miriam zu bluten, erst jetzt löst sich die Nachgeburt aus ihrem Körper. «Ich war fast verblutet, hat mir später Doktor Vadász erzählt. Jeder dachte, dass ich sterben werde, dass ich keine Chance mehr habe.» Um die akute Blutung zu stoppen, bringt Vadász die Pritsche in eine Schräglage. Die Beine der bewusstlosen Miriam sind jetzt oben, der Kopf unten. Ohne Gummihandschuhe, Sterilisierungsmittel, Bluttransfusion oder Medikamente kämpft er um ihr Leben. Vadász schabt mit bloßen Händen die Reste der Plazenta heraus. Aber noch ist Miriam in Lebensgefahr. «Sie wird vielleicht sterben», sagt er am Abend den besorgten Frauen. Das kann doch nicht sein, jetzt, wo wir fast alles überstanden haben, klagen sie laut. Doch der Häftlingsarzt täuscht sich diesmal. Nach zwei, drei Wochen erholt sich Miriam wieder. Wo ist mein Baby, fragt sie als Erstes, nachdem sie wieder zu sich gekommen ist. «Mein Sohn war die ganze Zeit bei Bözsi. Sie hatte so viel Milch, dass sie neben ihrem Kind noch ihn stillen konnte. Es war einfach eines dieser Wunder Gottes, die damals passiert sind. Sie war für uns alle wie eine Mutter, sie wollte sogar László adoptieren, falls ich gestorben wäre.»

Während Miriam noch im Krankenrevier liegt, kommt ein SS-Offizier in die Baracke herein. Will er ihnen jetzt die Kinder wegnehmen? Eva drückt ihre Tochter mit ganzer Kraft an ihre Brust. Sie merkt aber gleich, dass den Deutschen etwas anderes interessiert. «Wo habt ihr diesen Ofen her?», brüllt er und tritt ihn mit den Füßen zur Tür hinaus. Die Frauen weichen erschocken zurück. Eva will vor seinem hasserfüllten Blick davonlaufen, aber sie verharrt regungslos auf der Stelle. Der SS-Mann will wissen, wer ihnen den Ofen gebracht hat. Die Frauen zögern, aber die Furcht ist stärker. «Entweder ihr sagt es mir, oder ihr werdet zusammen mit euren Kindern erschossen.» Was sollen sie jetzt machen? «Luba war es», flüstern sie. Es dauert nur wenige Minuten, schon wird die Blockälteste geholt. Vor den Augen der Frauen schlägt der SS-Mann auf Luba ein, immer wieder zielt er auf ihren Kopf, bis ihr das Blut über das Gesicht läuft. Dann hört er abrupt auf und geht weg. Bewegungslos steht Luba da, gibt keinen Laut von sich. «Luba, verzeihe uns, wir mussten es tun», bitten die Frauen die Blockälteste um Entschuldigung. Luba schüttelt nur mit dem Kopf: «Ihr seht, ich lebe ja noch. Das ist nicht das erste Mal, an Schläge bin ich gewöhnt. Das ist nur Blut», sagt sie, wischt sich das Gesicht ab und lässt die Frauen alleine. Kurz danach bringt sie einen anderen Ofen. «Eure Babys müssen es warm haben.» Miriam wird nie erfahren, was Luba dazu getrieben hat, ihnen so tapfer zu helfen.

Dann geschieht etwas ganz Unerwartetes. In einer Nacht bringt David einen SS-Mann mit, den die sieben Frauen vorher noch nie gesehen haben. Er will sie sprechen. Der Blick des Deutschen ist fahrig, er schaut die verblüfften Frauen nicht direkt an, wirkt nervös, fast ängstlich. Keine Spur mehr von der Verachtung oder dem Hass, mit denen seinesgleichen die Juden behandeln. «Ich bin ein SS-Offizier, aber kein Unmensch», sagt er leise. «Ich weiß, dass ich sterben werde, die Amerikaner sind schon sehr nahe. Aber ich will euch helfen, auch ich habe zu Hause Kinder.» Der Mann öffnet seinen Mantel und holt Brot, Windeln, Milch und Seife heraus. Fast weckt er in Miriam Mitleid. «Er kam noch einige Male zu uns.» Miriam ahnt zunächst noch nicht einmal, dass dieser anonyme Helfer kein gewöhnlicher SS-Mann ist. Er ist der neue KZ-Lagerführer von Kaufering I.

«Mein Vater war ein guter Mensch»

Vom 6. bis zum 11. Februar 1947 verhandelt ein US-amerikanisches Militärgericht im Internierungslager Dachau in einem Nachfolgeverfahren zu dem Dachauer Hauptprozess vom Winter 1945 gegen Georg Deffner. Der ehemalige Hauptscharführer hatte vom 6. Februar 1945 bis Kriegsende das Kauferinger Lager I geführt. Unter den Entlastungszeugnissen befindet sich auch eine handschriftliche eidesstattliche Erklärung, verfasst am 9. September 1945 im bayerischen DP-Hospital St. Ottilien. Sie trägt die Unterschrift von Bözsi Legmann: «Die Frau des ehemaligen Lagerführers, Herrn Hauptscharführers Deffner, hat mich gebeten, eine Beurteilung über ihren Gatten zu schreiben. Ende November 1944 wurden wir sieben Frauen ins Lager I Kaufering geschickt, wo wir unsere Kinder geboren haben und wo wir uns bis Ende April 1945 befanden. Hier hatten wir die Gelegenheit, Deffner persönlich kennenzulernen. (...) Der Lagerführer Deffner hat uns die wichtigsten Sachen, Kinderpuder, Salbe, Lappen und warme Kleider für uns und unsere Kinder aus der Kammer gestohlen (...) Einem von den Kindern, deren Mutter keine Muttermilch hatte, hatte Deffner mehr als 50 Dosen Nestlé konzentrierte Milch von den Rotkreuzpäckchen besorgt (...)» Am Ende des Briefes bittet Bözsi im Namen der sieben Frauen und Kinder um «eine leichte Beurteilung, möglichst Freilassung» Deffners, der zu dieser Zeit im Internierungslager Dachau auf seinen Prozess wartet. Eine weitere jüdische Überlebende von Kaufering I, Schifra Noek aus Litauen, bestätigt, dass Deffner den sieben Wöchnerinnen und Kindern «viel Aufmerksamkeit schenkte» und sie sogar vor dem Lagerarzt Dr. Blancke beschützte, als dieser versuchte, ihnen die mitgebrachten Sachen wegzunehmen. «Ich kenne keinen zweiten SS-Mann außer Deffner, der uns so gut behandelt hat», schreibt die ehemalige Häftlingskrankenschwester in ihrer eidesstattlichen Erklärung.

Ein KZ-Lagerführer als Wohltäter? «In der gleichen Zeit, als er den sieben Müttern und ihren Kindern Lebensmittel brachte, starben auf der anderen Seite des Lagers Männer an Hunger», sagt heute Eta Goz aus Tel Aviv, die sich an den Lagerführer gut erinnern kann. Wer war also Georg Deffner wirklich?

Der Friedhof in Leitershofen, einem Ortsteil Stadtbergens bei Augsburg, unterscheidet sich kaum von den Friedhöfen anderer bayerischer Kleinstädte. Am Eingang steht eine Kirche, daneben reihen sich gepflegte Gräber, dekoriert mit frischen Blumen und brennenden Grablichtern. Die letzte Ruhestätte des SS-Hauptscharführers Georg Deffner und seiner Frau Josefa ist schon von der Straße aus gut zu sehen. Ein großes schwarzes Marmorkreuz auf dem Grabstein weist den Weg zu dem Familiengrab. «Barmherziger Jesus, gib ihm die ewige Ruhe!», steht auf dem noch erhaltenen Sterbebild mit einem Foto Georg Deffners, der am 6. Februar 1987, fast auf den Tag genau acht Jahre vor seiner Frau Josefa, gestorben ist. Die beiden, so viel scheint festzustehen, waren gläubige Katholiken. Das hinderte Deffner nicht daran, zwölf Jahre lang in der Waffen-SS gewesen zu sein, der Organisation, die für den millionenfachen Mord in den deutschen Vernichtungs- und Konzentrationslagern und zahlreiche Kriegsverbrechen in den besetzten Ländern verantwortlich war. Aber wer hätte in der

Gemeinde nach 1945 schon daran rühren wollen. Am Beispiel Deffners lässt sich der Umgang Nachkriegsdeutschlands mit den Nazitätern erzählen. Das Schweigen großer Teile der Gesellschaft und der Kirchen zum Judenmord und zu anderen Naziverbrechen hielt bis weit in die 1970er-Jahre an – und in manchen Fällen sogar bis heute.

Begonnen aber hat die Strategie der Umdeutung und Leugnung entgegen dem Mythos von der Stunde null viel früher, im Fall Deffners am 19. März 1944. An diesem Frühlingstag betritt ein ungewöhnliches Paar die leere Kirche St. Martin in Kaufbeuren im Allgäu. Der 1,72 Meter große Mann mit untersetzter Figur, glatten, nach hinten gekämmten Haaren und einer Narbe an der linken Schläfe trägt SS-Uniform. An seiner Seite schreitet eine schlanke Frau mit langen Haaren. Die beiden werden schon erwartet. Bereits im Februar hatte Georg Deffner mit dem Pfarrer des Katholischen Stadtpfarramts Christi Himmelfahrt in Kempten, Ulrich Felber, über seinen Wunsch nach einer nachträglichen kirchlichen Trauung gesprochen. Auf Druck der SS sei er 1933 aus der Kirche ausgetreten und habe wie alle anderen SS-Männer nur standesamtlich geheiratet. Danach folgte die obligatorische SS-«Eheweihe». Jetzt aber wolle er wieder Frieden schaffen mit Gott, seiner Kirche und seinem Gewissen. «Soldat, katholisch, ledig», gibt der 33-jährige Bräutigam, der in Wirklichkeit schon seit einem halben Jahr Lagerführer des neu errichteten Dachauer KZ-Außenlagers Kempten ist, für die Pfarrakte an. Pfarrer Anton Steichele traut das Paar heimlich und tauft auf dessen Wunsch die beiden Kinder, die vierjährige Tochter und den fünfjährigen Sohn. Auf den Kemptener Stadtpfarrer Felber macht der SS-Mann, der 1944 so reuig in den Schoß der katholischen Kirche zurückzukehren wünscht, offenbar einen sehr guten Eindruck. Denn nach dem Krieg wird Felber einer der Ersten sein, der dem KZ-Lagerführer einen Persilschein ausstellt: «Der Unterzeichnete war selbst erstaunt darüber, dass Deffner damals schon seine ganzen religiösen Angelegenheiten in Ordnung zu bringen den Mut hatte», schreibt er am 25. August 1945 in seiner pfarramtlichen Bestätigung. Dabei war er, Felber, zu der «festen Überzeugung» gekommen, dass Deffner «durch den ihm aufgezwungenen Beruf als Wachsoldat in einem KZ» sehr bedrückt gewesen sei.

Auch von einigen ehemaligen Häftlingen erhält der Katholik Deffner pastoralen Beistand: «Wir alle – die meisten waren katholische Geistliche (...), haben es nicht verstehen können, dass Ihr Mann bei der SS war. Er hat uns allen nie etwas angetan und uns geschützt, wo immer er es nur konnte», schreibt am 29. Juli 1946 an Josefa Deffner, die unermüdlich nach Entlastungszeugen für ihren Mann sucht, der «ihr sehr ergebene» Pater Allebrod aus Simmern. Der Priester war als Häftling im KZ Dachau dem Postkommando zugeteilt, das vom Oktober 1942 bis Oktober 1943 dem SS-Hauptscharführer Deffner unterstand. Dessen Aufgabe bestand vor allem darin, Post zum Bahnhof zu bringen und abzuholen und nach strengster Zensur durch Deffner auf die Häftlingsblöcke zu verteilen. «Ihr Mann ist damals für unsere unleugbaren Rechte eingetreten», schreibt im August 1946 an Josefa Deffner ein weiteres ehemaliges Mitglied dieses Häftlingskommandos, Georg Schelling. Er meint damit den Umstand, dass Deffner den Geistlichen half, von dem «schönen Postkommando» die kommunistischen Häftlinge zu verjagen. «Es fordert die Gerechtigkeit, der Möglichkeit Raum zu geben, dass jemand zwar die SS-Uniform trug, nicht aber dem Geiste und der Tat nach SS-Mann war. Ein solcher Sonderfall trifft für Deffner zu», erklärt Pastor Horst Thurmann, fünf Jahre Häftling im KZ Dachau, im Mai 1946.

Dass es nach dem Krieg mehrere Priester gegeben hat, die zugunsten ehemaliger SS-Schergen aussagten, obwohl sie selbst verfolgt waren und unter dem Naziregime gelitten hatten, mag verwundern. Doch sie handelten aus christlicher Barmherzigkeit und verfolgten nur konsequent die Linie, die ihre Kirche ihnen vorgab. Verschwiegen wurde dabei, dass die Täter sich ja schon schuldig durch ihre Mitgliedschaft in einer verbrecherischen Organisation wie der SS gemacht hatten und in der Regel keine Scham oder Reue zeigten. Aber schließlich hatten die meisten Kirchenvertreter vor 1945 die antisemitische und antikommunistische Weltanschauung mit den Nationalsozialisten geteilt. Der deutsche Publizist Ernst Klee zitiert in seinem Buch «Persilscheine und falsche Pässe» Kardinal Faulhaber, der im Juni 1945 in seinen pastoralen Anweisungen an den Klerus der Erzdiözese München schrieb, worum es der Kirche ging: «Man hat wochenlang Vertreter von amerikanischen Zeitungen und amerikanische Soldaten nach Dachau gebracht und die Schreckensbilder von dort in Lichtbildern und Filmen festgehalten, um der ganzen Welt bis zum letzten Negerdorf die Schmach und Schande des deutschen Volkes vor Augen zu stellen.» Statt für die überlebenden und traumatisierten Opfer zeigten viele kirchliche Würdenträger mehr Mitleid mit den Nazitätern, besorgten Alibis und falsche Papiere, leisteten Fluchthilfe, organisierten juristischen Beistand und bezogen öffentlich Stellung gegen die alliierte «Siegerjustiz».

Der neue Münchner Weihbischof Johannes Neuhäusler spricht im September 1947 in einem Radiointerview, das erst nach seinem Tod in der Münchner Katholischen Zeitung veröffentlicht wird, im Zusammenhang mit den Prozessen in Nürnberg und Dachau ganz offen von «Berufszeugen», die dort aussagten und ihm Bedenken bereiteten. So versucht der ehemalige Dachauer Häftling Neuhäusler die Aussagen ehemaliger KZ-Häftlinge zu erschüttern. «In welcher Eigenschaft sind sie im KZ gewesen, vielleicht als ‹Berufsverbrecher›? (…) Wie viel Geld bekamen sie täglich und wie viele Zigaretten?», fragt der Bischof. Geschickt lenkt Neuhäusler den Blick ausschließlich auf ehemalige Kapos im Zeugenstand, von denen sich mehrere in der Tat Verbrechen schuldig gemacht haben – im KZ-System der Nazis. So macht der Bischof aus Opfern pauschal Täter. 1949 gründen Neuhäusler und der evangelische Altbischof Theofil Wurm die «Christliche Gefangenenhilfe», die sich um die «Opfer der Siegerjustiz» kümmert. Die christliche Barmherzigkeit der Bischöfe gilt auch Massenmördern wie dem SS-Standartenführer Paul Blobel, der im Gefängnis Landsberg auf seine Hinrichtung wartet. Im September 1941 hatten Blobels Männer in der Kiewer Schlucht Babi Jar in zwei Tagen mehr als 33 000 Juden erschossen. Weihbischof Neuhäusler legt scharfen Protest ein, wenn es um die religiösen Gefühle der inhaftierten Kriegsverbrecher geht. «Eine solche Missachtung und Verletzung eines bei den christlichen Konfessionen heiligen Brauches» habe er nicht einmal im KZ erlebt, zitiert Ernst Klee in seinem bereits erwähnten Buch aus Neuhäuslers Schreiben an General Clay, nachdem der amerikanische Gefängnisdirektor am 2. Dezember 1948 den Adventskranz aus dem Speisesaal des Landsberger Gefängnisses hatte entfernen lassen. Zu diesem Zeitpunkt ist Deffner schon aus der Haft in Landsberg entlassen, wo er einigen Quellen zufolge – andere sprechen von einem französischen Gefängnis – nach seiner Verurteilung den Rest seiner Strafe verbüßen musste.

Die Strafe fiel gering aus. Vor dem Militärgericht 1947 entlasten Deffner auch sechs ehemalige polnische Häftlinge des Dachauer Außenlagers Kempten, die ihn in einem Brief als «menschlich und korrekt» beschreiben. Im August 1943 hatte er als Lagerführer das neu errichtete Außenlager mit etwa 500 männlichen Häftlingen aus verschiedenen Ländern übernommen. Deffner selbst sagt im Prozess aus, er habe die Kapos in Kempten aufgefordert, Häftlinge nicht zu schlagen. Es kommen aber auch andere Zeugenaussagen zur Sprache, die das Bild des «humanen Lagerführers», um das Deffner und seine Frau so bemüht sind, trüben. Während seiner Zeit seien die Gefangenen misshandelt worden. Deffner habe selbst mehrere Male Häftlinge geschlagen oder sie nach Dachau zur Bestrafung geschickt. Ein ehemaliger SS-Mann, der später im KZ

Dachau inhaftiert wurde, sagt vor Gericht aus, er habe den Angeklagten «mehrere Male auf dem Schießplatz in Uniform des Exekutionskommandos» gesehen. Deffner gibt zu, dass er bei «zwei Exekutionen russischer Partisanen» anwesend war und die Särge der Hingerichteten aufgeladen habe. Doch er selbst habe die Häftlinge nur «manchmal» wegen Vergehen wie Diebstahl geohrfeigt. Die Misshandlung von Häftlingen habe nicht er angeordnet, sondern seine Vorgesetzten im Stammlager, die im ersten Dachauer Prozess bereits zum Tod durch den Strang verurteilt worden waren. Die Ausrede, man habe nur Befehle befolgt, war für die Angeklagten typisch. Ganz so, als ob Hitler, Heydrich und Himmler am Ende ganz allein die Kriegsverbrechen begangen und sechs Millionen Juden umgebracht hätten.

Im April 1944 erklimmt Deffner eine weitere Stufe auf der SS-Karriereleiter und übernimmt als Lagerführer das Dachauer Außenlager Kottern. Fast 750 Häftlinge müssen dort bei den Messerschmittwerken und in den Werkstätten für Panzer- und Kriegsfahrzeugbau Zwangsarbeit leisten. Drei Monate vor Kriegsende, am 6. Februar 1945, kommt Deffner schließlich nach Kaufering I und bleibt dort bis zur Auflösung des Lagers. Das Außenlager mit mehr als 2500 Häftlingen soll die letzte Station in der zwölfjährigen SS-Karriere Georg Deffners sein, die am 22. März 1933 mit seinem Beitritt zur allgemeinen SS in Augsburg begann. Bevor der damals 23-jährige Deffner dem Wachdienst im KZ Dachau zugeteilt wurde, durchlief er die berüchtigte «Dachauer Schule». In der mehrwöchigen Ausbildung lernten die SS-Männer, systematisch Gewalt an Häftlingen auszuüben, Demütigung, Folter und Mord als «normal» zu betrachten und den Gefangenen gegenüber niemals Mitleid oder Toleranz zu zeigen. Die Häftlingsgruppe, die von Anfang an am stärksten der Grausamkeit der SS ausgesetzt war, waren deutsche, später ausländische Juden. An ihnen konnten die SS-Männer als überzeugte Nazis nun ihre antisemitische Weltanschauung in die gewaltsame Praxis umsetzen. Schon 1933, während der ersten Wochen der SS-Herrschaft im KZ Dachau, waren die meisten der Ermordeten Juden. Am Ende seiner SS-Karriere übernimmt Georg Deffner ausgerechnet ein großes «Judenlager der Organisation Todt». Mit seinen 35 Jahren zählt der SS-Hauptscharführer, der 1910 im schwäbischen Violau als zehntes Kind in der Familie eines Bauern auf die Welt kam und nie eine Ausbildung erhalten hatte, bereits zu den Veteranen des KZ-Systems. Das Lager I untersteht zu dieser Zeit wie alle Kauferinger Lager dem früheren Lagerkommandanten von Mittelbau-Dora, SS-Sturmbannführer Otto Förschner. Als Rapportführer ist der berüchtigte SS-Scharführer Wilhelm Tempel eingesetzt, ein Mann mit Erfahrungen aus den Vernichtungslagern Majdanek und Auschwitz. Auch einige weitere Männer des SS-Wachpersonals sind vor ihrer Versetzung nach Kaufering in Vernichtungslagern tätig, mit dem Völkermord an den europäischen Juden also schon vertraut gewesen. Die Verhältnisse in Deffners letztem Lager sind grauenhaft. Täglich sterben auf der Baustelle und im Lager Häftlinge an Hunger, Kälte, Krankheiten und Erschöpfung. Die Menschen sind brutalen Strafen und psychischen Demütigungen durch die SS und Kapos wehrlos ausgeliefert. Mit Deffners Ankunft ändert sich nichts daran. Vor allem vor dem Rapportführer Tempel und dem Arbeitseinsatzführer Johann Kirsch haben die Häftlinge Angst. Aber auch der Lagerführer selbst habe die Häftlinge misshandelt, berichtet ein Überlebender aus Litauen, Boruch Siew, den amerikanischen Richtern. Mit einem Gummischlauch habe Deffner seinen Freund und die anderen in seiner Arbeitskolonne brutal geschlagen. Deffner verweist auf die Aussagen der Priester und auf die Zeugnisse von Bözsi Legmann und Schifra Noek. Als er von den Richtern nach der Räumung des Lagers und dem Todesmarsch von Kaufering nach Dachau, bei dem viele Häftlinge ermordet wurden, gefragt wird, beruft Deffner sich wieder auf höheren Befehl.

Georg Deffner nach seiner Entlassung, Augsburg 1948

Im Gegensatz zu seinen Vorgängern auf dem Posten des Lagerführers von Kaufering I, dem SS-Oberscharführer Alfred Kramer und dem SS-Obersturmführer Johann Schwarzhuber, die von den westalliierten Militärgerichten zum Tode verurteilt wurden, kommt Deffner 1947 mit einer Freiheitsstrafe davon. In den Nachfolgeprozessen werden in der Regel wesentlich mildere Urteile gefällt. Der Rechtswissenschaftler Holger Lessing, der 1993 über den ersten Dachauer Prozess promovierte, vermutet, dass es auch daran gelegen haben könnte, dass die urteilenden Richter die Verhältnisse im KZ noch unmittelbar nach der Befreiung selbst sehen konnten. Den Richtern der späteren Verfahren wiederum standen nur Fotos, Zeugen und schriftliche Aussagen zur Verfügung. Auch findet Deffners Prozess in einer Zeit statt, in der sich das politische Klima zwischen West und Ost zunehmend verschärft und der Kalte Krieg beginnt. Das Militärgericht verurteilt Deffner angesichts der belastenden Aussagen zu drei Jahren Gefängnis wegen Häftlingsmisshandlung. Da die Untersuchungshaft angerechnet wird, kommt er schon im September 1948 aus dem Gefängnis heraus.

Deffner muss nach seiner Entlassung nicht auf die «Christliche Gefangenenhilfe» der Bischöfe warten. Auch ohne direkte Intervention der Kirche kann er rasch einen Schlussstrich unter seine SS-Vergangenheit ziehen. Die Hauptkammer der Spruchkammer Augsburg-Land, ein Vorsitzender und zwei Beisitzer, reiht Deffner im Entnazifizierungsverfahren am 23. Dezember 1948 «aufgrund seines anständigen Gesamtverhaltens» in die Kategorie der Mitläufer ein. Damit ist Deffner, Lagerführer eines Konzentrationslagers mit Hunderten von Toten, praktisch rehabilitiert. Nur 1,4 Prozent von mehr als 2,5 Millionen Deutschen, die sich dem Verfahren stellen mussten, werden bis 31. Dezember 1949 als Hauptschuldige und Belastete eingestuft. Die Spruchkammer hält Deffner, der in wirtschaftlich bedrängten Verhältnissen lebe und sich keiner Verbrechen gegen die Menschlichkeit zuschulden habe kommen lassen, die Aussagen der Pfarrer wie auch der «KZ-lerinnen» Bözsi Legmann und Schifra Noek zugute. Georg Deffner kann ab jetzt das Leben eines unbescholtenen deutschen Bürgers führen und zeigt, öffentlich zumindest, keine Reue. Er arbeitet bis zu seiner Pensionierung als städtischer Angestellter im Augsburger Schlachthof und verschwindet in der Masse derjenigen, die sich selbst als Opfer fühlen und die Verbrechen leugnen. Noch Jahrzehnte später wird er sich als einen Mann bezeichnen, der «ohne Fehl und Tadel» seinen Dienst für das Vaterland verrichtet habe. Dann nämlich, als ihn seine Vergangenheit noch einmal einholt.

Im September 1976, Georg und Josefa Deffner sind gerade von einem Besuch bei ihren Kindern in den USA zurückgekehrt, bekommt Deffner eine Vorladung vom Bayerischen Landeskriminalamt in München. Es wird gegen ihn, so steht es in dem Schreiben, wegen des Verdachts des Mordes im Dachauer Außenlager Kottern ermittelt. Was er nicht wissen kann:

Die Ludwigsburger zentrale Stelle zur Aufklärung nationalsozialistischer Verbrechen sammelt schon seit Ende der 1960er Jahre, vermutlich im Zusammenhang mit Entschädigungsansprüchen ehemaliger KZ-Häftlinge, Zeugenaussagen zu dem Außenlager. Sein Name kommt dabei immer wieder vor. «Deffner war zu uns sehr brutal», sagt zum Beispiel der ehemalige polnische Gefangene Boleslaw C. aus und berichtet von fünf vorsätzlichen Tötungen, die ihm aus der Lagerzeit bekannt seien. Auch ein anderer polnischer Überlebender schildert Deffner als brutalen Menschen, den «alle gefürchtet haben». Nach Kriegsende hatte ihn, wie den Ludwigsburger Akten zu entnehmen ist, Deffners Frau aufgesucht. «Sie war auf der Suche nach Fürsprechern für ihren inhaftierten Mann.» Mehrere Überlebende aus Italien, die in unterschiedlichen Städten wohnen, erinnern sich unabhängig voneinander an schwere körperliche Misshandlungen und blutige Schläge seitens des SS-Lagerpersonals. Auch an einen Landsmann, der nach einer Prügelstrafe die ganze Nacht bei minus 20 Grad im Freien stehen musste, bis er starb. «Bezüglich Kottern ist mir in Erinnerung, dass es dort zwei Männer der Wachmannschaft gab, die ausgesprochen blutrünstig waren: Es waren der Hauptscharführer Deffner (…) und der Oberscharführer Häusler. (…) Ich selbst wurde von Deffner einmal schwer misshandelt. Beide sagten immer, wenn es schiefgeht, dann legen sie uns alle um», erzählt ein österreichischer Überlebender den Ermittlern in Wien.

Die Vernehmung Deffners in München dauert den ganzen Tag. Im Protokoll wird vermerkt, dass sie «äußerst schwierig war», da der Beschuldigte «sehr aufgeregt und nervös war und Angaben nur in Anwesenheit seiner Ehefrau machte, die ihn gesundheitlich betreute». Er sei schwer leidend, müsse laufend Herztabletten einnehmen und halte das nicht mehr aus, behauptet Deffner, ein Mann, der gerade aus den USA zurückgekehrt ist und nach seiner Vernehmung noch elf Jahre leben wird. Die Vorwürfe der vorsätzlichen Tötung bestreitet er vehement. Die Leute, die so etwas sagten, würden «die Lager verwechseln». Auch sei er nie brutal oder blutrünstig gewesen, seine Aufgaben als Lagerleiter in Kottern, Kempten und Kaufering habe er stets «ohne Fehl und Tadel» verrichtet, als wäre der SS-Dienst in einem KZ nicht schon für sich genommen ein Verbrechen. Er, so Deffner weiter, sei doch schon 1944 «mit seinem Gewissen ins Reine gekommen», indem er in die Kirche eingetreten sei. Eines räumt er ein und zeigt damit, dass er selbst nach 31 Jahren das Unrecht immer noch nicht zu sehen bereit ist: «Mit Glacéhandschuhen sind die Häftlinge nicht angefasst worden ... (...) Die wären einem bald auf dem Kopf herumgetanzt, wenn man sie hätte machen lassen, was sie wollten.» Immer wieder verweist Deffner auf das Urteil der Augsburger Spruchkammer. Zweimal nimmt er während der Vernehmung noch seine Herztropfen, bis sie um 18.30 Uhr zu Ende ist. 1978, nach der Anhörung einer ganzen Reihe ehemaliger SS-Wachmänner aus Kottern, die von irgendwelchen Häftlingstötungen nichts wissen wollen, wird das Verfahren eingestellt. Diese Zeugen zeichnen von Deffner das Bild eines «anständigen Menschen, der keiner Fliege etwas zuleide tun konnte». Der polnische Hauptbelastungszeuge ist inzwischen gestorben, und im Schlussvermerk des Bayerischen LKA, das in diesen Ermittlungen nicht gerade besonders eifrig erschien, kann man seltsame Sätze lesen: Häftlingstötungen seien nicht bewiesen, im Gegenteil, unter den Häftlingen selbst solle es zumindest eine Auseinandersetzung mit Todesfolge gegeben haben. Die Unterlagen aus dem Dachauer Prozess hätten die gegen Deffner erhobenen Vorwürfe entkräftet, andere Zeugen konnten nicht ermittelt werden, und: «Es ist überhaupt zweifelhaft, wie der Zeuge C. die angeblich den ganzen Tag über währenden Misshandlungen beobachtet haben will, wenn er doch, wie alle anderen Häftlinge, tagsüber schwer arbeiten musste ... (...).»

«Mein Vater hatte sich nichts vorzuwerfen», sagt am Telefon Deffners 70-jährige Tochter. «Er nutzte seine Position als Lagerführer, soweit es ihm möglich war, immer dazu, das Leben der Häftlinge zu erleichtern.» In den 1960er-Jahren sind die Kinder der Deffners in die USA ausgewandert. Der Weg zu ihnen führt über die Friedhofsverwaltung, die für das Grab der Eltern in Leitershofen zuständig ist. Deffners Tochter redet leise und mit Bedacht. Sie freue sich über das Interesse an ihrem Vater, sagt sie gerührt. Es war ihre Mutter Josefa, die damals, nach dem Krieg, in das DP-Lager St. Ottilien gegangen war, in dem jüdische Überlebende, darunter fünf der sieben Mütter, untergebracht waren. Sie wollte eine «Charakterbeurteilung» für ihren internierten Mann, der auf seinen Prozess wartete. So erklärt sich also, wie es zu dem Brief Bözsis kam, nicht aber, woher Josefa wusste, zu welcher Überlebenden von vielen Hunderten im DP-Hospital St. Ottilien sie genau hingehen sollte. Hatte vielleicht Josefa ihren Mann auf die Idee gebracht zu helfen? Vor ihrer Hochzeit 1938 hatte sie in München an den Kursen des NS-Reichsmütterdienstes teilgenommen. Von 1933 bis Anfang 1939 sollen 1,7 Millionen deutsche Frauen die Kurse besucht haben, die «reinrassige Frauen» zu höheren Geburtenraten motivieren sollten. Aber erstreckte sich die Kinderliebe dieser Frau auch auf jüdische Kinder? Davon erzählt ihre Tochter nicht, sie weiß darüber wohl auch nichts. Es ist aber auch schwer für sie, noch heute, und wird es immer sein. Aufgewühlt spricht sie von den kirchlichen Persilscheinen für ihren Vater, die sie natürlich nicht als solche bezeichnet. «Seine einzige Schuld war, dass er in der Waffen-SS war.» Den belastenden Aussagen ehemaliger Häftlinge glaubt sie auf keinen Fall. Warum? Sie hat die Antwort gleich parat: «Weil er ein guter Mensch war.» Das Lager Kaufering sei ihr auch bekannt. Sie und ihr Bruder hätten dort ihren Vater als Kinder zusammen mit der Mutter sogar ein paarmal besucht. Sie erinnert sich nur daran, dass eine jüdische Frau damals ihrer Mutter das Haar gerichtet habe, und «sie tat das sehr gerne». Die Mutter habe ihr dann immer etwas zum Essen zugesteckt. Einige Tage später schreibt sie eine E-Mail. In dem nachvollziehbaren Wunsch, den Vater zu verteidigen, greift sie die Opfer an: «Es gibt Menschen, die hassen nur um des Hasses willen. Mein Vater war in Dachau vor Gericht, und es gab dort Zeugen, die gegen ihn sprachen. Aber sie konnten ihre Anklagen nicht beweisen, während mein Vater seine Unschuld durch Zeugen und eidesstattliche Erklärungen beweisen konnte. In den Zeiten, in denen Rache nicht der erste Impuls ist, hätte er für seine Taten Lob verdient.»

Bözsi Legmann hätte allen Grund zum Hass gehabt. Doch sie wollte und konnte wie viele der Überlebenden nicht hassen. Im Gegenteil: Mit ihrer Aussage rettete sie womöglich das Leben eines SS-Mannes, der bis zu seinem Tod keine Schuldgefühle zeigte und nicht einsah, dass man Menschen nicht eigenhändig umbringen muss und dennoch schuldig sein kann. Ihrem Sohn George erzählte Bözsi nie von Deffner. Über David, Ernö Vadász und die Häftlingsfrauen, die ihr Leben riskierten, um den sieben Frauen und Kindern zu helfen, sprach sie dagegen sehr oft. Damals wie heute war und ist sich Miriam über die Motive des SS-Mannes, der ihnen half, im Klaren: «Die Deutschen wussten schon, dass der Krieg verloren war. Sie wollten uns als Alibi benutzen und zeigen, dass sie keine Kinder töten.» Auch Ibolya Ginsburg sieht das so: «Die SS-Männer halfen nicht, weil ihnen die Frauen und Babys leidtaten. Sie wollten bloß ihre Haut retten.»

Anfang März endet die Quarantäne im Kauferinger Lager I. Die Häftlinge müssen wieder zur Arbeit ausrücken. Auch Eva, Bözsi, Ibolya, Magda, Sara und Dora gehen wieder in die Lagerwäscherei. Jeden Tag hören und sehen die Häftlinge jetzt Bombengeschwader der Alliierten, die Angriffe auf München und andere Städte Bayerns fliegen. Während die SS-Wachmannschaften beim ersten Ton der Sirenen flüchten, freuen sich die Gefangenen über die Vorboten der Freiheit. Die Tage vergehen aber wie bisher, nur die Nervosität der SS wächst spürbar. Jeder ahnt, dass die Amerikaner nicht mehr weit sind. Im Lager herrscht ein ständiges Kommen und Gehen. Eva hat große Angst. Wie alle anderen glaubt sie, dass die SS nur gewartet hat, bis das letzte Baby auf die Welt kommt. «Nach der letzten Geburt, zu der es Ende Februar kam, wollen sie uns abtransportieren, dachten wir damals», schreibt auch Magda in ihren Erinnerungen. Ihre Vermutung war richtig. Am 13. März 1945 unterschreibt der erste SS-Lagerarzt im KZ Dachau, Fritz Hintermayer, den Überstellungsbefehl für «Wöchnerinnen und zur Arbeit nicht mehr einsatzfähige weibliche und kranke Häftlinge». Die Mütter und ihre Kinder sollen in das KZ Bergen-Belsen deportiert werden. In den letzten Wochen verwandelt sich dieses Lager immer mehr zum Auffang- und Sterbelager für kranke Häftlinge aus allen Teilen Deutschlands, die für das Naziregime nicht mehr von ökonomischem Nutzen sind. Das KZ ist zu dieser Zeit, besonders durch die Häftlingstransporte aus dem Osten, hoffnungslos überfüllt, eine Fleckfieber- und Typhusepidemie ist ausgebrochen. Täglich sterben 250 bis 300 Menschen, schreibt der Lagerkommandant Josef Kramer Anfang März an Richard Glücks, Leiter der Inspektion der Konzentrationslager, nachdem er einen Befehl bekommen hat, noch weitere 2500 kranke weibliche Häftlinge aus Ravensbrück aufzunehmen. Im Lager mangele es an allem, Essgeschirr, Desinfektionsmitteln und Decken. Fast 35 000 Häftlinge sterben in Bergen-Belsen allein in den letzten viereinhalb Monaten des Krieges. Die Säuglinge hätten dort keine Überlebenschancen gehabt. Zum Glück kann der Befehl Hintermayers nicht mehr ausgeführt werden. Der Vormarsch der Alliierten verhindert die Deportation.

Todesmarsch und Befreiung, April 1945

In den ersten Aprilwochen hören die Häftlinge den Geschützdonner der alliierten Artillerie immer näher kommen. Mit jedem Tag wächst die Spannung, im Lager kursieren alle möglichen Gerüchte. Viele sind überzeugt, dass die Nazis vor ihrer militärischen Niederlage alle Gefangenen umbringen werden. Wie nach dem Krieg bekannt wurde, existierte in der Tat ein Plan zur Vernichtung der Häftlinge von Dachau und der großen Außenlagerkomplexe um Mühldorf und Landsberg/Kaufering. Noch vor der Ankunft der Befreier sollten die Lager bombardiert oder die Menschen vergiftet werden. Die Operationen trugen die Decknamen «Wolke A» und «Wolkenbrand». Die Lage ist unübersichtlich, neben den Vernichtungsplänen, die doch nicht verwirklicht werden, laufen auch Verhandlungen über die Freilassung einzelner Häftlingsgruppen und deren Übergabe an das Rote Kreuz. Mitte April 1945 erteilt Himmler an die Kommandanten der KZ Dachau und Flossenbürg einen Befehl, dem zufolge kein Häftling lebendig in die Hände des Feindes geraten soll.

Seit Januar 1945 schon ziehen endlose Kolonnen von Häftlingen quer durch das unter der Herrschaft der Nazis noch verbliebene Gebiet. Hunderttausende Menschen, viele von ihnen kaum noch gehfähig, müssen die Konzentrationslager vor den anrückenden Alliierten verlassen und werden durch das Land getrieben. Die sogenannte Evakuierung, die bereits im Spätsommer und Herbst 1944 in Ostpolen und in den baltischen Ländern beginnt und 1945 mit der Räumung der Lager in Polen und auf deutschem Boden fortgesetzt wird, leitet die letzte Phase des nationalsozialistischen Genozids ein. Die Häftlinge werden auf Todesmärsche getrieben. Die KZ-Wachen ermorden viele Gefangene noch vor dem Verlassen der Lager, zahllose Menschen sterben unterwegs, werden erschossen, weil sie zu flüchten versuchen oder nicht mehr weitergehen können. Züge mit Häftlingen geraten auch in Bombardements durch Kampfflugzeuge der Alliierten. Schätzungen des israelischen Historikers Daniel Blatman zufolge starben auf den Todesmärschen etwa 35 Prozent der ungefähr 714000 Häftlinge, die sich Anfang 1945 in den Konzentrationslagern befanden.

In der letzten Aprilwoche 1945 ist das KZ Dachau mit seinen vielen Außenlagern neben Mauthausen in Österreich das letzte große Lager, das noch in Betrieb ist. Der Befehl zur Räumung des Kauferinger Lagers I kommt am Dienstag, dem 24. April 1945. Binnen zwei Tagen muss das Lager komplett evakuiert werden, kündigt Rapportführer Tempel vor den versammelten Häftlingen an. Die Gesunden sollen zu Fuß gehen, für die Kranken und Schwachen steht ein Zug bereit. Niemand weiß, wohin diese Reise führen wird. Der Erklärung der SS-Wachen, die Gefangenen würden jetzt dem Roten Kreuz übergeben, glaubt niemand. Überall herrscht Angst, Chaos und Geschrei. Die Amerikaner sind schon ganz nahe, und für die SS ist es fast unmöglich, das Lager geordnet zu räumen. Noch am gleichen Tag verlässt eine Kolonne von mehr als 1600 Marschfähigen das Lager. Am Abend des 26. April sind die Kranken an der Reihe. Mit ihnen marschieren Eva, Miriam, Magda, Dora, Bözsi, Ibolya und Sara, alle sieben in einer Reihe, mit ihren Babys im Arm. Die Masse der etwa 1000 kranken und erschöpften Menschen kommt nur langsam voran. Es ist Frühling, aber im bayerischen Voralpenland immer noch bitterkalt, und es regnet stark. Nach nur wenigen Minuten sind alle durchnässt. Mechanisch schiebt Eva einen Fuß vor den anderen, weiter, immer weiter, bloß nicht stehen bleiben. Ihre kleine Tochter, eingewickelt in alles, was sie auf die Schnelle finden konnte, trägt sie die ganze Zeit festgebunden an ihrer Brust. «Es war sehr schwer zu marschieren, denn wir hatten statt richtigen Schuhen nur Holzpantoffeln an. Die Menschen, die nicht weitergehen konnten, wurden sofort umgebracht.» Ein Junge aus Litauen, der für die SS wegen seiner schönen Stimme öfter singen musste, kauert auf dem Boden, hat keine Kraft mehr aufzustehen. Ein SS-Mann brüllt ihn an: «Kannst du nicht oder willst du nicht?» Der Junge sagt leise: «Ich kann nicht.» Da schießt ihm der SS-Mann ohne ein weiteres Wort in den Kopf. Miriam, die sich von ihrer Notoperation noch nicht erholt hat, spürt, wie ihre Kräfte nachlassen. «Auf einmal kam ein Soldat zu mir, mit einem großen Hund, und fragte mich, ob ich Deutsch spräche. Ich solle ihm mein Baby geben, er werde es tragen. Ein Deutscher, der mir helfen wollte! Es war unglaublich.» Dankbar übergibt ihm Miriam den kleinen László, lässt ihn aber nicht aus den Augen. Nach etwa zwei Stunden erreicht die Kolonne den Platz, an dem schon ein langer Zug wartet. Hunderte kranker Häftlinge aus dem Lager IV liegen in den Waggons, sie sollen zusammen mit den Kranken aus dem Lager I nach Dachau gebracht werden. Die Waggons sind schmutzig, und die meisten haben kein Dach. «Alle einsteigen!», schreien die SS-Wachen. Langsam setzt sich der überfüllte Zug mit Typhus- und Hungerkranken in Bewegung. Dicht gedrängt und schlotternd vor Kälte, fahren die sieben Mütter mit ihren Kindern in der Nacht weiter. Wohin, das weiß keiner. In den Morgenstunden gerät der Zug bei Schwabhausen in einen schweren Tieffliegerangriff. Die amerikanischen Jagdbomber schießen auf einen Flakzug, der auf dem Nebengleis steht. Die Mütter und ihre schreienden Babys sind im ersten Waggon hinter der Lokomotive, die sofort zerstört wird. «Ich kann nicht denken, werfe mich schnell auf meine Tochter, um mich herum sind Tote und Verletzte. Noch heute, nach vierzig Jahren, spüre ich den Schrecken», schreibt Magda Schwartz. Eva presst ihr Baby an sich, springt aus dem Waggon, nur weg, und rennt in ein kleines Wäldchen. «Dort habe ich mich sofort auf Marika geworfen und versucht, sie mit meinem Körper zu schützen. Ich dachte, wenn wir von dieser Welt gehen sollen, dann beide gemeinsam.» Miriam sucht Schutz unter einem Baum, scharrt mit den Händen Laub zusammen und wirft es auf László. Schüsse fallen, und sie betet. «Gott, bitte, hilf mir, lass mich mein Kind nach Hause bringen!» Die SS-Wachen unter der Führung von Hauptscharführer Georg Deffner schießen auf die Häftlinge, die versuchen zu fliehen. Viele können dennoch entkommen. Auch Eva ist weitergerannt, die Angst treibt sie immer tiefer in den Wald hinein. Die ganze Zeit regnet es, auf dem schlammigen Boden kann sie nicht richtig laufen. Am Horizont, noch ziemlich weit weg, erblickt sie einige Häuser. Die Bewohner eines Bauernhofs wollen sie aber nicht hereinlassen, nicht einmal in den Innenhof. Sie erschrecken vor den seltsamen Gestalten, die in durchnässter Häftlingskleidung plötzlich vor ihrer Tür stehen. «Dann kam aber eine Frau zu uns, sie war sehr nett und führte uns in eine große Scheune. Auch etwas Brot und Milch hat sie uns gebracht.» Stunden vergehen, und es geschieht nichts. Sind wir jetzt schon in Sicherheit? Ist das etwa die Freiheit? Zuerst flüstern die Häftlinge nur, dann wagen sie es, laut zu sprechen. Einige lachen, und auch Eva beginnt zu glauben, dass sie nun vielleicht doch nichts mehr zu befürchten hat. Dann plötzlich, sie weiß nicht, nach wie vielen Stunden, hört sie Schritte und Geschrei. Alle wissen, was das bedeutet. SS-Männer haben ihr Versteck entdeckt. Erneut werden sie zum Zug getrieben, wieder muss Eva den ganzen Weg zu Fuß gehen, mit ihrer Tochter auf dem Arm. Aus den zerstörten Gebäuden der Bahnstation quillt Rauch, hier und da züngeln noch Flammen empor. «Heraus! Zurück zu den Waggons», schreien die Deutschen. Es fallen Schüsse. Aus dem Wald rennen Gefangene und klettern in die Waggons. Als der Zug am Abend weiterfährt, bleiben viele Tote und Schwerverletzte zurück. Die sieben Mütter und ihre Kinder sind wieder zusammen, alle unverletzt, wie es scheint. Dann sehen sie in Ibolyas Gesicht das Entsetzen. Ihr Baby war während des Fußmarsches ganz tief in die Decken hineingerutscht. Seit einigen Stunden schon habe sie es nicht mehr gehört, sagt sie den anderen. Voller Panik reißt sie die Decken auseinander und erlebt ein kleines Wunder. Die kleine Agnes streckt sich schlaftrunken, gähnt und lächelt ihre überglückliche Mutter an. Es ist Freitagabend, der 27. April 1945. Was wird der nächste Tag bringen, Tod oder Freiheit? Der Zug fährt die ganze Nacht. Es regnet immer noch, und in den offenen Waggons ist es eisig kalt. Am Morgen des 28. April bleibt der Zug an einer Station stehen. Der Name auf dem Schild ist Eva und Miriam bekannt. Sie sind in Dachau.

Es vergehen Stunden, ohne dass etwas geschieht. Die meisten SS-Wachen sind verschwunden. Nur wenige Häftlinge haben die Kraft oder trauen sich, den Zug zu verlassen. Miriam aber verspürt schrecklichen Hunger, und sie hat kaum Milch zum Stillen. «Ich hatte ein Kind, das ich retten und nach Hause bringen musste.» Fest entschlossen springt sie aus dem Waggon, mit ihrem Baby im Arm, überquert die Straße und geht zum ersten Haus, das sie sieht. Sie klopft an die Tür. Eine Frau kommt heraus und fragt, was sie wolle. Miriam sagt auf Deutsch: «Ich habe Hunger und brauche Milch für mein Kind.» Die Deutsche starrt sie an, dann geht sie in die Küche und bringt ihr ein Stück Brot und ein Glas Milch. Miriam bedankt sich, dreht sich um und rennt sofort zurück. Die SS-Wachen sind wieder da, aber keiner sagt etwas zu ihr. Als sie wieder im Zug ist, greifen Dutzende Hände nach ihr, wollen ihr das Brot aus der Hand reißen. «Die Menschen benahmen sich wie die Tiere.» Abgesehen von dem kleinen Stück Brot, das die Häftlinge vor dem Verlassen des Lagers bekamen, hatten die meisten seit eineinhalb Tagen nichts gegessen. Ein Mann, abgemagert bis auf die Knochen, rutscht auf den Knien auf Miriam zu. Er weint. «Miriam, bitte, hilf mir, ich bin am Verhungern. Bitte!» Sie erkennt ihn nicht. «Wer sind Sie?» Als er ihr seinen Namen sagt, erschrickt sie. Es ist Doktor Bandler, ihr Zahnarzt aus Komárno. «Er sah aus wie ein Muselmann.» Sie teilt mit ihm ihr letztes Stück Brot. Die bewaffneten Wachleute befehlen jetzt denjenigen, die noch gehen können, auszusteigen. In der Abenddämmerung erreicht die Häftlingskolonne ein Eisentor mit der Aufschrift «Arbeit macht frei».

Nach ihrer Ankunft im KZ Dachau werden Bözsi, Dora, Ibolya, Magda, Sara, Eva und Miriam zusammen mit ihren Säuglingen gleich in die äußerste Baracke des Lagers gebracht, wo seit Herbst 1944 ein Krankenrevier für Frauen aus den Außenlagern errichtet wurde. Die sieben jüdischen Mütter geraten in das Durcheinander des sich auflösenden Lagers. Die Baracken sind überfüllt, auf dem Appellplatz liegen oder sitzen Gefangene, eine tausendköpfige Menge zerlumpter, erschöpfter, kranker oder sterbender Menschen, die mit Evakuierungstransporten nach Dachau gekommen sind. Im Lager herrscht eine Fleckfieberepidemie, mehr als 15 000 Gefangene sterben in den letzten vier, fünf Monaten an Krankheit, Unterernährung oder durch Gewalttaten der SS. Das Bewachungspersonal läuft hin und her, hievt Koffer und Kisten auf große Lastwagen. Nach der schrecklichen Fahrt von Kaufering kann sich Eva kaum mehr auf den Beinen halten. In Erinnerung an diesen Tag wird ihr vor allem das Bett in der Baracke des Frauenreviers bleiben. «Da waren richtige Betten. Endlich hatte ich wieder ein Bett.» Für die Häftlingspfleger, die im Krankenrevier arbeiten, bedeutet die Ankunft von sieben Frauen mit Kindern im Männerlager Dachau eine Sensation. «Wir bekommen ein Zimmer, Franzosen kümmern sich um uns. Wir können baden, sie bringen uns das Essen. Es ist kein Lageressen. Franzosen erklären uns, dass es nur noch ein paar Stunden dauert, dann werden wir befreit», schreibt Magda Schwartz in ihren Erinnerungen. Am Morgen des 29. April 1945, einem Sonntag, werden die Häftlinge im Stammlager Dachau ein letztes Mal gezählt. Der Lagerschreiber dokumentiert, dass sich im Lager jetzt insgesamt 32335 Häftlinge, darunter 385 Frauen und Kinder, befinden. Unter 167 weiblichen «Zugängen» aus Kaufering erwähnt er ausdrücklich auch «7 Frauen mit Kindern».

Am Sonntag klart der Himmel über Dachau auf, bringt kaltes, aber schönes Wetter. Miriam kann sich kaum auf ihr Gebet konzentrieren, wie die anderen ist sie sehr angespannt. Jeder spürt, dass es auf das Ende zugeht. Aber werden wir wirklich befreit? In der Nacht hörte sie Gefechtslärm. In ihrem Kopf kreisen die Gedanken, sie kann ihre und die Nervosität der anderen Frauen kaum mehr ertragen. Dann heißt es: Die SS ist weg. Und wirklich, auf einem Wachturm flattert eine weiße Fahne. Aber dort stehen doch noch die Wachen, das Maschinengewehr auf das Lager gerichtet. Alliierte Flugzeuge waren schon am Vortag tief über die Menschenmasse hinweggeflogen. Aber wann befreien uns die Amerikaner endlich, wo bleiben sie so lange? Den ganzen Vormittag über hören die Häftlinge immer wieder Schießen und Geschützdonner. Am Nachmittag dann herrscht plötzlich Stille. Die sieben Frauen sehen sich schweigend an.

Lieutenant William J. Cowling von der 42. Rainbow Division ist einer der ersten Soldaten, die das Häftlingslager betreten. Der Appellplatz ist menschenleer und ruhig. Zuerst geschieht gar nichts, bis dann plötzlich, nach vielleicht eineinhalb Minuten, Menschen aus den Baracken strömen. Dünne, halb verhungerte, schmutzige Gestalten stürzen sich auf die amerikanischen Offiziere und Soldaten, küssen ihre Hände und Gesichter, manche sogar ihre Schuhe. Der Platz ist erfüllt von den Rufen Tausender Menschen. Viele Schwache und Schwerkranke versuchen, zu lächeln und mit der Hand zu winken, aber sie können ihre Befreier nur stumm anschauen, während ihnen die Tränen über die Wangen laufen. An seine Eltern schreibt der 23-jährige Cowling: «Selbst wenn ich getötet worden wäre in diesem Krieg, ich wäre, verglichen mit diesen Menschen, glücklich.» Auch Miriam hört das Schreien. Sie hält es nicht mehr aus, geht ängstlich zur Baracke hinaus. «Die Menschen waren wie verrückt. Jeder ist gelaufen, hin und her, jeder hat geschrien. Wir sind frei! Wir sind frei!» Eva kann ihre Gefühle von damals bis heute nicht richtig in Worte fassen. «Das war … das war … einfach etwas ganz Großes. Wir haben verstanden, dass alles vorbei ist.» Die Kriegsreporterin Marguerite Higgins, die die US-Soldaten begleitet, schreibt für die New York Herald Tribune: «Die Baracken in Dachau waren angefüllt mit dem Gestank von Tod und Krankheit.» Auf den Wegen und in den Baracken liegen mehr als tausend Tote, in Baracken dicht gedrängt Verhungerte und Sterbende. 4000 Leichen, die nicht mehr verbrannt werden konnten, finden die Amerikaner aufgeschichtet vor und im Krematorium. Außerhalb des Barackenlagers, auf einem Gleis beim SS-Lager, steht ein Eisenbahnzug mit 39 Waggons. In den Waggons liegen 2300 Tote, Häftlinge eines Transports aus Buchenwald, der in der Nacht zum 28. April eingetroffen ist.

Die jungen Soldaten der 7. US-Armee sind entsetzt, viele werden den Anblick ihr Leben lang nicht vergessen können. Wilfred Fisher aus Louisiana ist 21 Jahre alt, als er mit 22 Soldaten der 567. Medical Ambulance Company am Tag nach der Befreiung Dachau erreicht. «In diesem Moment bin ich ein Gefangener von Dachau geworden. Ich lebe mit dieser Wunde bis heute.» Seine Einheit wird angeführt von einem jüdischen Offizier, First Lieutenant Ben J. Rosenthal. Als Rosenthal und seine Soldaten in die Baracke des Frauenreviers kommen und die sieben Babys sehen, bringen sie vor Überraschung zunächst kein Wort heraus. «Der Offizier, ein junger Mann, hat angefangen zu weinen, er hat geweint wie ein Kind. Er sagte, dass unsere Kinder die ersten sind, die sie seit einer

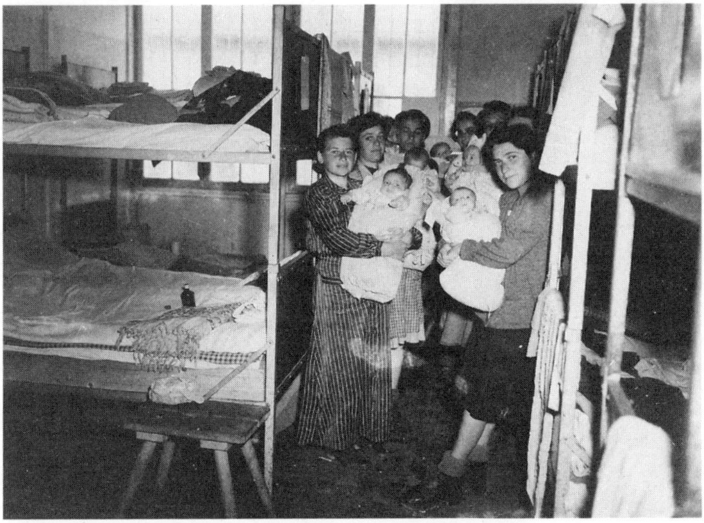

Die sieben Mütter mit ihren Kindern im befreiten KZ Dachau. Von l. n. r.: Eva mit Marika, Dora mit Zsuzsanna, Bözsi mit Gyuri, Sara (mit der Brille) mit József, Miriam mit László, Magda mit Judit, Ibolya mit Agnes. Ende April/Anfang Mai 1945

langen Zeit sehen.» Auch Miriam starrt ihre Befreier an. Zum ersten Mal in ihrem Leben sieht sie Menschen mit schwarzer Hautfarbe. «Nach kurzer Stille holen die Amerikaner ihre Fotoapparate hervor», schreibt Magda 40 Jahre später. «Sie reden und lachen. Ich glaube, sie freuen sich.» László, Maria, Zsuzsi, Gyuri, Judit, Agnes und Jozsi, die sieben jüdischen Babys, sollen in den folgenden Tagen noch viele Male fotografiert werden.

Am Tag nach der Befreiung trägt der Holländer Gert Nales ein Baby auf dem Arm, als er das Krankenrevier der Frauen betritt und auf Margit Lustig zugeht. «Die Mutter dieses Kindes kennt dich», sagt der ehemalige Häftlingspfleger Nales zu Margit. Sie kann ihren Augen nicht trauen, hatte sie doch in Augsburg gesehen, wie die schwangere Eva von der SS wegge-

Von l.: Ibolya Kovács mit Agnes, Sara Grün mit Józsi, Eva Schwartz mit Marika, Magda Schwartz mit Judit, (Elisabeta) Böszi Legmann mit Gyuri im befreiten KZ Dachau, 1.5.1945

bracht worden war. «Es war ein Wunder. Wir haben uns alle so gefreut. Ein Baby im KZ! Die Kleine mit ihren großen Augen war so herzig, sie hatte Schokolade über den ganzen Mund. Die befreiten Männer waren so gerührt, als sie das Kind sahen, dass sie vor Freude versuchten, das arme Mädchen mit Schokolade vollzustopfen. Das war das wertvollste Geschenk, das sie ihr und den anderen Babys geben konnten.» Margit Lustig war Ende März, vier Monate nachdem Eva und Miriam weggebracht wurden, von den Augsburger Michelwerken ins Frauenkrankenrevier des KZ Dachau gebracht worden. Der Grund dafür war ihre angebliche Blinddarmentzündung. Margit täuschte sie vor, um ihr Versprechen, das sie ihrer Mutter auf der Rampe von Auschwitz gab – sie bat sie, niemals ihre schwächere Schwester Truda zu verlassen –, einzulösen. Truda war wegen einer Tuberkuloseerkrankung bereits im Januar von Augsburg nach Dachau verlegt worden. Margits Plan ging auf. Der Häftlingsarzt, der ihren gesunden Blinddarm herausoperierte, verriet sie nicht. Seitdem arbeitete sie als Pflegerin im Krankenrevier der Männer.

Noch haben die Babys von Eva, Miriam, Bözsi, Dora, Ibolya, Magda und Sara nicht überlebt. Hunderte von befreiten Häftlingen sterben noch in diesen Tagen an Unterernährung und Krankheiten. Im 127. Evacuation Hospital ist die US-Krankenschwester Charlotte Chaney mit ihren drei Kolleginnen einen Tag lang, von neun bis 16.30 Uhr, nur damit beschäftigt, mehr als achtzig Frauen und sieben Babys zu entlausen und medizinisch zu versorgen. Die sieben Mütter müssen, bevor sie in das Hospital aufgenommen werden, in ein Lysolbad steigen. Sie waren in einem Lager, in dem seit Anfang des Jahres Typhus herrschte. Zum Glück steckte sich keine von ihnen an. Danach besprühen die Krankenschwestern, die zum Schutz vor Ansteckung Gummihandschuhe und eine Gesichtsmaske tragen, die Frauen und ihre Babys mit desinfizierendem DDT-Pulver. Typhuskranke bekommen eine Seife und ein Wasserbad, danach werden sie mit Lysol abgewaschen. Erst mehr als sechzig Jahre nach dem Krieg erfährt Miriam aus den alten Dokumenten, dass sie zu dieser Zeit auch an einer Hepatitis erkrankt war. Das Patientenverzeichnis des 127. Evacuation Hospital in Dachau vom 26. Mai enthält auch die Diagnosen der Babys: Marika, Zsuzsi, László, Gyuri und Judit sind mit Typhuserregern in Kontakt gekommen. Miriam erträgt die unangenehme Prozedur geduldig, die freundliche und mitfühlende Behandlung durch die Krankenschwestern empfindet sie wie ein Geschenk. «Sie haben uns ein sehr schönes Zimmer gegeben, mit frischen Betten, zwei Krankenschwestern blieben bei uns.» Fühlt sich so das Glück an? Sie leben. Aber was ist mit ihren Männern, Geschwistern, Eltern? Eva und Miriam beschließen, nicht wie die anderen fünf Mütter nach St. Otti-

Im DP-Hospital St. Ottilien. Fünf der sieben jüdischen Mütter mit ihren Kindern. Von l. n. r.: Elisabeta (Bözsi) Legmann mit Gyuri, Ibolya Kovács mit Agnes, Sara Grün mit József, eine Nonne, Magda Schwartz mit Judit, Dora Löwy mit Zsuzsanna, Magdas Mutter Maria Reich. St. Ottilien, Deutschland, Juni/Juli 1945

lien zu gehen. Sie wollen so schnell wie möglich zurück in ihre Heimat. Das während des Krieges zum Lazarett umfunktionierte Benediktinerkloster in St. Ottilien dient jetzt als Sanatorium für jüdische Überlebende. Dort sollen sie gesund gepflegt werden, bevor sie die Heimreise antreten. Der Abschied fällt schwer. Vor allem Bözsi, ihre Beschützerin und Retterin, wird Miriam sehr fehlen. Alle versprechen sich, in Kontakt zu bleiben. Sie sind und bleiben für immer Lagerschwestern. Tausende Überlebende verlassen im Mai Dachau, auch Eva und Miriam wollen die nächste Gelegenheit nutzen, um heimzukommen. Auf der Transportliste derjenigen, die in die Tschechoslowakei repatriiert werden sollen, stehen neben Evas und Miriams Namen auch die von Truda Lustig und ihrer Schwester Margit. Ein US-Jeep fährt sie bis nach Pilsen. Dort trennen sich die Wege der jungen Mütter in dem Lärm abfahrender und eintreffender Lastwagen. Margita Horáková, so heißt Margit Lustig heute, hat noch das Bild vor Augen, wie Eva während der Fahrt das Baby von Miriam stillt. Auch nach ihrer Rückkehr vergisst Miriam den Mann, dem sie ihr Überleben und auch das Überleben ihres Kindes am meisten verdankt, nicht. Sie schickt Doktor Vadász nach Ungarn einen Brief und ein Paket mit Lebensmitteln. «Ich wollte ihm noch einmal meine Dankbarkeit ausdrücken. Aber es kam alles zurück, der Adressat war unbekannt.»

«Er hat alles verloren und blieb dennoch menschenfreundlich»

Am Busbahnhof von Nagykálló, einem zehntausend Einwohner zählenden Ort im Nordosten Ungarns, wartet Margit Harsányi schon ungeduldig. Nach einer herzlichen Begrüßung geht die 65 Jahre alte pensionierte Lehrerin rasch voran. Ein paar hundert Meter weiter biegt sie in eine stille Seitenstraße ein und bleibt vor einem gelb gestrichenen Haus mit roten Dachziegeln stehen. Hier hatte der Amtsarzt Ernö Vadász bis zu seinem Tod im Jahr 1957 sein Büro. Das Fenster geht auf einen Hof, in dem eine mächtige Akazie steht. Die breite Krone des 1895 gepflanzten Baums ragt weit über das Haus hinaus. Als Vadász starb, war Margit ein Mädchen von zwölf Jahren. Heute leitet sie das Heimatmuseum der klein und verschlafen wirkenden Stadt im Dreiländereck von Ungarn, Slowakei und Ukraine. Dabei ist Nagykálló bis in die USA bekannt. Jedes Jahr besuchen gläubige Juden das Grab des chassidischen Wunderrabis Eizik Izsaak Taub aus dem 18. Jahrhundert, der für seine Güte und Gelehrsamkeit berühmt war. Aber Nagykállós anderer großer Sohn, der Gynäkologe Ernö Vadász, wäre fast vergessen, wenn es nicht Margit

Harsányi gäbe. Im Heimatmuseum bewahrt sie seine lederne Arzttasche und ein paar Fotografien auf. Ihre eigene Erinnerung an den jüdischen Arzt ist blass, aber im Verlauf ihrer Recherchen zur Geschichte ihres Heimatorts erkannte sie Ernö Vadász als bemerkenswerten Mann. Von den Geburten im Konzentrationslager wusste allerdings kaum jemand in Nagykálló. Seitdem Margit Harsányi das erfahren hat, treibt der Wunsch sie um, dass ihre Heimatstadt Ernö Vadász eine Gedenktafel widmet.

Die Alten von Nagykálló erinnern sich noch gut an den Frauenarzt, der am 19. September 1890 geboren wurde. Margit hat sie alle befragt. Sie beschreiben ihn als einen warmherzigen, gütigen Mann, der immer, am Tag wie in der Nacht, für seine Patientinnen da war. Die 87-jährige Katharina sagt: «Doktor Vadász behandelte alle gleich, ob man ihn bezahlen konnte oder nicht.» Verschmitzt lächelnd, fügt sie hinzu: «Er sah auch sehr gut aus.» Ein Foto zeigt ihn als stattlichen Mann in elegantem Anzug mit einem breitkrempigen Hut auf dem Kopf. «Er trug mit Vorliebe braune Anzüge», sagt Margit. Für die jüngeren Bewohner ist Ernö Vadász aber schon ein Unbekannter. In einer scharfen Linkskurve der Hauptstraße, die mitten durch Nagykálló führt, steht eine Diskothek. Nichts erinnert daran, dass in diesem lang gestreckten, dunklen Raum nach dem Krieg Wartezimmer und Praxis des Arztes untergebracht waren. Hinter der Theke führte ein Korridor zu seiner Wohnung. Sein Geburtshaus, das er mit seiner ersten Frau Borbala und ihren zwei Kindern bewohnte, war bei Luftangriffen im Zweiten Weltkrieg zerstört worden. Borbala war ebenfalls Gynäkologin, eine hübsche Frau, die mit ihren Patientinnen geduldig und freundlich umging. Sie stammte aus dem heute slowakischen Košice, der Stadt, in der Vadász vermutlich studiert hatte. Ihre Kinder Gabriella und Ferenc László wurden am 7. April 1931 und am 2. September 1933 geboren. Margit hatte eine Klassenkameradin Gabriellas aufgetrieben, die inzwischen gestorbene Eleonore Putti. Sie erinnerte sich gut an Gyöngyike, Perlchen, wie sie von ihren Eltern gerufen wurde. Das Mädchen sei intelligent, wohlerzogen und bei Lehrern und Kindern sehr beliebt gewesen. Das Schulbuch des Nagykállóer Gymnasiums aus den Jahren 1941/42 enthält einen weiteren Hinweis. Gabriella hatte in den Fächern Gymnastik und Schönschreiben die Note «gut», in allen anderen Fächern «sehr gut».

Auch Imre Arvai, Schuhmacher in der kleinen Lederwarenfabrik, die zweihundert Meter vom Haus der Familie Vadász entfernt lag, hatte Perlchen nicht vergessen. «Für Doktor Vadász und seine Familie haben wir öfter Schuhe gemacht. Besonders gern sahen wir es, wenn Gyöngyike vorbeikam und uns besuchte. Das kinderlose Fabrikantenehepaar Daku mochte das Mädchen, mit dem man so verständig reden konnte, sehr gern.» Keine zehn Minuten Fußweg von der Diskothek entfernt steht das verlassene Gebäude der ehemaligen jüdischen Schule. Von der Fassade des Hauses sind Putz und Farbe abgeblättert. In dieser Schule wurden die Juden Nagykállós am 14. April 1944, auch Vadász' Familie und seine drei Geschwister, von ungarischen Gendarmen zusammengetrieben. Von dort aus wurden sie mit Pferdefuhrwerken in ein nahe gelegenes Getto gebracht und nach einer Woche unter freiem Himmel nach Auschwitz-Birkenau deportiert. Vadász war zu dieser Zeit nicht in Nagykálló. Seit 1942 leistete er militärischen Zwangsarbeitsdienst und wurde am 13. Juni 1944 ins Getto von Kecskemét gesperrt. Borbala, Ferenc László und Perlchen starben am 28. Juni 1944 in den Gaskammern von Birkenau, bevor Ernös Transport eintraf. Auch seine Geschwister wurden sofort ermordet, er selbst am 11. Juli nach Kaufering deportiert.

Von seinen Erlebnissen in Kaufering I erzählte Vadász kaum jemandem in Nagykálló. Die meisten wollten davon aber auch nichts hören. Von den ungefähr eintausend Juden – bei einer

Gesamtbevölkerung von 12 000 – sind nur 46 zurückgekehrt. Als Ernö Vadász Ende 1945 seine Arztpraxis wieder öffnete, erschraken die Bewohner Nagykállós. Die Frauen fürchteten sich vor dem Überlebenden, glaubten, er müsse sie doch hassen für seine KZ-Haft und den Mord an seiner Familie. Aber Ernö Vadász war auch in dieser Hinsicht ein außergewöhnlicher Mann. Er spendete ein Grundstück aus seinem Familienbesitz und half, darauf ein ambulantes Krankenhaus für die vielen Tbc-Kranken in der Stadt und Umgebung zu errichten. Als Amtsarzt betreute er die Menschen von 18 umliegenden Dörfern, und er hat fast jede Entbindung in Nagykálló geleitet. «Gyuri Barna, das erste Kind, das er nach dem Krieg zur Welt brachte, ist heute Professor und Arzt in Schweden», erzählt Margit. Rasch begriffen die Bewohner der Stadt, dass der freundliche und hilfsbereite Ernö Vadász sie nicht verurteilte. «Ich stelle ihn mir als einen sehr begabten Mediziner vor. Vor allem aber als einen liebevollen Menschen, der seine Familie zusammenhalten wollte. Er hatte alles verloren und blieb dennoch so menschenfreundlich.»

«Heute sagen viele, dass doch gar nicht so viele Juden getötet wurden.» Dieser Leugnung, die den neuen Antisemitismus in Ungarn begünstigt, setzt Margit ihren unbestechlichen Blick auf die eigene Heimat entgegen. Auch deshalb hat sie sich der Erinnerung an Vadász verschrieben, der für sie die Werte der Toleranz und Nächstenliebe gelebt hat. «Für mich ist das eigentliche Wunder, dass jemand, der so viel Leid und Böses erfuhr, den Menschen so zugetan blieb.» Im Nachdenken über Vadász findet Margit Harsányi selbst Halt, denn auch sie hat ihr Leben nie aus dem Schatten herausführen können, den Hass und Gewalt des 20. Jahrhunderts werfen. Ihr Vater wurde im Oktober 1944 von den Sowjets zusammen mit 3000 Männern aus Nagykálló und Umgebung verschleppt. Sie hat ihn nie kennengelernt. Margit nimmt ihre Brille ab und wischt sich die Tränen aus den Augen. Aber auch in ihrer Trauer vergisst

Dr. Ernö Vadász mit Maria Szabó. Für das Mädchen war der Arzt wie ein Großvater, sagt sie heute. Nagykálló, Ungarn 1953

sie nicht den bedeutsamen Unterschied: «Meine Mutter ist allein, ohne Mann, geblieben. Aber jüdische Familien sind ganz ausgelöscht worden.»

Vielleicht hat Ernö Vadász manchmal, wenn eine schwierige Entbindung bevorstand, an die ungleich schlimmeren Umstände der sieben Geburten in Kaufering I zurückgedacht. Aber darüber weiß niemand etwas. Wahrscheinlicher ist, dass der Mediziner gar nicht an die Vergangenheit denken wollte, aber die Erinnerung ihn nicht losgelassen hat. Nach der Befreiung in Dachau blieb Vadász, der dem Tode nahe war, zunächst in der Obhut einer ungarischen Krankenschwester, Vilma Papp, die bei Kriegsende in Bayern lebte. Wie der Arzt zu Vilma Papp kam, ist ungeklärt. Aber die rätselhafte Frau wird in seinem Leben noch eine Rolle spielen. Zusammen gingen sie am 6. September 1945 nach Budapest. Wahrscheinlich erfuhr Vadász erst hier vom Tod seiner Familie. Er kehrte allein nach Nagykálló zurück. Eines Tages tauchte, wie Margit Harsányi, herausfand, Vilma in der Stadt auf. Die 43 Jahre alte Frau soll ihm gebeichtet haben, dass sie während des Krieges als Sekretärin für die SS gearbeitet hatte und nun in Budapest nicht mehr sicher war. Wenn das zutrifft, dann hat Ernö Vadász wie so oft in seinem Leben überraschend reagiert: Am 19. August 1946 heiratete er die römisch-katholische Frau, nicht aus Liebe, sondern aus Dankbarkeit für die Pflege, die er von ihr erhalten hatte, und weil er nie und keinem Hilfe versagte. Vadász stürzte sich in die Arbeit, lebte sonst aber ein stilles, zurückgezogenes Leben. Näher befreundet war er nur mit einem Ehepaar, das schon lange Zeit tot ist. Aber Margit Harsányi fand dessen Tochter Maria Szabó, die sich an die Umstände der zweiten Hochzeit des Arztes erinnert. Für sie war Ernö Vadász wie ein Großvater, den sie im realen Leben nicht hatte. Vielleicht erinnerte ihn das Mädchen, das er liebevoll Pindur (Kleines) nannte, an seine Tochter Perlchen. Auf seine Fahrten zu Kranken in den umliegenden Dörfern Nagykállós nahm er Pindur oft mit, und das Kind beobachtete, wie der Arzt Patienten, die keine Medikamente kaufen konnten, Geld zusteckte und Obst schenkte. Ihren Eltern allein vertraute Vadász einmal seine schrecklichen Erlebnisse in der KZ-Haft an. Vor ihnen sprach er auch mit tiefem Schmerz von seinen ermordeten Kindern. Im Heimatmuseum ist ein Foto, wahrscheinlich aus dem Jahr 1953, erhalten. Es zeigt Maria Szabó als kleines Mädchen mit einer großen Schleife im Haar. Sie steht im Hof ihres Elternhauses und hält Vadász an der Hand.

1957 erkrankte Ernö Vadász an Prostatakrebs. Er verabschiedete sich von Pindur und deren Eltern, bevor er in das Krankenhaus in Nyíregyháza ging. Kurze Zeit später, am 16. April, starb Ernö Vadász. Vilma erfüllte seinen Wunsch, wie seine erste Frau Borbala und seine Kinder verbrannt zu werden. Aber seine Asche wurde nicht, wie er es wollte, in alle Winde verstreut, sondern in einem Urnengrab in Debrecén beigesetzt. Vilma lebte bis in die 1980er-Jahre. Für die Jüngeren unter den Bewohnern Nagykállós ist diese Geschichte Vergangenheit, mit der sie nicht viel anfangen können. Das schmerzt Margit Harsányi, die ihren Schülern immer mehr als nur eine Lehrerin für Musik und ungarische Literatur war. In dem Klima des wieder erstarkten Antisemitismus hält sie unbeirrbar fest an der Erinnerung. Denn irgendwann, so hofft sie, muss Nagykálló doch erkennen, was für ein außergewöhnlicher Mensch Ernö Vadász war.

Schwierige Rückkehr, Juni 1945

Rezsö Steckler horcht auf. Das Klopfen wird lauter. Aufgeregt rennt er zur Haustür. Aber was für eine Enttäuschung. Es ist niemand, auf den er gewartet hätte. Draußen steht eine Unbekannte. «Wer bist du?», fragt er unwirsch. Jetzt erst merkt er, dass die junge Frau ein Baby im Arm hält. Ihr Kleid und das Tuch, in dem das Kind eingewickelt ist, sind schmutzig, sie wirkt sehr müde. «Ich bin es, Eva», sagt sie leise. Träumt er etwa? Aber ja, diese Stimme kennt er doch und das Gesicht auch, das ist doch die Freundin seines jüngeren Bruders. «Wo ist Géza, hast du etwas von ihm gehört?», fragt er sofort. Jetzt ist sie es, die enttäuscht ist. Traurig schüttelt sie den Kopf. Seine Frage bedeutet, dass Géza noch nicht da ist. Während der ganzen Heimreise freute sie sich auf ihn, auf seinen überraschten Blick, wenn er zum ersten Mal sein Kind sehen würde. Das ist deine Tochter, willst du sie in den Arm nehmen? Das wollte sie ihm sagen. Stattdessen empfängt Rezsö sie, der nicht verbergen kann, wie enttäuscht er ist. «Wessen Kind ist das?», fragt er nach einer kurzen Pause. Als er Evas Antwort hört, stutzt er und schaut sie ungläubig an. Von ihrer Schwangerschaft wusste er nicht. Ist das wahr? Kein einziges jüdisches Kind aus Dunajská Streda kehrte zurück, alle sind in den Gaskammern von Auschwitz-Birkenau ermordet worden. Und diese Frau bringt einen Säugling mit und behauptet, es sei Gézas Kind. Rezsö erinnert sich an jene Nacht, als er seinen Bruder zum letzten Mal sah. Warum sagte ihm Géza nichts davon? War das also der Grund, warum er nicht mit ihm, sondern mit Eva gehen wollte? Neugierig geht er auf Eva zu und betrachtet das Kind. Sein Misstrauen schwindet. Das Gesicht der Kleinen ähnelt so sehr dem seines jüngeren Bruders, dass es keinen Zweifel gibt. Auch Rezsös älterer Bruder Jenö kommt heraus. Er umarmt Eva herzlich und lacht fröhlich, als er die überraschende Neuigkeit erfährt. Unglaublich, dass Eva das Kind im Lager gebar und auch noch durchbringen konnte. Wie schaffte sie das bloß? Er und Rezsö waren im Arbeitsdienst, wissen aber aus den Erzählungen Überlebender, was für eine Hölle die deutschen Konzentrationslager waren. Heute aber ist Eva zu erschöpft, um Gézas Brüdern die Geschichte ihrer Rettung zu erzählen. Außerdem hat Marika Hunger. «Kann ich bei euch bleiben?», fragt sie mit zitternder Stimme.

Der Heimweg war mühsam. Bereits in Dachau erfahren Eva und Miriam, dass Dunajská Streda und Komárno nicht mehr zu Ungarn, sondern zur neu gegründeten Tschechoslowakei gehören. Lastwagen der amerikanischen Armee bringen die Überlebenden aus der Tschechoslowakei nach Pilsen. Von dort aus muss jeder selbst schauen, wie er nach Hause kommt. Zum Glück entdeckt Eva in der Menschenmasse, die sich in alle Richtungen zu zerstreuen beginnt, ein bekanntes Gesicht. «Ein Roma aus Dunajská Streda, der wie ich in Dachau befreit wurde, sprach mich an. Wir beschlossen, gemeinsam weiterzugehen.» Nach einigen Stunden Suche finden sie einen Güterzug, der nach Osten, in die Slowakei, fährt. Fast drei Tage dauert die Reise, einen Teil des Wegs müssen sie zu Fuß gehen. Ab und an hält ein Bauer mit seinem Pferdewagen und nimmt sie ein Stück mit. Die Hitze des beginnenden Sommers setzt ihnen zu. «Mein Begleiter trug die ganze Zeit Marika. Ich war ihm so dankbar für diese Hilfe, allein hätte ich es nicht geschafft.» Endlich kommen sie in einem Vorort von Bratislava an. Von hier aus geht es nicht weiter. Die Eisenbahnbrücke ist zerstört, und nach Dunajská Streda sind es noch gute 50 Kilometer. Eva fehlt die Kraft, um weiterzugehen. Die Essensvorräte, die jeder Rückkehrer von den Amerikanern für den Heimweg bekommen hat, sind längst aufgebraucht. Eva ist verschwitzt, auf ihrem Gesicht klebt Staub. Erschöpft setzt sie sich an den Straßenrand und will gerade ihre Tochter stillen, als eine Frau, die in der Gegend wohnt, vorbeikommt. «Sie nahm uns mit in ihr kleines Haus nach Vrakuňa, einem Dorf bei Bratislava, gab uns Brot und Milch, und wir konnten uns waschen.» Eva und ihr Begleiter bleiben zwei Nächte, dann hält sie es nicht mehr aus. Sie will weiter, bestimmt wartet Géza schon auf sie. Am frühen Morgen spannt die Bäuerin den Pferdewagen an und bringt sie zum Zentralbahnhof von Bratislava, von dem aus noch Züge fahren. Wie berauschend ist es, frei zu sein und den Klang der vertrauten Sprache zu hören! Am Abteilfenster ziehen bekannte Ortschaften vorüber. Sie fährt nach Hause, zu Géza. Am frühen Abend erreicht der Zug Dunajská Streda.

Mehrere Wochen sind schon vergangen, seitdem Eva an die Tür von Gézas Elternhaus geklopft hat. Von seinen fünf Geschwistern – der Sechste, József, starb schon vor dem Krieg – sind inzwischen vier zurückgekehrt. Neben Rezsö und Jenö Bözsi, die ältere der beiden Schwestern, und Kubi, der Jüngste der vier Brüder. Lily starb in Bergen-Belsen. Auf die Rückkehr ihrer Eltern hoffen die Geschwister nicht mehr. Aber wo ist Géza, warum kommt er nicht nach Hause? Diese Frage diskutieren sie ständig. Niemand wünscht sich seine Rückkehr sehnsüchtiger als Eva. Das Warten auf ihn füllt ihre Tage aus. Von dem Haus der Stecklers bis zum Bahnhof ist es nicht weit. Jeden Tag, in Sonne oder Regen, läuft sie mit Marika im Arm die Straße hinunter und wartet auf dem Bahnsteig. Wenn ein Zug mit quietschenden Bremsen einfährt, richtet sie mit der Hand aufgeregt ihr Haar und prüft noch einmal nach, ob die weiße Mütze auf Marikas Kopf fest sitzt. Sie beide sollen hübsch aussehen, wenn Géza sie zum ersten Mal sieht. Aber dazu kommt es nicht. Die Waggontüren schwingen auf, Menschen steigen aus, aber Géza ist nicht dabei. Die Frauen und Männer werden sofort von Wartenden umringt und mit Fragen überhäuft. Wo waren Sie? Haben Sie meine Frau gesehen, von meiner Schwester gehört, war mein Cousin vielleicht mit Ihnen im Lager? Auf die meisten Fragen schweigen die Ankommenden, schütteln nur mit dem Kopf. Manchmal hört Eva lautes Schluchzen oder einen freudigen Ausruf des Wiedererkennens, der sogleich erstirbt, als schäme man sich vor den traurigen Blicken der anderen. Jeden Tag das gleiche Bild. Auf dem Bahnsteig von Dunajská Streda, einer Stadt, in der vor kurzer Zeit noch das jüdische Leben blühte, stehen die Wartenden, eingehüllt in stille Verzweiflung.

Die ersten Monate in Freiheit bringen für die Mehrheit der Überlebenden die schmerzhafte Einsicht, dass ihre Liebsten nicht mehr nach Hause zurückkehren werden. Von 3500 Juden aus Dunajská Streda überlebten den nationalsozialistischen Völkermord nur etwa 600 Frauen und Männer. An einem warmen Sommerabend 1945 versammeln sie sich im Innenhof der Großen Synagoge. Es ist Zeit, Abschied zu nehmen. Gemeinsam gehen alle zum jüdischen Friedhof. In ein leeres Grab werden die Reste der Torarollen und jüdische Gebetsbücher gelegt, die manche retten konnten. Die Trauerrede hält Jechiel Weinberger, Sohn des früheren Rabbiners, der in Auschwitz ermordet worden ist. Die Versammelten fühlen, dass auch die lange Geschichte der beiden jüdischen Gemeinden von Dunajská Streda in den deutschen Konzentrations- und Vernichtungslagern ein Ende gefunden hat. Es wird nie wieder so sein wie früher. In ihren Gedanken ist Eva bei ihren Liebsten. «Ich bin ganz allein geblieben. Meine Eltern und Geschwister kamen nicht mehr zurück. Géza war nicht da, und ob Ida überlebt hatte, wusste ich nicht.» Auch Frida, ihre ältere Schwester, war tot, sie starb mit ihrem Kind am Budapester Donauufer im Kugelhagel ungarischer Pfeilkreuzler.

Anton Paszternák hebt das schwere Eisengitter aus der Verankerung, lehnt es vorsichtig an die Wand der Synagoge und holt aus einer Nische in der Mauer ein dickes, großes Buch heraus. Die Konstruktion symbolisiert die Öfen von Auschwitz. Der Foliant enthält auf mehr als hundert Seiten die Namen der Toten. Mit dem Zeigefinger fährt der Vorsitzende der Jüdischen Gemeinde in Komárno die Zeilen entlang, bis er auf den Namen Schwartz stößt. Dutzende dieses Namens stehen auf den Blättern geschrieben, darunter auch Männer, Frauen und Kinder aus Miriams Familie. Paszternák vertritt die noch etwa 60 Juden der slowakischen Kleinstadt an der Grenze zu Ungarn, den Rest der einst 2170 Mitglieder starken Gemeinde. Menház, das Gemeindezentrum in der Eötvösa 15, wird noch heute genutzt. Das Backsteingebäude beherbergt eine Bäckerei, die restaurierte Synagoge des ehemaligen Altenheims, ein Büro und ein Museum. Die wenigen Erinnerungsstücke haben in einem Zimmer Platz gefunden. In einer Glasvitrine ist eine Fotografie Miriams und ihrer Schwester Lilly ausgestellt. Der 55-jährige Paszternák ist ein viel beschäftigter Mann, immer in Eile, das Mobiltelefon ständig am Ohr. Aber wenn er, den Blick in sich gekehrt, vor dem prächtigen Gebäude der Neologischen Synagoge ein paar Schritte vom Menház entfernt steht, dann wird die Traurigkeit des Mannes spürbar. In dem Haus stehen heute die Sportgeräte eines Fitnessstudios. Miriams Elternhaus ist verschwunden, es ist 1969 abgerissen worden. Heute blicken die Bewohner eines mehrstöckigen Plattenbaus auf die Eisenbahnschienen und den breit dahinfließenden Strom der Donau. Das Gebäude der orthodoxen Synagoge dient als Altenheim, Männer und Frauen gehen im Garten spazieren. Hier war die Suppenküche untergebracht, in der Miriam nach ihrer Rückkehr aus Dachau half.

Juni 1945. László liegt in einem Kinderwagen, während Miriam an die Geretteten aus einem großen Kessel Suppe ausschenkt und Brot verteilt. Viele Überlebende verschlägt es in diesen Wochen nach Komárno. In der Suppenküche wartet jeden Tag eine lange Schlange hungriger Menschen. Die meisten ziehen weiter nach Budapest oder anderen Städten in Ungarn. Miriam bittet jeden, der nach Miskolc geht, ihr zu helfen. «Bitte, suchen Sie Béla Rosenthal. Das ist mein Mann. Sagen Sie ihm, dass ich hier bin.» Viele Befreite sind wie Schatten ihrer selbst. Sie haben überlebt, aber in ihren Gedanken und Träumen sind sie immer noch im Lager. Bitterkeit schnürt Miriam die Kehle zu, immer wieder bricht sie in Tränen aus. Voller Freude war sie nach Komárno gekommen, konnte es nicht erwarten, vielleicht würde ja schon jemand auf sie warten, vielleicht, bestimmt sogar. Miriam trifft aber nur ihren Bruder Alex, der im Arbeitsdienst für die ungarische Armee die Verfolgung überstanden hat und sie im ersten Moment gar nicht erkennt. «Niemand sonst war zurückgekommen. Ich ging durch alle Zimmer unseres Hauses. Niemand. Jacob, der Jüngste, war bis zuletzt mit Alex zusammengeblieben. Er starb an Typhus. Meine Mutter und Lilly mit ihren zwei Kindern wurden vergast.» Das Haus war geplündert, nur der große Kachelofen war noch da. Miriam blickt auf die nackten Wände und fühlt sich schuldig. «Warum ich, warum kam ich zurück und nicht meine Mutter, die so fromm war?» Einige Tage später sieht Miriam auf der Straße eine Frau, die im Mantel ihrer Mutter vorbeigeht. Lange starrt sie der Unbekannten nach.

Alle Überlebenden haben diesen leeren Blick. Manche stürzen sich gierig auf das Leben, aber auch sie kommen über den Verlust ihrer Familienangehörigen nicht hinweg. Miriam denkt jeden Tag daran, wie es sein wird, mit Béla wieder vereint zu sein. Den schrecklichsten Gedanken versucht sie zu verdrängen. Ist Béla überhaupt noch am Leben? Sie fürchtet sich davor, zu Bett zu gehen. Jede Nacht fährt sie verschwitzt und schreiend aus ihren Albträumen hoch und liegt dann bis zum Morgengrauen wach, gequält von den Erinnerungen an Auschwitz und Kaufering. Komárno, ihre geliebte Heimatstadt, ist ihr fremd geworden. «Wir dachten, dass die Welt nach dem, was geschehen war, innehalten und jeder uns beweinen würde.» Aber nichts dergleichen geschieht. «Die Menschen waren schrecklich.» Der blond gelockte László wird in der Suppenküche bestaunt, aber das Kind erregt auch Wut und Verzweiflung. Eines Tages brüllt eine Frau Miriam an, wie das denn sein könne, dass sie mit einem Baby überlebt habe. «Meine Schwester war auch schwanger. Sie kam nicht zurück.» Miriam schämt sich so sehr, dass sie in den Boden versinken möchte. Viele Jahre werden noch vergehen, bis sie das Gefühl von Schuld überwunden hat oder zumindest aufhören kann, die Frage zu stellen, auf die es keine Antwort gibt. «Warum habe gerade ich überlebt?» Jetzt aber lässt dieser Gedanke sie nicht los. Niemand sieht Miriam, eine junge Frau von 22 Jahren, je lachen. «Unsere Körper und unsere Seelen waren zerbrochen.» Aber sie erfährt auch Mitgefühl. Drei Männer, Soldaten der Roten Armee, sind im Haus ihrer Eltern einquartiert worden. Sie bringen Essen, versuchen zu trösten, und einer, ein schlaksiger junger Kerl mit einem frechen Grinsen auf dem Gesicht, ist von László ganz begeistert. Er spielt mit ihm und trägt ihn in der Sonne herum. Alex wartet jeden Tag auf seine Frau und seine zwei Söhne. Aber sie werden nicht zurückkommen.

Miriam eilt mit László auf dem Arm zur Tür. Als sie öffnet, versagen ihr fast die Beine. Béla steht vor ihr. Wenn Miriam 65 Jahre danach davon erzählt, erstirbt ihre Stimme, ihre Schultern zittern, und Tränen laufen ohne Unterlass über ihr Gesicht, das sich wie im Schmerz verzerrt. Wahres Glück tut weh. Wie an diesem Tag im Juni 1945. Béla ist da. Miriam bringt kein Wort heraus, nur seinen Namen. Es klingt wie ein Schrei. Er kann nicht aufhören zu weinen. Dann blickt er auf László und sagt schluchzend: «Er sieht aus wie mein Vater.» Eine Ewigkeit, scheint es Miriam, ist es her, dass sie sich unter dem Hochzeitsbaldachin um Béla gedreht hat. Er ist schmutzig, müde und verschwitzt. Eine dünne Schnur hält die Sohlen sei-

Miriams Sohn László (später Leslie) Rosenthal in Miskolc, 1946

ner durchgelaufenen Schuhe fest. Den ganzen Weg von Miskolc nach Komárno, ungefähr 300 Kilometer, hat er zu Fuß zurückgelegt. Von einem Cousin, der Miriam nach der Befreiung in Dachau traf, hatte er von seiner Frau gehört. Ein Baby soll sie haben? «Du bist verrückt», hatte er zu seinem Cousin gesagt. Wie kann Miriam ein Kind haben. Ein entsetzlicher Gedanke durchfuhr ihn. Sie wird doch nicht von einem Deutschen vergewaltigt worden sein. Aber seine Frau lebt. Das ist das Wichtigste. «Er dachte nicht einmal daran, dass eine Frau in drei Monaten Ehe schwanger werden kann.» Nach mehreren Tagen Fußmarsch steht Béla am Ufer der Donau. Auf der anderen, jetzt wieder tschechoslowakischen Seite sieht er die Kirchtürme Komárnos, aber er kommt nicht weiter. Die Brücke über den Fluss ist bei einem Bombenangriff zerstört worden. Er findet ein kleines Ruderboot, das zwar wenig vertrauenerweckend aussieht, aber einen anderen Weg gibt es nicht. Mit den Händen paddelnd und abwechselnd Wasser schöpfend, lässt er sich an das andere Ufer unterhalb der Stadt treiben. «Bis er an meine Tür klopfte, wusste ich nicht, ob er noch am Leben war.»

In ihrer Einsamkeit denkt Eva oft an Miriam. Sie beschließt, ihre Freundin aus dem Lager zu besuchen. «Ich wusste, dass sie in Komárno lebt, und das war ja nicht weit. Jenö fuhr mit mir. Ich verbrachte einen ganzen Tag mit ihr. Es war so schön, sie wiederzusehen, wir erzählten uns von unseren Kindern und Familien, tauschten unsere Erfahrungen aus. Miriam hatte mehr Glück als ich.» Béla war zurückgekehrt. Eva klammert sich an den Gedanken, dass Géza irgendwo aufgehalten wurde. Wer kann das schon wissen. Anfang 1946 erhält sie eine Nachricht von Ida. Ihre Schwester lebt, und sie kommt sie bald besuchen. Vor Freude ist Eva außer sich. Nach dem Kriegsende blieb Ida in Bayern und heiratete einen polnischen Juden, den sie nach der Befreiung kennengelernt hatte. Von Bekannten erfuhr sie, dass Eva nach Dunajská Streda zurückgekehrt war. «Ida war die ganze Zeit überzeugt, dass ich tot sei, dass man mich damals von Augsburg in die Gaskammer brachte. Nicht einmal im Traum dachte sie daran, dass ich vielleicht überlebt haben könnte.» Den Moment, als ihre 19-jährige Schwester aus dem Zug stieg, wird Eva nie vergessen. Ida nahm ihr sofort Marika aus den Armen, schaut lange in das Gesicht des Kindes und weinte. «Vor Rührung konnten wir beide kein Wort sagen.»

Rezsö kommt aus Budapest zurück, und sein Gesichtsausdruck verheißt nichts Gutes. Alle sollen sich im Wohnzimmer versammeln, sagt er. Rezsö, Jenö, Kubi und Bözsi hatten die Hoffnung, Géza wiederzusehen, insgeheim schon aufgegeben. Diejenigen, die die Lager überlebten, waren im Frühjahr 1946 schon zu Hause. Aus Rücksicht auf Eva, die immer noch jeden Tag zum Bahnhof läuft und auf die Züge wartet, schweigen sie aber. Noch bevor Rezsö zu sprechen beginnt, ahnt Eva, was kommen wird. Géza ist tot. «Rezsö erzählte uns, dass er in

Budapest einen Mann getroffen hatte, der Géza kannte. Er war bis zuletzt mit ihm in Auschwitz. Während der Evakuierung ist der Häftlingstransport bombardiert worden. Géza wurde getroffen, fiel zu Boden und blieb regungslos liegen.» Eine gespenstische Stille breitet sich am Tisch aus. Alle Augen sind auf Eva gerichtet. Sie steht auf und geht, ohne ein Wort zu sagen, aus dem Zimmer. «Was habe ich gefühlt? Das lässt sich nicht in Worte fassen.» Géza, ihre Liebe, Vater ihres Kindes, ist tot. Er wird nie nach Hause kommen und seine Tochter sehen. Während der langen Monate in den Lagern hatte ihr sein «Halte durch. Wir werden wieder zusammenkommen» an der Rampe von Auschwitz-Birkenau immer wieder Kraft gegeben. Warum? Sie hat doch ihren Teil des Versprechens gehalten. Wie durch ein Wunder auch noch das gemeinsame Kind nach Hause gebracht. Mit ihren 23 Jahren fühlt Eva sich alt und ausgebrannt. Sie, die aus einem tiefreligiösen Elternhaus stammt, zweifelt, ob es überhaupt einen Gott gibt. «Wo war er, als wir Juden ihn brauchten? Wie konnte er das alles zulassen?» Der Anblick der nichtjüdischen Paare mit Kindern quält sie. So hatte sie sich ihr Leben mit Géza vorgestellt. All diese Menschen kommen ihr ohnehin vor, als ob sie von einer anderen Welt wären. Sie kennen nicht die Erfahrung des Elends in den Lagern, sie werden nicht in der Nacht von den Toten, dem Stöhnen der Sterbenden, dem Blut und dem Gebell der Hunde heimgesucht. Die Stecklers verfolgen mit besorgten Blicken, wie Eva stumm und apathisch in diesen Wochen durch das Haus geht. Sie verliert ihren Lebenswillen. Fast. Unmerklich zuerst, richtet sie sich wieder auf, denn da ist ja noch ein Mensch, der sie braucht, ihre Marika.

Eva vergisst nicht, wie die christlichen Bürger in Dunajská Streda die jüdischen behandelt haben. Wie könnte sie auch. Die Judenfeindlichkeit ist mit Kriegsende nicht verschwunden. Die Stimmung in der Slowakei, einem Land, das an der Seite Nazideutschlands stand und seine jüdischen Bewohner in die

Vernichtungslager deportieren ließ, ist auch jetzt noch ausgesprochen feindselig. Nur wenige in der Stadt zeigen Mitgefühl mit dem Leid der Überlebenden. «Es sind mehr Juden gekommen, als weggebracht wurden, solche Sätze haben wir uns oft anhören müssen.» Nur 110 Kilometer von Dunajská Streda entfernt, im westslowakischen Topoľčany, kam es am 24. September 1945 sogar zu einem Pogrom, ausgelöst durch Gerüchte, Juden würden eine katholische Schule übernehmen wollen. Ein jüdischer Arzt, der in einer Klasse gerade nichtjüdische Kinder gegen Windpocken impfte, bot dem Pöbel ungewollt einen Vorwand für den Angriff. Schaut hin, wie er unsere Kinder quält, schrien die Christen. 48 Juden, die mit großem Glück das Morden der Nationalsozialisten überlebt hatten, wurden an diesem Tag in der Kleinstadt von einer wütenden Menschenmasse verfolgt und geschlagen, bis sie verletzt auf dem Boden lagen. Der Krieg war vorbei, aber die Menschen hatten sich nicht verändert. Auf der Straße von Dunajská Streda begegnet Eva ehemaligen Gendarmen, die jetzt tschechoslowakische Polizeiuniformen tragen, sie trifft auf die Hebamme, die sie damals, im Getto, auf so demütigende Weise durchsucht hat. «Marika grüßte lange Jahre diese Frau auch noch höflich, wie es Kinder bei Erwachsenen so machen. Als sie älter wurde, erzählte ich ihr, was sie mir einst angetan hatte. Sie hörte damit sofort auf.» Alle diese Leute leugnen vehement, jemals Grausamkeiten an Juden verübt zu haben. Anfangs versucht Eva noch, ihren nichtjüdischen Nachbarn von den Lagern zu erzählen. Aber die wollen nichts davon hören oder halten sie gar für verrückt. Niemand, der nicht dort war, wird das jemals verstehen. Wie soll sie hier weiterleben?

Als Eva wieder nach Komárno fährt, ist Miriam schon weg. Sie hatte ihrer Schwester Ella geschrieben, die seit 1939 mit ihrer Familie in Kanada lebt. Ellas Mann hatte gerade noch als Landwirt, einer bevorzugten Berufsgruppe, Aufnahme in dem Land mit seinen restriktiven Immigrationsgesetzen gefunden.

Zwischen 1933 und 1945 wurden von Kanada weniger als fünftausend jüdische Flüchtlinge aufgenommen. 1939 wiesen die Behörden den Passagierdampfer St. Louis mit knapp eintausend jüdischen Flüchtlingen ab, ein Großteil dieser Menschen wurde von den Nationalsozialisten ermordet. Der kanadische Premier Mackenzie King betrieb eine Einwanderungspolitik nach wirtschaftlichen Gesichtspunkten, wollte aber vor allem keine Juden ins Land lassen. In der Bevölkerung waren antisemitische Gefühle verbreitet. «No Jews, Niggers or Dogs» stand in den 1930er-Jahren auf Schildern an Badestränden. Berichte über den Judenmord in Europa ließen zwar die antisemitische Stimmung abklingen, aber sie blieb latent vorhanden. Die kanadische Regierung will auch nach Kriegsende eine größere Einwanderung jüdischer Displaced Persons verhindern. Miriam und Béla bekommen keine Papiere für Kanada, reisen deshalb zuerst nach Frankreich. In Paris sind Miriams Bruder Mendi und ihr Schwager Josef Fleischmann, die vor dem Krieg nach Kanada ausgewandert waren, bereits eingetroffen. Ihr Bruder verschafft ihr eine Arbeit in einem Waisenhaus bei Barbizon. 40 jüdische Kinder, deren Eltern deportiert wurden und seitdem verschwunden sind, sind dort untergebracht. Miriam wäscht, putzt, kocht und betreut die Waisen. «Abends brachte ich die Kinder ins Bett, sprach ein paar Worte Französisch mit ihnen, küsste sie und weinte danach.» Auch in diesem Land ist überall Schmerz. Was zählt vor diesen Kinderaugen schon die herrliche Landschaft und das besondere Licht Barbizons. Hier, 50 Kilometer südlich von Paris am Rand des Waldes von Fontainebleau, entstanden um 1830 große Werke der europäischen Landschaftsmalerei, die auch die Künstlerkolonie Dachau beeinflussten, bevor die Nationalsozialisten im März 1933 dort das erste ständige Konzentrationslager errichteten. Für Miriam ist Barbizon der Ort der verlassenen Kinder. Jeden Tag liest sie in dem kleinen Gebetbuch, das ihr ein amerikanischer Soldat nach der Befreiung in Dachau geschenkt hat. Der Plan,

Miriam mit ihrem Mann Béla und Sohn László in Barbizon, Frankreich 1946

über die Vereinigten Staaten von Amerika nach Kanada zu gelangen, scheitert. Die USA weisen sie ab. Zehn lange Monate müssen sie warten, jeden Tag sich auf der Präfektur melden, bis Mendi Schwartz gefälschte Visa für Kuba kaufen kann. Béla und Miriam schiffen sich in Le Havre nach Kuba ein. Man schreibt das Jahr 1946.

Jede Woche verlassen Dunajská Streda Gruppen von jüdischen Überlebenden, die meistens nach Palästina auswandern wollen. Die Tschechoslowakei der ersten Nachkriegsjahre macht den jüdischen Auswanderern keine Probleme. In Bratislava organisiert sogar eine offizielle Behörde, PALAMT, die Ausreise nach Palästina. Die meisten entscheiden sich für den illegalen Weg. Sie wollen nicht länger auf die offizielle Genehmigung warten, die ohnehin kaum zu bekommen ist. Denn die Briten, unter deren Mandat Palästina steht, wollen eine weitere Einwanderung verhindern und bringen die Schiffe mit

Eva mit ihrer Tochter Marika in Dunajská Streda, Tschechoslowakei 1947

illegalen Flüchtlingen im Mittelmeer auf. Eva aber hat ganz andere Sorgen, als an eine riskante Reise mit Marika und an einen Neuanfang im fernen Palästina zu denken. Ihr fehlen die notwendigen persönlichen Dokumente. «Meine alte Heimat, die Karpatho-Ukraine, gehörte jetzt zur Sowjetunion. Die dortigen Beamten wiesen meine Anträge stets zurück. Rezsö musste also nach Prag fahren, um mir neue Papiere zu besorgen.» Und das ist nicht die einzige bürokratische Hürde, die Eva überwinden muss. Die tschechoslowakischen Behörden wollen ihr nicht glauben, dass ihre Tochter in einem Konzentrationslager zur Welt gekommen ist. Das Dokument, das ihr die amerikanischen Befreier in Dachau aushändigten, wird in Prag nicht anerkannt, weil es in englischer Sprache ausgestellt ist. «Zwei Jahre lang dauerte es, bis ich mit Rezsös Hilfe eine Geburtsurkunde für Marika bekam.» Für eine Auswanderung fehlt Eva aber ohnehin das Geld. In der Tschechoslowakei der Nachkriegszeit ist alles rationiert, Lebensmittel, Kleider und sogar Bettdecken. «Ich lebte sehr sparsam und kochte für das ganze Haus, um mich nützlich zu machen. Wenn ich Kleider bekam, verkaufte ich sie und legte das Geld in die gemeinsame Kasse.» Rezsö versucht anfangs, so gut es geht, Eva zu helfen. Mit fast väterlicher Hingabe nimmt er sich der kleinen Marika an. Bei schönem Wetter setzt er das Kind auf seine rechte Schulter und geht spazieren. Allen, denen er begegnet, sagt er stolz: «Seht ihr? Das ist Gézas Tochter. Ist sie nicht hübsch?» Er und seine Frau versuchen schon seit zweieinhalb Jahren, ein Kind zu bekommen. «Würdest du uns Marika geben? Wir wollen sie adoptieren», fragen sie Eva eines Tages. Es könne auch ihr helfen, wenn sie sich von ihrer Tochter trenne, denn als unverheiratete Mutter habe sie es besonders schwer, meint Rezsö. Innerlich ganz aufgewühlt, lehnt Eva entschieden ab. «Ich trug meine Tochter durch all die Lager in meinem Bauch, brachte sie dort zur Welt und dann nach Hause. Und jetzt sollte ich sie hergeben? Das kam für mich nicht infrage.» Marika ist das Einzige, das ihrem Leben nach Gézas Tod einen Sinn gibt.

«Havanna war schön wie ein Traum.» Aber gleich bei der Ankunft fällt dem kontrollierenden Beamten auf, dass die Papiere der Familie Rosenthal, Miriam und Béla geben sich als Entertainer aus, gefälscht sind. «Sie wollten uns nach Devil Island bringen.» Zum Glück sind im Hafen auch Vertreter der Jewish Agency. Sie vermitteln. Ohne Arbeitserlaubnis und Unterkunft ziehen Miriam und Béla mit ihrem Kind durch die Straßen Havannas. Juden, an deren Türen sie klopfen, wollen oder können nicht helfen. In einer Suppenküche auf offener

Straße rasten sie. «Die Suppe schmeckte salzig, weil meine Tränen in sie tropften.» Wieder aber haben sie Glück. Oder ist es Miriams Charme, ihr bezauberndes Lächeln, das den kubanischen Apotheker Hernandez, einen reichen Mann, rührt? Miriam kauft bei ihm ein Hustenmedikament für László und nimmt allen Mut zusammen. Sie fragt den Fremden nach einem Zimmer. Hernandez und seine Frau bringen die Rosenthals in ihrem Haus unter und lehnen jede Bezahlung ab. Miriams Schwester schickt jede Woche in einem Briefumschlag eine Eindollarnote. Von diesem Geld und etwas Schmuck, den Miriam verkauft, können sie leben. «Nicht Juden haben uns geholfen, sondern Katholiken. Es gibt in jeder Religion gute und schlechte Menschen.» Recelita, die Tochter der Gastgeber, ist ungefähr im Alter von László. Die beiden werden unzertrennlich und müssen doch nach einigen Monaten für immer Abschied voneinander nehmen. Endlich hat das kanadische Konsulat die Einreiseerlaubnis erteilt. Im Juni 1947 erreichen die Rosenthals Kanada.

Wütend fegt der Chef mit einer Hand den Mantel vom Nähtisch. Wieder hat Miriam etwas falsch gemacht. Sie ist gekündigt und hätte doch so dringend das Geld für eine eigene Wohnung gebraucht. Noch wohnen sie bei Ella. Der Metzger schimpft Miriam, dass sie als Jüdin noch nicht einmal Jiddisch spreche. Miriam läuft weinend nach Hause. Sie und Béla, der eine Arbeit in einer Matratzenfabrik gefunden hat, verdienen zusammen 20 Dollar die Woche. Es sind harte Jahre in dem fremden Land, dessen Sprache sie rasch lernen müssen. Von Deportation und KZ-Haft erzählt sie niemandem, nicht einmal ihrer Schwester Genaueres. Die Menschen in diesem freien Land hätten es nicht verstanden. Aber Kanada ist nun auch ihre Zukunft. «Jeden Tag dankte ich Gott, dass ich in diesem schönen Land sein durfte.» Die Juden sind frei, können ohne Angst durch die Straßen, zur Synagoge gehen, sagen, was sie denken, ein Leben als Menschen führen. «Ich konnte ein ganzes Brot kaufen, im Supermarkt gab es alle nur erdenklichen Nahrungsmittel und sogar spezielles Futter für Katzen und Hunde.» In Timmins, einer Kleinstadt in der Provinz Ontario, arbeitet Béla als Rabbiner, nach einem Jahr ziehen sie nach Sudbury. Zu dieser Zeit trifft irgendwann ein Brief aus Europa ein. Heinrich Reichsfeld, der ehemalige Kapo in Płaszow, hat ihr geschrieben. Die Adresse Miriams hat er, wie sie vermutet, über das Rote Kreuz herausgefunden. Reichsfeld erkundigt sich nach ihrem Schicksal und schreibt von seinen tiefen Gefühlen für sie – aber für Miriam beschwört der Brief nur die Schrecken der Vergangenheit herauf. Doch das Leben geht weiter. László, der jetzt Leslie heißt, bekommt eine Schwester, Lilian, die 1948 geboren wird. Acht Jahre später, 1956, kommt Murray zur Welt. Die Eltern erziehen die Kinder im orthodoxen Glauben.

Eva muss heiraten. Das sieht sie ganz klar. Sie braucht für ihr Kind einen Vater, außerdem will sie nicht länger in Rezsös Haus wohnen. Sie empfindet sich nur noch als Last für ihn und seine Frau. Nach all dem Leid hofft sie nicht mehr auf Glück, aber ein ruhiges Leben will sie führen, in dem sie nicht mehr so viel kämpfen muss. Jüdische Überlebende, die entwurzelt und einsam ohne Familien waren, haben oft rasch wieder geheiratet. Auch für Eva steht außer Frage, dass ihr künftiger Mann Jude sein muss. Nur jemand, der wie sie die Verfolgung überlebte, kann ihre innere Leere verstehen. Im Sommer 1947 heiratet sie den 20 Jahre älteren Lázár Fleischmann. Die bescheidene Hochzeit findet im Garten der Stecklers statt. «Ich kannte ihn schon früher vom Sehen. Er war Witwer, seine Frau und Tochter wurden in Auschwitz ermordet. Eines Tages sprach er mich auf der Straße an. Es dauerte nicht lange, und wir beschlossen zu heiraten.» Nach der Hochzeit zieht Eva mit ihrer Tochter in sein kleines Haus ein. Die zweieinhalbjährige Marika gewöhnt sich schnell an den freundlichen und zurückhaltenden Mann, der sie gleich adoptiert.

Eva mit ihrem Ehemann Lázár Fleischmann und Marika, kurz nach der Hochzeit. Dunajská Streda, Tschechoslowakei, Sommer 1947

Eva und Lázár schmieden Pläne für ihre Emigration nach Palästina, ab 1948 Israel.

Die Auswanderung dauert mit Zustimmung der offiziellen tschechoslowakischen Stellen noch bis 1949 an. Im Februar 1948 übernehmen in der Tschechoslowakei die Kommunisten die Macht. Das Land verfolgt zunächst eine freundliche Politik gegenüber dem neu gegründeten Staat Israel. Am 19. Mai 1948, fünf Tage nach seiner Entstehung, erkennt die Tschechoslowakei als vierter Staat der Welt Israel an. Gleichzeitig ist sie der wichtigste Waffenlieferant des neuen Staates, der sofort nach seiner Gründung von arabischen Armeen angegriffen wird und schon in seiner Existenz gefährdet ist. Eva und Lázár sprechen täglich darüber, ob und wie sie das Land verlassen sollen. «Ende 1948 hatten wir schon alle Ausreisepapiere. Ida und ihr Mann lebten damals in Israel und wollten uns helfen. Aber wir waren sehr arm, und vor allem, mein Mann war nicht gesund. Er kam aus dem Lager mit Typhus zurück, war schwach und kränklich.» Für einen Neuanfang fehlt Lázár die Kraft. Das Paar entscheidet sich, vorerst zu bleiben. Außerdem ist Eva hochschwanger. Nach einer Fehlgeburt, die sie ein Jahr davor erlitten hat, kommt das Kind diesmal tot zur Welt. «Ich ging fast mit meinem Kind. Es war schon seltsam. Im Lager, in diesen schlimmen Verhältnissen, konnte ich die Schwangerschaft austragen und ein Kind gebären. Zu Hause war es dann umso schwieriger. Ich wollte aber, dass mein Mann ein leibliches Kind hat.» 1950 bringt Eva einen gesunden Sohn, Peter, zur Welt. An eine Auswanderung denken sie und Lázár jetzt nicht mehr. Es wäre ohnehin nicht mehr möglich. Die Beziehungen der Tschechoslowakei zu Israel verschlechtern sich unter sowjetischem Einfluss zunehmend. Moskaus Hoffnung, das Land würde einen Weg zum Sozialismus einschlagen, erfüllt sich nicht. Stattdessen orientiert sich Israel immer stärker an den USA. Der latente Antisemitismus, versteckt hinter der Maske des Antizionismus, prägt in den 1950er-Jahren die Politik der kommunistischen Machthaber. Moskau und Prag sprechen von einer Bedrohung des Sozialismus durch eine «Verschwörung des jüdischen Imperialismus». Im November 1952 sitzen in Prag 14 Männer, Funktionäre der kommunistischen Partei, auf der Anklagebank. Elf von ihnen sind jüdischer Herkunft und, wie die Ankläger behaupten, «Spione des US-Imperialismus und Agenten des Zionismus». Am Ende dieses monströsen Schauprozesses werden elf Todesurteile gefällt und am 3. Dezember 1952 vollstreckt. Die Leichen der Verurteilten werden verbrannt, die Asche an einem unbekannten Ort verstreut. Unter den Opfern ist der ehemalige Generalsekretär der Kommunistischen Partei, Rudolf Slánský, der als Kopf der angeblichen Verschwörung galt. Den ganzen Prozess und die erzwungenen Geständnisse der Angeklagten überträgt der staatliche Rundfunk. Wieder geht Angst unter den Juden im Land um. Kaum einer traut sich zu dieser Zeit, offen über sein Judentum zu sprechen. Die jüdische Herkunft wird zu einer privaten Sache, die in der Familie bleibt. Das Regime zwingt die jüdischen Bürger zur Assimilation. Viele ändern aus Furcht vor Benachteiligung oder Verfolgung ihre jüdisch klingenden Namen. Eva Fleischmannová nicht. «Ich war und bin für immer eine Jüdin, auch wenn ich auf unsere Tradition und unseren Glauben nicht mehr achtete. Wie sollte ich das auch, wenn wir nicht einmal koschere Lebensmittel kaufen konnten und in Dunajská Streda kein Rabbiner war?» Eva ignoriert die Politik. Das Leben ist schon so schwer genug. Sie und ihr Mann müssen hart arbeiten, um ihren Kindern wenigstens einen bescheidenen Lebensstandard zu sichern. Während Lázár als Fahrer für eine Bierbrauerei auch an den Wochenenden viel zu tun hat, arbeitet Eva in drei Schichten in einer Konservenfabrik. In den 1960er-Jahren bringen Reformen den tschechoslowakischen Juden Erleichterung. Der Antisemitismus der 1950er-Jahre wird offiziell verurteilt, die Opfer des Slánský-Prozesses rehabilitiert. Reisen ins Ausland sind jetzt wieder möglich. Aber 1962 stirbt Evas Mann Lázár, und sie bleibt mit ihren Kindern allein. Heiraten wird sie nie wieder. Marika und Peter sind alles, wofür sie lebt, mehr braucht sie nicht. Warum sollte sie jetzt, nach so langer Zeit, noch fortgehen. So erlebt sie 1968 die gewaltsame Unterdrückung des Prager Frühlings und die erneut antisemitische Politik der Kommunisten. Eva lässt sich davon nicht einschüchtern. Sie will keine Angst mehr haben. Die würdevolle Ausstrahlung der zierlichen Frau, die sich nie in den Vordergrund spielt, beeindruckt mit den Jahren alle Menschen in der Kleinstadt, die ihre Bekanntschaft machen werden. Aber Marika und Peter kennen ihre Mutter noch viel besser. Sie erfahren sie als eine starke und stolze Frau, die sie mit viel Liebe, Lebensweisheit und Humor ins Leben hinaus begleitet. Wenn Marika weinend von der Schule heimkommt, weil ihre Freundinnen sie im Streit als «schmutzige Jüdin» beschimpft haben, dann findet die Mutter erlösende Worte. Nur von der Vergangenheit wird sie ihren Kindern nicht erzählen.

Von ihrem Schmerz spricht Eva nie, den nimmt sie auf ihre Spaziergänge durch Dunajská Streda mit. Jeden Morgen um sechs Uhr, wenn die meisten Nachbarn noch schlafen, schlüpft sie in ihre Turnschuhe und geht aus dem Haus. 45 Minuten will sie allein und ungestört sein, mit sich und ihren Erinnerungen.

1966 sind die Rosenthals nach Toronto umgezogen. Sie eröffnen in der Nähe ihres Hauses «Miriams Bookshop». Manchmal überfällt Miriam noch die Sehnsucht nach dem Zuhause ihrer Kindheit, den heißen Sommertagen auf dem Gutshof, dem Winter in Komárno, der Donau, über die Nebelschwaden hinwegziehen, dem Schein des Kerzenlichts, in dem ihr Vater Jenö zum Sabbat aus der Thora liest. «Wie könnte ich jemals vergessen. Die Vergangenheit wird mich begleiten, solange ich lebe.» Béla lacht über sie, weil sie immer einen Laib Brot im Kühlschrank auf Vorrat hält. «Ich hatte stets Angst, jemals wieder so hungrig wie damals sein zu müssen.» Im Kindergarten, erzählt ihre Tochter Lilian eines Tages, habe ein Mädchen einen fremden alten Mann umarmt. Als Miriam ihrer erstaunten Tochter erklärt, das sei doch der Großvater des Mädchens gewesen, fragt diese: «Was ist ein Großvater?» Die Zeit heilt keine Wunden. In ihrer Erinnerung leben die Toten. Ihre Schwester Aranka, deren Grab in Budapest sie nie gesehen hat. Ihr Bruder Jacob, der mit 17 starb. Ihr ältester Bruder Josef, der mit seiner Frau und ihren vier Söhnen vergast wurde. Ihre Mutter, ihre Schwester Lilly mit ihren Kindern, die älteste Schwester Gizella, ihr Mann und ihre zwei Söhne, ihre Schwägerin und ihre vier Kinder – sie alle sind in Auschwitz-Birkenau ermordet worden. Miriam wacht jetzt nicht mehr jede Nacht weinend oder schreiend auf. Aber ein wiederkehrender Traum verfolgt sie bis heute. SS-Männer kommen und wollen ihr László wegnehmen. Sie ist wieder im Zug nach Auschwitz. «Meine Mutter ist so großartig, eine Persönlichkeit», sagt Leslie. «Sie beschäftigt sich, versucht, nicht an die Vergangenheit zu denken.» Dabei hilft ihr ihre Familie, die mittlerweile um sieben Enkel und zehn Urenkel gewachsen ist. Leslie ist in der Normalität aufgewachsen, die seine Eltern gesucht haben. «Als Jugendlicher in den 1950er- und 1960er-Jahren, dann im Gymnasium und an der Universität war ich persönlich nie mit Antisemitismus konfrontiert.» Als Elfjähriger hat er zum ersten Mal die Geschichte seiner Geburt gehört. In seinem kanadischen Pass steht unter der Rubrik Geburtsort: Kaufering, Landsberg/Deutschland. Leslie promoviert in anorganischer Chemie und heiratet 1972 Annette. Sie bekommen drei Kinder, zwei Töchter und einen Sohn. Im Alter von 97 Jahren stirbt am 10. April 2008 Béla. Aber für Miriam ist das nicht das Ende ihrer Liebe. Der Tod kann sie nicht zerstören. Er hat sie auch nicht von ihrem Glauben abgebracht. «Ich brachte einen Sohn aus der Hölle zurück – wie sollte ich da nicht an Gott glauben.»

Fast 40 Jahre sind seit dem letzten Treffen von Eva und Miriam vergangen. «Irgendwann Mitte der 1980er-Jahre bekam ich einen Brief aus Kanada. Miriam schrieb mir. Es war eine solche Überraschung für mich, dass ich es allen erzählen musste. Marika kam gleich zu mir, sie wohnt hier in der Nähe. Ich war so froh, nach so vielen Jahren wieder von Miriam zu hören. So oft habe ich an sie gedacht. Die erste Zeile ihres Briefes weiß ich heute noch. Sie nannte mich Lagerschwester.» Ihrem Brief legte Miriam auch die Kopie eines Fotos bei. Es zeigt fünf junge Mütter, die mit ihren Kindern im Arm auf einer Holzpritsche sitzen und in die Kamera lächeln. Zum ersten Mal sieht Marika sich selbst als Baby im befreiten Konzentrationslager Dachau. Das wenige, was ihr ihre Mutter von ihrer Geburt im Lager erzählte, ist also wahr. Eva schreibt sofort zurück, und als Miriam erfährt, dass ihre Schwester Ida in Montreal lebt, muss Eva versprechen, sie bei nächster Gelegenheit zu besuchen. 1986 ist es so weit. An einem kühlen Sonntagmorgen fährt Eva, die gerade für ein paar Wochen Ida

Miriam Rosenthal und Eva Fleischmannová in Toronto, 1986

besucht, von Montreal nach Toronto. Widerstreitende Gedanken gehen ihr durch den Kopf. Wie wird es sein, jemanden, der die schrecklichste Zeit ihres Lebens teilte, nach so vielen Jahren wieder zu treffen? Sind sie sich nicht inzwischen schon fremd geworden? In Kanada ist das Leben doch ganz anders als in der Tschechoslowakei. Und wie wird Béla sich ihr gegenüber verhalten? Als Miriam die Tür öffnet, verfliegen Evas Bedenken sofort. Miriam ist schlank, elegant und hat graue Haare. Sie begrüßt sie so herzlich, ihr Gesicht strahlt, Eva schämt sich fast für ihre Gedanken. «Es war einfach wunderbar, wir freuten uns wahnsinnig. Den ganzen Tag blieb ich dort. Miriam zeigte mir die Stadt, ihr Geschäft, sie stellte mir ihre Familie vor. Der kleine László war inzwischen 41 Jahre alt. Miriams Mann Béla und die ganze Familie waren sehr nett zu mir.» Nach dem Essen ziehen sich die beiden Frauen in ein Zimmer zurück. Sie wollen ungestört sein, denn es gibt so viel zu erzählen. Natürlich ist Eva neugierig, was Miriam über die

Eva mit ihrer Tochter Marika in Dunajská Streda, Slowakei 2007

anderen Frauen weiß. Sie erfährt, dass Bözsi Legmann mit ihrem Sohn nach Rumänien zurückkehrte und dort ihren Mann Josif wiedertraf. 1960 wanderten sie nach Brasilien aus. Aus ihrem Sohn Gyuri, heute George, wurde ein Professor. Miriam vergaß nie, dass Bözsi sie in Kaufering gerettet hatte und ihr Baby vier Wochen lang stillte. Während Leslies Hochzeit 1972 war Bözsi als Ehrengast dabei. Die Freundschaft zwischen den beiden dauerte bis Bözsis Tod im Jahr 2003. Sara erging es wie Eva. Ihr Mann überlebte nicht. Sie heiratete wieder, und nach fünf Jahren in verschiedenen DP-Lagern in Deutschland ging sie 1950 mit ihrer neuen Familie – inzwischen hatte sie neben dem kleinen József auch eine Tochter – in die USA. Bözsi besuchte sie dort und erzählte Miriam, dass Saras Sohn ein sehr religiöser Mann geworden ist, der viele Kinder hat und in seiner Gegenwart kein Wort über den Holocaust duldet. Bözsi besuchte auch einmal Dora, die mit ihrer Tochter nach Israel ausgewandert war. Doras Mann war nicht zurückgekehrt, und auch sie heiratete wieder. Ihre Tochter

Miriam mit Enkeln und Urenkeln. Links neben ihr steht ihre Tochter Lilian. Toronto, 2009

Zsuzsi, die heute Hana heißt, blieb ein Einzelkind. Ihre Mutter erzählte ihr fast nichts von Kaufering, und sie erfuhr auch nie, wo und wann ihr Vater starb. Magda und Ibolya kehrten nach Ungarn zurück. Auch ihre Männer waren ermordet worden, und die beiden Frauen gründeten neue Familien. Von dem Tod ihres kleinen Jungen hat sich Magda nie erholt. Jahrelang weinte sie im Schlaf. Aus ihrer Tochter Judit, einem intelligenten, sensiblen Mädchen, ist eine Lehrerin geworden. Auch mit Ibolya und ihrer Tochter Agnes telefoniert Miriam manchmal. Im Gegensatz zu Magda, die mit ihrer Tochter nie über die Vergangenheit sprechen wollte und erst jetzt, 40 Jahre später, ihre Erinnerungen aufschrieb, weiß Agnes viel über ihren Geburtsort Kaufering. Es ist Mitternacht geworden, und Miriam und Eva sitzen immer noch auf dem Sofa, halten sich an den Händen und können nicht aufhören, sich gegenseitig Fra-

Miriam Rosenthal mit ihrem Sohn Leslie, Toronto, Dezember 2009

gen zu stellen. Seit diesem Wiedersehen rufen sie sich regelmäßig an.

An einem heißen Augusttag 2010 gehen durch den menschenleeren jüdischen Friedhof in Dunajská Streda zwei Frauen. Eine ist schon weit über achtzig, die andere jünger. Im grellen Sonnenlicht schimmern die Grabsteine weiß. Am anderen Ende des Weges, ganz hinten, liegt ein Grab, auf das Eva Fleischmannová ein paar Steine legt. Vor Kurzem starb ein jüngeres Mitglied ihrer Gemeinde, und weil Eva zu der Zeit im Krankenhaus war, konnte sie nicht zum Begräbnis kommen. Nur noch etwa 50 Juden leben heute in ihrer Stadt, in der Mehrzahl sind es jüngere Leute. Eva ist eine der letzten drei, die von der nationalsozialistischen Verfolgung aus eigener Erfahrung sprechen können. Aber das macht sie ohnehin nie. Einige Meter hinter ihr geht Maria. Wieder einmal bestand ihre Mutter darauf, den langen Weg von zu Hause bis zum Friedhof zu Fuß zu gehen. Dabei tut die Hitze ihrem Herz gar nicht gut. Maria, auf die zu Hause ihre jüngste Enkelin wartet, zuckt resigniert mit den Schultern. «Gegen meine Mutter habe ich keine Chance. Wenn sie sich etwas in den Kopf gesetzt hat, lässt sie sich davon nicht mehr abbringen.» Das Grab von Lázár Fleischmann liegt nahe beim Eingang. Auf dem Rückweg verharrt Eva ein paar Minuten davor, beugt sich dann hinunter und legt zwei, drei Kieselsteine auf die Betonumfassung. Nur zehn Meter weiter sind auf der Marmorplatte eines großen Grabsteins mehrere Namen eingraviert – darunter der von Géza. Eva schaut nicht einmal hin, das Grab ist ja leer. Sie lächelt, als sie zu ihrer ungeduldig wartenden Tochter geht. Dann hängt sie sich bei Marika ein, wie sie das früher bei Géza auf ihren Spaziergängen durch den Park so gern getan hat. Irgendwie hat er doch sein Versprechen gehalten. Sie blieb nicht allein.

Nachwort von Max Mannheimer

Im Jahr 2008 lernte ich bei der Gedenkfeier zur Befreiung des Konzentrationslagers Dachau am 29. April 1945 eine Frau kennen, die damals diesen Tag als dreieinhalb Monate altes Baby erlebt hatte. Natürlich hat Maria Nováková aus der Slowakei keine bewusste Erinnerung daran, auch nicht an ihren Geburtsort, der schrecklicher nicht hätte sein können. Frau Nováková ist eines von sieben jüdischen Kindern, die im Dachauer KZ-Außenlager Kaufering I im Winter 1944/45 zur Welt kamen und zusammen mit ihren Müttern überlebten. Die Autoren des vorliegenden Buches, Eva Gruberová und Helmut Zeller, hatten Maria nach Dachau geholt. Zum ersten Mal sah sie den Ort ihrer Geburt und ihrer Befreiung. Für sie war es ein erschütterndes Erlebnis. Ihre heute 88-jährige Mutter Eva Fleischmannová konnte nicht kommen, eine erneute Konfrontation mit dem Grauen der Vergangenheit hätte ihre Kraft überfordert. Mich, als Überlebenden von Auschwitz, wo meine liebsten und engsten Verwandten ermordet wurden, hat die Begegnung mit Maria Nováková tief bewegt. 66 Jahre nach der «Wannsee-Konferenz» mit dem Tagesordnungspunkt «Endlösung der Judenfrage», bei der unter Beteiligung der SS und hoher NS-Beamter aus verschiedenen Ministerien der Plan zur Ausrottung von elf Millionen europäischen Juden festgelegt wurde, umarmte ich auf dem Appellplatz des ehemaligen Konzentrationslagers Maria als lebenden Beweis dafür, dass unser Volk dem Vernichtungswillen der Nationalsozialisten – wenn auch in der quälenden Erinnerung an sechs Millionen Tote –

Max Mannheimer, Vizepräsident des Internationalen Dachau-Komitees, mit Evas Tochter Maria (l.) und Margita Horáková, geb. Lustig. Dachau 2008

letztendlich getrotzt hat. Maria, das Baby aus dem KZ, ist heute Mutter einer Tochter und eines Sohnes und erfreut sich an drei Enkelkindern.

Das mag auch ein Grund des Erfolgs sein, den der Dokumentarfilm «Geboren im KZ» von Eva Gruberová und Martina Gawaz nach seiner Erstausstrahlung in der ARD am 28. April 2010 in Israel gefunden hat. Der Film wurde bisher in Yad Vashem und an vielen anderen Orten gezeigt, sogar zum Internationalen Holocaust-Gedenktag am 27. Januar 2011 von Yad Vashem für eine Veranstaltung in Tel Aviv ausgewählt, bei der 500 Überlebende und Angehörige im Publikum waren. Zur Filmpreview an der KZ-Gedenkstätte und Eröffnung der auf den Film aufbauenden Ausstellung «Sie gaben uns wieder Hoffnung. Schwangerschaft und Geburt im KZ-Außenlager Kaufering I», die von der Autorin Eva Gruberová und der

Historikern Dr. Sabine Schalm kuratiert wurde, lernte ich dann Hana Klein aus Israel, George Legman aus Brasilien, Judit Kálmán aus Ungarn und Leslie Rosenthal aus Kanada kennen, vier weitere Kinder aus Kaufering I, die Eva Gruberová in Dachau – und das war immer ihr Anliegen – erstmals nach Kriegsende zusammengeführt hat. Als Gäste der KZ-Gedenkstätte Dachau und der Stiftung Bayerische Gedenkstätten standen sie auch dieses Mal im Mittelpunkt der Aufmerksamkeit von Pressefotografen und TV-Teams – wie schon vor 65 Jahren, als die Journalisten im Tross der amerikanischen Befreier das Wunder fotografierten. 2010 nahm das Comité International de Dachau (CID) die Kinder als Ehrenmitglieder auf. Auch die Vereinigung der Überlebenden der KZ-Außenlager bei Kaufering/Landsberg in Israel zählt sie zu ihren Mitgliedern.

Als Zeitzeugen haben wir Überlebenden die Pflicht zu erzählen, was und wie es gewesen ist. Aber bald wird es keine persönliche Erinnerung mehr an die Vernichtungslager und den Nationalsozialismus geben. Auch das jüdische Gedächtnis, das am längsten währt, da viele Verfolgte damals Kinder waren, wird einmal auf die Vermittlung durch Bild, Ton und Wort angewiesen sein. Ich freue mich, dass Eva Gruberová und ihr Mann, der SZ-Redakteur Helmut Zeller, nun dieses Buch vorlegen, das die Geschichte der sieben jüdischen Frauen und ihrer Kinder von Kaufering I in ihrer ganzen Tiefe und Komplexität erzählt, mehr als ein Film oder eine Ausstellung es vermögen. Im Vordergrund stehen die noch lebenden Mütter Miriam Rosenthal und Eva Fleischmannová, die den beiden Autoren ihr Vertrauen geschenkt haben. Mit sehr viel Einfühlsamkeit, Erzählkunst und historischem Fachwissen schildern sie klar und präzise die Erfahrungen und Erlebnisse der beiden Frauen und bringen so die Zeit der Judenverfolgung dem Leser nahe. Dieses Buch mahnt vor den Folgen des Antisemitismus und Rassismus, was angesichts des wiederauflebenden Rechtsextremismus in Europa von großer Bedeutung ist. An der

Person des SS-Lagerführers von Kaufering I, Georg Deffner, erfährt der Leser, welcher Art der Umgang mit den Naziverbrechern in Deutschland nach dem Krieg war. Deffner, der Müttern und Kindern mit Lebensmitteln half, wusste zum Zeitpunkt der Geburt der Kinder wie jeder SS-Mann, dass der Krieg verloren war. Durch seine hilfreichen Gaben konnte der Mann damit rechnen, dass die Mütter nach dem Krieg positiv für ihn aussagen würden. Das war kein Einzelfall. In diesem Zusammenhang beleuchten die Autoren auch mit der gebotenen Kritik die Rolle der katholischen Kirche.

Es ist zwar Aufgabe der Kirchen, Sündern zu vergeben. Aber ich bin der Meinung, dass die Absolution bei der Schwere dieser Sünden nicht so leichtfertig hätte erteilt werden dürfen, wie das geschehen ist. Bedauerlicherweise kennt die katholische Kirche keinen Unterschied bei der Absolution betreffend Mörder oder andere Sünder. Möglicherweise wird das die Kirche in der Zukunft überdenken.

Dieses Werk reduziert Zeitzeugen nicht, was so häufig geschieht, auf die Jahre ihrer Getto- und KZ-Haft. Es entrollt in detaillierter, kundiger und liebevoller Beschreibung das ganze Panorama ihres Lebens als tschechoslowakische und nach der Annexion ihrer Heimatstädte als Juden ungarischer Staatsbürgerschaft in dem gewalttätigen 20. Jahrhundert. Eva Fleischmannová und Miriam Rosenthal verbrachten ihre Kindheit und Jugend wie ich in der ersten Tschechoslowakischen Republik. Manches aus ihrem Alltag vor dem Einmarsch der deutschen Wehrmacht ist auch für mich vertraute Erinnerung. Dem ersten Präsidenten der Tschechoslowakischen Republik, T. G. Masaryk, Philosoph und Humanist, ist es nur teilweise gelungen, dem kirchlichen Antisemitismus Einhalt zu gebieten. Masaryk wurde wegen seiner Freundschaft zu Palästina von den Juden in aller Welt hoch geachtet. Eine Siedlung in Israel trägt seinen Namen, desgleichen Straßen und Plätze. In der dokumentarischen Erzählung der beiden Autoren wird noch einmal an das mitteleuropäische Judentum erinnert, dessen reiche Kultur durch die Nationalsozialisten zerstört worden ist.

Mit den Autoren bin ich seit vielen Jahren befreundet. Helmut Zeller verleiht den Stimmen der ehedem Verfolgten in einer ganz besonderen Weise Ausdruck. Wir, die Überlebenden, sind ihm dafür dankbar, dass durch seine journalistischen Veröffentlichungen das Bewusstsein der nachfolgenden Generationen für die Shoah und die Gefahren, die der Demokratie durch Antisemitismus und Rassismus drohen, geschärft wird. Meine Hoffnung ist, dass auch nach unserem Ableben die Demokratie so stark sein wird, dass eine Wiederholung dieser Verbrechen ausgeschlossen ist. Eva Gruberová hat in bewundernswerter Weise schon 2007 die schwierige Aufgabe der Recherchen zu dieser Geschichte auf sich genommen, ohne die Gewissheit zu haben, dass später daraus ein Film, eine Ausstellung und jetzt ein Buch werden würden. Eva Fleischmannová hatte bis zur Begegnung mit Eva Gruberová niemandem jemals von ihrem Schicksal erzählt. Eva Gruberovás Persönlichkeit schaffte es, das Vertrauen der Mütter und Kinder zu gewinnen. Ich bewundere Eva. Sie und ihr Mann haben ein aufklärendes Buch geschrieben, auch ein traurig und wehmütig stimmendes, eines, das nicht nur dem jüdischen Leser Hoffnung gibt und die Stimme der Überlebenden für die Nachwelt aufbewahrt.

Danksagung

Für die freundliche Aufgeschlossenheit, mit uns über die Geschichte ihrer Mütter und auch über sich selbst zu sprechen, danken wir ganz herzlich sechs der sieben «Kinder von Kaufering I», die heute schon Eltern und die meisten sogar Großeltern sind: Prof. Georg Legmann (Brasilien), Hana Klein (Israel), Marika Nováková (Slowakei), Dr. Leslie Rosenthal (Kanada), Judit Kálmán und Agnes R., deren Wunsch wir respektieren, nicht mit vollem Namen genannt zu werden (beide aus Ungarn).

Unser Dank gilt auch den vielen Überlebenden, die uns in ausführlichen Gesprächen ihr Vertrauen schenkten und ihre bewegenden Geschichten erzählten:

Prof. Livia Bitton-Jackson, Cecilia Fleischmann, Oliver Lustig, Solly Ganor, Waldemar Ginsburg, Bill Glid, Eta Goz, Margita Horáková (geb. Lustig), Uri Chanoch, Erna Klein, Abba Naor, Alžbeta Reiszová (geb. Politzer) und Elisabeth Samuel.

Janka Feldmárová, Ibolya Ginsburg, Rezsö Steckler, Silvia Veselá und Jolana Weiss erlebten das Erscheinen dieses Buches leider nicht mehr.

Für Rat und Hilfe danken wir:

Dr. Verena Buser, Dr. Barbara Distel, Eugen Frey, Charlotte Keller, Jörg Klinger, Tibor Kornfeld, Dipl. Ing. Tomáš Lang, der den ersten Kontakt zu Eva Fleischmannová herstellte, Birgit Matuscheck-Labitzke, Dipl. Ing. Tomáš Paszternák, Dr. Dirk Riedel, Dipl.-Ing. Gerhard Rohtschuh sowie den Mitarbeiter/innen von Archiven und Forschungsinstitutionen, insbesondere Kathrin Flor vom ITS in Bad Arolsen, Helena Kubica (Staatsmuseum Auschwitz-Birkenau), Albert Knoll (KZ-Gedenkstätte Dachau), Rainer Jedlitschka (Staatsarchiv Augsburg), Josef Mlynář (Zentrum für visuelle Geschichte «Malack» der Karlsuniversität in Prag), Peter Gohle und Sidar Toptanci vom Bundesarchiv in Ludwigsburg. Ein besonderer Dank für wertvolle Tipps und freundschaftliche Unterstützung geht an Dr. Sabine Schalm, Co-Kuratorin der Ausstellung «‹Sie gaben uns wieder Hoffnung›. Schwangerschaft und Geburt im KZ-Außenlager Kaufering I», Martina Gawaz, Co-Autorin der Fernsehdokumentation «Geboren im KZ», Dr. Shira Leibowitz-Schmidt, die uns an ihrem beeindruckenden Wissen über die jüdische Religion teilhaben ließ, Lilian Rosenthal, die uns stets eine unschätzbare Hilfe war. Margit Harsányi danken wir ganz herzlich für ihre Recherche über Dr. Vadász sowie für ihren warmherzigen Empfang, Katalin Szegö für ihre Begeisterung, Übersetzungen und Recherchehilfe in Ungarn.

Für die historische Beratung, Durchsicht des Manuskriptes, aufschlussreiche Hinweise und nicht zuletzt für die mit uns geteilte Leidenschaft für die Geschichte der sieben jüdischen Mütter von Kaufering I sind wir Dr. Edith Raim vom Institut für Zeitgeschichte in München zu besonderem Dank verpflichtet. Sie hat sich mit viel Aufmerksamkeit unserem Projekt gewidmet und uns stets ermuntert.

Dr. hc. Max Mannheimer, Präsident der Lagergemeinschaft Dachau und Stellvertreter des Internationalen Dachau-Komitees, sagen wir ein großes Dankeschön. Unser Vorhaben, dieses Buch zu schreiben, hat er von Anfang an unterstützt und gefördert. Dass er das Nachwort zum Buch geschrieben hat, ehrt uns sehr.

Ohne die langjährige Geschäftsführerin des Bayerischen Journalistenverbandes, Frauke Ancker, wäre das Buch überhaupt nicht entstanden. Dafür unseren tiefsten Dank.

Unserer Lektorin, Dr. Christine Zeile, danken wir dafür, dass sie sich von Anfang an für die Geschichte begeisterte und uns fachlich wie menschlich höchst angenehm geführt hat. Dem Verleger Dr. h.c. Wolfgang Beck danken wir für die Aufnahme ins Programm.

Vor allem aber wollen wir Eva Fleischmannová und Miriam Rosenthal danken. Ihre Bereitschaft und ihr Mut, uns ihre bewegende Geschichte anzuvertrauen, war für uns das wertvollste Geschenk, das sie uns geben konnten. Die Freundschaft, mit der sie und ihre Familien uns begegneten, ihre Geduld angesichts unserer nicht endenden Fragen und nicht zuletzt ihre Gastfreundschaft und die vielen schönen Stunden, die wir mit ihnen verbringen durften, haben unser Leben auf unerwartete Weise bereichert. Die Begegnung mit ihnen wollen wir nicht mehr missen.

Dieses Buch ist ihnen gewidmet.

Quellen und weiterführende Literatur

1. Eva, Dunajská Streda 1942

Bitton-Jackson, Livia: 1000 Jahre habe ich gelebt. Stuttgart 2007

Braham, Randolph L.: The Politics of Genocide. The Holocaust in Hungary. Detroit 2000

Ders.: Rettungsaktionen: Mythos und Realität. In: Ungarn und der Holocaust. Kollaboration, Rettung und Trauma. Hrsg. von Brigitte Mihok. Berlin 2002, S. 15–41

Gerlach, Christian, u. Götz, Aly: Das letzte Kapitel. Der Mord an den ungarischen Juden 1944–1945. München, Stuttgart 2002

Krčok, Martin: Vybrané problémy ortodoxnej židovskej komunity v Dunajskej Strede (Ausgewählte Probleme der orthodoxen jüdischen Kommunität in Dunajská Streda). In: Acta Judaica Slovaca 10, Hrsg. von Pavol Mešt'an, Slovenské národné múzeum židovskej kultúry. Bratislava 2004, S. 85–117

Szabolcs, Szita: Zwangsarbeit in Uniform. In: Shalom. Das europäische jüdische Magazin, www.shalom-magazine.com, 2004

Ders.: Zwangsarbeit, Todesmärsche, Überleben durch Hilfe. Die österreichische Bevölkerung in der Erinnerung der ungarischen Deportierten und politischen Häftlinge 1944–1945. Budapest 2004

2. Miriam, Komárno 2004

Lang, Tomáš, u. Strba, Sándor: Holokaust na južnom Slovensku na pozadí histórie novozámockých židov (Holocaust in der Südslowakei vor dem Hintergrund der Geschichte der Juden aus Nové Zámky). Bratislava 2006

3. Auschwitz-Birkenau, Juni 1944

Bericht von Rudolf Vrba und Alfred Wetzler. In: London wurde informiert. Berichte von Auschwitz-Flüchtlingen, Hrsg. von Henryk Swiebocki, Oswiecim 1997, S. 181–295

Bericht von Czeslaw Mordowics und Arnošt Rozin. In: ebd., S. 295–311

Czech, Danuta: Entstehungsgeschichte des KL Auschwitz, Aufbau- und Ausbauperiode. In: Auschwitz. Nationalsozialistisches Vernichtungslager. Hrsg. vom Staatlichen Museum Auschwitz-Birkenau. Oswiecim 2005, S. 30–61

Dies.: Kalendarium der Ereignisse im Konzentrationslager Auschwitz-Birkenau 1939–1945. Reinbek bei Hamburg 1989

Kárný, Miroslav: Historie osvětimské zprávy Wetzlera a Vrby (Geschichte des Auschwitz-Berichtes von Wetzler und Vrba). In: Tragédia slovenských židov (Tragödie der slowakischen Juden), Banská Bystrica 1992, S. 167–187

Lasik, Aleksander: Die Lagerführung des KL Auschwitz. In: Auschwitz. Nationalsozialistisches Vernichtungslager, S. 61–77

Okroy, Michael: Kaschau war eine europäische Stadt. Ein Reise- und Lesebuch zur jüdischen Kultur und Geschichte in Košice und Prešov, Wuppertal 2005

Shik, Na'ma: Weibliche Erfahrung in Auschwitz-Birkenau. In: Genozid und Geschlecht. Jüdische Frauen im nationalsozialistischen Lagersystem. Hrsg. von Gisela Bock. Frankfurt am Main 2005, S. 103–123
Swiebocki, Henryk: Auschwitz – Kannte die Welt schon während des Krieges die Wahrheit über das Lager? In: London wurde informiert, S. 7–107
Vrba, Rudolf: Ich kann nicht vergeben. Meine Flucht aus Auschwitz. Darin insb. das Nachwort von Dagi Knellessen und Werner Renz (Hrsg.), Frankfurt am Main 2010, S. 452–478

4. Płaszów, Juli 1944

Awtuszewska-Ettrich, Angelina: Plaszów-Stammlager. In: Der Ort des Terrors. Geschichte der nationalsozialistischen Konzentrationslager. Band 8. Hrsg. von Wolfgang Benz u. Barbara Distel. München 2008, S. 235–287
Graf, Malvina: The Kraków Ghetto and the Plaszów camp remembered. Tallahassee 1989
Gurewitsch, Brana (Hrsg.): Mothers, Sisters, Resisters. Oral histories of women who survived the Holocaust. Tuscaloosa 1998
Duda, Eugeniusz: Das jüdische Krakau. Stadtführer über jüdische Denkmäler und Gedenkstätten. Krakau 2003
Novac, Ana: Die schönen Tage meiner Jugend. München 2010

5. Auschwitz-Birkenau, August 1944

Chelouche, Tessa: Doctors, pregnancy, childbirth and abortion during the Third Reich. In: The Israel Medicial Association Journal Nr. 9, März 2007, S. 202–206
Lengyel, Olga: Five chimneys. A woman survivor's true story of Auschwitz. Chicago 1995
Kraus, Ota, u. Kulka, Emil: Továrna na smrt. Dokument o Osvětimi. (Die Todesfabrik. Ein Dokument über Auschwitz). Prag 1957
Kubica, Helena: Kinder und Jugendliche im KL Auschwitz. In: Auschwitz. Nationalsozialistisches Vernichtungslager, S. 182–211
Schwalbová, Margita: Slovenské židovky v Osviečime (Slowakische Jüdinnen in Auschwitz). In: Tragédia slovenských židov, Banská Bystrica 1992, S. 307–317
Strzelecka, Irena: Medizinische Experimente im KL Auschwitz, In: Auschwitz. Nationalsozialistisches Vernichtungslager, S. 130–152
Walter, Verena: Schwangerschaft und Geburt im Konzentrationslager. In: «Sie gaben uns wieder Hoffnung», Schwangerschaft und Geburt im KZ-Außenlager Kaufering I (Katalog zur Ausstellung), KZ Gedenkstätte Dachau 2010, S. 28–32

6. Augsburg, September 1944

Benz, Wolfgang: Zwangsarbeit im nationalsozialistischen Staat. Dimensionen – Strukturen – Perspektiven. In: Dachauer Hefte Nr. 16, Hrsg. von Wolfgang Benz u. Barbara Distel. Dachau 2000, S. 3–18
Bitton-Jackson, Livia: Elli. Comming of age in the Holocaust. London 1984
Bodnar, Piri Piroska: Out of the shadows. Bloomington 2005
Brown, Eva: If you save one life. Los Angeles 2007
Gabor, Ebi: The blood tattoo, Dallas 1987
Kutschera, Wolfgang: Augsburg-Kriegshaber. In: Ort des Terrors, Band. 2, Hrsg. von Wolfgang Benz u. Barbara Distel. München 2005, S. 286–287
Schalm, Sabine: Überleben ohne Arbeit? Außenkommandos und Außenlager des KZ Dachau 1933–1945. Berlin 2009

7. Kaufering I, Dezember 1944

Ben-Dor, David: Die schwarze Mütze. Geschichte eines Mitschuldigen. Leipzig 2000
Bryant, Michael: Die US-amerikanischen Militärgerichtsprozesse gegen SS-Personal, Ärzte und Kapos des KZ Dachau 1945–1948. In: Dachauer Prozesse. NS-Verbrechen vor amerikanischen Militärgerichten. Hrsg. von Ludwig Eiber und Robert Sigel. Göttingen 2007, S. 109–126
Das Tagebuch von A. Jeruschalmi. Die Aufzeichnungen von Siauliai. In: Das Schwarzbuch. Der Genozid an den sowjetischen Juden. Hrsg. von Wassili Grossman u. Ilja Ehrenburg. Reinbek bei Hamburg 1994, S. 548–580
Ganor, Solly: Das andere Leben. Kindheit im Holocaust. Frankfurt am Main 1997
Ginsburg, Waldemar: ... and Kovno wept. Newark, Nottinghamshire 2004
Katz, Zwi: Von den Ufern der Memel ins Ungewisse, Zürich 2002
Klee, Ernst: Persilscheine und falsche Pässe. Wie die Kirchen den Nazis halfen. Frankfurt am Main, 2005
Lessing, Holger: Der erste Dachauer Prozess. Baden-Baden 1993
Neuhäusler, Johannes: «Richter, sprecht ihr wirklich Recht?» In: Münchner Katholische Kirchenzeitung, 6.1.1974
Orth, Karin: Experten des Terrors. Die Konzentrationslager-SS und die Shoah. In: Die Täter der Shoah. Fanatische Nationalsozialisten oder ganz normale Deutsche? Hrsg. von Gerhard Paul. Göttingen 2002, S. 93–109
Raim, Edith: Die Dachauer KZ-Außenkommandos Kaufering und Mühldorf. Rüstungsbauten und Zwangsarbeit im letzten Kriegsjahr 1944/45. Landsberg am Lech 1992
Dies.: Die KZ Außenlagerkomplexe Kaufering und Mühldorf. In: Das Konzentrationslager Dachau. Geschichte und Wirkung nationalsozialistischer Repression. Hrsg. von Wolfgang Benz und Angelika Königseder. Berlin 2008, S. 71–89
Dies. (Hrsg): Überlebende von Kaufering. Biografische Skizzen jüdischer ehemaliger Häftlinge. Materialien zum KZ-Außenlagerkomplex Kaufering. Berlin 2008
Riedel, Dirk: Praktiker der Gewalt. Das Lagerpersonal von Kaufering I. In: «Sie gaben uns wieder Hoffnung». Katalog zur Ausstellung. KZ-Gedenkstätte Dachau 2010, S. 16–20
«Sie mögen schuldig sein». In: Der Spiegel Nr. 9, 28.2.1951
Speer, Albert: Wir brauchten sie als Arbeitskräfte. In: Der Spiegel Nr. 14. 30.3.1981

8. Todesmarsch und Befreiung

Blatman, Daniel: Die Todesmärsche 1944/45. Das letzte Kapitel des nationalsozialistischen Massenmords. Reinbek bei Hamburg 2011
Dann, Sam (Hrsg.): Dachau, 29. April 1945. The Rainbow liberation memoirs. Lubbock, Texas 1998
Engelhardt, Kerstin: Frauen im Konzentrationslager Dachau. In: Dachauer Hefte Nr. 14, Dachau 1998, Hrsg. von Wolfgang Benz und Barbara Distel, S. 219–244
Goldstein, Lazar: Von Schwabhausen nach Dachau. In: Überlebende von Kaufering, S. 37–41
Hirsh, Michael: The Liberators. New York 2010
Wetzel, Juliane: Die Befreiung des KZ Dachau und der Beginn der jüdischen Selbstverwaltung. In: Das Konzentrationslager Dachau, S. 147–163

9. Schwierige Rückkehr

Elias, Ruth: Die Hoffnung erhielt mich am Leben. Mein Weg von Theresienstadt und Auschwitz nach Israel. München 2006

Heitlingerová, Alena: Ve stínu holocaust a komunismu. Čeští a slovenští židé po roce 1945 (Im Schatten des Holocaust und Kommunismus. Tschechische und slowakische Juden nach 1945). Prag 2007
Susemihl, Geneviève: «... and it became my home.» Die Assimilation und Integration der deutsch-jüdischen Hitlerflüchtlinge in New York und Toronto. Münster 2004

Unveröffentlichte Manuskripte:

Harsányi, Margit: Dr. Vadász, Ernö, Frauenarzt. Aus dem Ungarischen übersetzt von Katalin Szegö. Nagykálló 2010
Lustig, Oliver: Erlebtes. Im KZ Landsberg brachten sieben Mütter sieben Kinder zur Welt. Alle sieben sind noch am Leben. Bukarest, undatiert. KZG Dachau, Sign. 24.909
Reich, Magda (geb. Schwartz): «Erinnerung an meine Verwandte, an deren Gräber ich keine Blumen legen kann», Szolnok 1985. Aus dem Ungarischen übersetzt von Katalin Szegö

Interviews der Shoah-Foundation:

Sara Braveman (engl.) ID36 341; Magda Fisher (engl.) ID 460; Hedy Flesh (engl.) ID 460; Ibolya Ginsburg (engl.) ID 35 558; Sara Gutreich (engl.) ID 36 071; Charlotte Chaney (engl.), ID 2804 (auch NARA, OH 81–7-GIN RG 710, 127th Evacuation Hospital, 30.5.1981); Judith Mandel (engl.) ID 3175; Miriam Rosenthal (engl.) ID 2222 (engl.); Magda Schaloun (engl.) ID 41 153; Ibolya Schaumer (engl.) ID 30 046; Matilda Schwarcz (engl.) ID 9596; Eva Soschko (engl.) ID 4132; Cilka Szerdahelyiová (slow.) ID 17 178; Marta Szpiro (deutsch) ID 43 816; Hela Teltzak (engl.) ID1564; Ida Tessler (engl.) ID 40 177; Eva Torres (engl.) ID 6094

Von Autoren durchgeführte Interviews:

Eva Fleischmannová (Dunajská Streda, Gespräche zwischen 2007–2011 sowie das Interview für die Fernsehdokumentation «Geboren im KZ», Juni 2009); Cecilia Fleischmann (Netanya, 18.10.2010); Eta Gos (Tel Aviv, 31.10.2010); Uri Chanoch (Tel Aviv, 21.10.2010); Ibolya Ginsburg (Telefongespräch am 7.11.2008; Interview für «Geboren im KZ», Elland, 25.5.2009); Margita Horáková, geb. Lustig (Bratislava, Gespräche zwischen 2008–2011); Erna Klein (Bnei Brak, 20.10.2010); Abba Naor (Gespräche zwischen Oktober-Dezember 2010); Alžbeta Reiszová, geb. Politzer (Dunajská Streda, Gespräche 2008–2009 sowie das Interview für «Geboren im KZ», Juni 2009); Miriam Rosenthal (Toronto, Gespräche zwischen 2008–2011; Interview für «Geboren im KZ», Juni 2009); Elisabeth Samuel (Toronto, 10.12.2009); Rezsö Steckler (Dunajská Streda, 4.8.2010); Silvia Veselá (Bratislava, 15.–17.7.2007); Jolana Weiss (Dunajská Streda, 28.12.2008); Telefongespräch und schriftliche Korrespondenz mit Ella D., Tochter von Georg Deffner (Januar 2009); Gespräche und schriftliche Korrespondenz mit sechs der in Kaufering I geborenen «Kindern» Hana Klein, Georg Legmann, Judit Kálmán, Marika Nováková und Leslie Rosenthal, die 2010 zur Eröffnung der Ausstellung «Sie gaben uns wieder Hoffnung» am 29.4.2010 nach Dachau kamen; Agnes R., Tochter von Ibolya Kovács (Eger, 22.11.2009 sowie schriftliche Korrespondenz)
Interview Shira Leibowitz Schmidt mit Livia Bitton-Jackson (Netanya, Dezember 2010)
Interview mit Wilfried Fisher, Holocaust Oral History, Project of the Anti-Defamation League Orange County, www.1939dub.com, 21.5.1993

Archivquellen:

Archiv der KZ-Gedenkstätte Dachau:
Überstellungsbefehl von Wöchnerinnen in das KZ Bergen-Belsen, 13.3.1945, BArch. Berlin (Kopie im DaA 6572/4); Dokument «Zählappell von 29.4.1945», Sign. 993

Bundesarchiv, Außenstelle Ludwigsburg:
Vorermittlungsverfahren wegen NS-Verbrechen im NL Kottern-Weidach (u. a. zu Georg Deffner), BArch B 162/16304 in zwei Bänden; Akte BArch B 162/30358 (zu Luba Gritzmacher)

Internationaler Suchdienst in Bad Arolsen (ITS Arolsen)
Liste der in Landsberg (AL Kaufering I) geborenen Kinder, 20.5.1945, Nr. 9934480#1; Verlegung von Ibolya Kovács von Augsburg in das KZ Dachau, Auszug aus der Arbeitseinsatzliste des KZ Dachau, 6.11.1944, Nr. 991716#1; Häftlingspersonalbögen des KZ Dachau: Nr. 10340974#1 (Elisabeth Legmann); Nr 10295539#1 (Magda Schwarcz); Nr. 10296211#1 (Miriam Schwarcz); Nr. 10183014#1 (Dora Löwy); Nr. 10149736#1 (Ibolya Kovács); Nr. 10079215#1 (Sara Grün); Nr. 1034868#1 (Dr. Ernö Vadász); Nr. 10295397#1 (Eva Schwarcz), Auszüge aus den Transportlisten des KZ Auschwitz, 27.7.1944, Nr. 493602#1, 493696#1, 493698#1, 9895241#1; Auszüge aus dem Zugangsbuch des KZ Dachau, Nr. 9895241#1, 9895534#1, 9895529#1, 9895236#1, 9895536#1; «Repatriierungsliste» tschechoslowakischer Häftlinge aus dem befreiten KZ Dachau, 21.5.1945. Nr. 9932618#1

Jewish Virtual Library/www.jewishvirtuallibrary.org:
Dachauer Prozesse: Gerichtsverhandlung USA vs. Georg Deffner von 6. bis 11.2.1947, Case No. 000–50–2-65; Dachauer Prozesse: Gerichtsverhandlung USA vs. Martin Gottfried Weiss u. a., 13.12.1945, Case No. 000–50–2 (darin auch Verhandlungen gegen Otto Forschner, Fritz Hintermayer, Johann Kirsch, Alfred Kramer, Otto Moll und Wilhelm Tempel inkl. zitierter Aussagen)

NARA
Brief Elisabeth Legmann, 9.9.1945, Trials of War Criminals RG 338_B308F01_017

Politisches Archiv des Auswärtigen Amtes, Berlin:
Edmund Veesenmayers Bericht vom 7.4.1944 über die Ergebnisse der Zusammenarbeit zwischen deutschen und ungarischen Behörden, PA AA R 99449

Staatsarchiv Augsburg:
Spruchkammerakte Georg Deffner, Spruchkammer Augsburg-Land, D 13 (darin auch weitere Kopien der Beweismittel in Dachauer Prozessen)

Verwendete Zitate:
S. 11: Aussage Adolf Eichmanns während der Vernehmung in Israel zit. nach Gerlach/Aly: Das letzte Kapitel. Der Mord an den ungarischen Juden 1944–1945, S. 131–132
S. 61: Institut für Zeitgeschichte München-Berlin:
Ausschnitt aus der Rede Heinrich Himmlers vor Wehrmachtsgenerälen in Sonthofen, 21.6.1944. In: Täter – Gegner – Opfer. Tondokumente zum Dritten Reich. Hrsg. von Albert A. Feiber u. Völker Dahm, 2008
S. 82: Schreiben Bracks an Himmler in Alexander Mitscherlich, Fred Mielke: Medizin ohne Menschlichkeit. Dokumente der Nürnberger Prozesse, S. 241, in: Auschwitz. Nationalsozialistisches Vernichtungslager, S. 132
S. 114: Zitat Himmlers in Speer, Albert: Wir brauchen sie als Arbeitskräfte. In: Der Spiegel Nr. 14, 30.3.1981

Abbildungsnachweis

Seite 18, 19, 26, 27, 93, 171, 186, 187, 191, 197, 198, 199, 202: privat
Seite 33: Yad Vashem
Seite 40, 42, 43, 50, 66, 130, 163, 164, 166, 181: U.S. Holocaust Memorial Museum (das Holocaust Memorial Museum legt Wert auf die Feststellung, dass grundsätzlich die im Zusammenhang mit der Veröffentlichung der Fotos in diesem Buch dargelegten Standpunkte und Meinungen nicht die des Museums sein müssen)
S. 148: Staatsarchiv Augsburg, Spruchkammer Augsburg-Land D 13